GLOBAL GOVERNANCE SERIES │全球治理丛书│

丛书主编 陈家刚
执行主编 闫 健

全球安全、冲突及其治理
Global Security and Governance

主编◎尹继武 李月军
译者◎徐进 林民旺 周长鲜 等

图书在版编目（CIP）数据

全球安全、冲突及其治理 / 尹继武，李月军主编. —北京：中央编译出版社，2018.10
ISBN 978-7-5117-3301-6

Ⅰ. ①全⋯
Ⅱ. ①尹⋯ ②李⋯
Ⅲ. ①国际问题－安全－研究
Ⅳ. ①D815.5

中国版本图书馆 CIP 数据核字（2017）第 065622 号

全球安全、冲突及其治理

出 版 人：	葛海彦
出版统筹：	贾宇琰
责任编辑：	王　琳
责任印制：	刘　慧
出版发行：	中央编译出版社
地　　址：	北京西城区车公庄大街乙 5 号鸿儒大厦 B 座（100044）
电　　话：	（010）52612345（总编室）　　（010）52612341（编辑室）
	（010）52612316（发行部）　　（010）52612346（馆配部）
传　　真：	（010）66515838
经　　销：	全国新华书店
印　　刷：	河北下花园光华印刷有限责任公司
开　　本：	710 毫米 × 1000 毫米　1/16
字　　数：	280 千字
印　　张：	19.25
版　　次：	2018 年 10 月第 1 版
印　　次：	2018 年 10 月第 1 次印刷
定　　价：	75.00 元

网　　址：	www.cctphome.com　　邮　箱：cctp@cctphome.com
新浪微博：	@中央编译出版社　　微　信：中央编译出版社(ID: cctphome)
淘宝店铺：	中央编译出版社直销店(http://shop108367160.taobao.com)
	（010）55626985

本社常年法律顾问：北京市吴栾赵阎律师事务所律师　闫军　梁勤
凡有印装质量问题，本社负责调换，电话：（010）55626985

目 录
Contents

总序　陈家刚 / 1

导言：全球化时代安全、冲突与治理的基本特征　尹继武　李月军 / 1

第一部分　全球安全与冲突：本质与理论

论当代世界冲突和战争的本质　［俄］哈吉耶夫 著　李国海 译 / 3

全球治理及"新治理理论"：来自商业与人权的教训
　［美］约翰·杰阮德·拉吉 著　周长鲜 译　侯尤玲 校 / 29

关于领土的再思考：全球化治理中的挑战
　［匈牙利］伽宝·兹波 著　周长鲜 译　侯尤玲 校 / 44

回到理论之后：安全研究的过去、现在和未来
　［丹麦］奥利·维夫　巴里·布赞 著　高望来 译 / 60

第二部分　战争安全理论

正义战争理论　［美］威廉姆·H. 肖 著　庄忠正 译 / 83

关于战争与帝国的政治经济学思考

　　[美]米歇尔·佩雷尔曼　著　　王宏伟　译/95

全球通讯如何正在改变战争的特征

　　[美]奥德丽·库尔特·克罗宁　著　　徐　进　译/103

冲突转型理论面面观　　[美]玛丽莎·O.恩索尔　著　徐　进　译/120

第三部分　政治安全及其治理

治理鸿沟：全球化与西方民主的危机

　　[美]查尔斯·A.库普坎　著　　寿　春　译/143

矫正还是诅咒：宗教在暴力冲突与和平治理中的作用

　　[英]拉马·马尼　著　　徐　进　译/153

边界、冲突与贸易　　[美]肯尼思·舒尔茨　著　　徐　进　译/177

第四部分　全球安全与冲突的展望

21世纪的全球治理与安全　　[美]詹姆斯·斯珀林　著　　侯尤玲　译/201

管理全球化效应及加强全球安全过程中的"国家间"意识

　　[加拿大]阿尼塔·莱克哈尼　著　　林民旺　译/209

全球粮食危机和粮食安全的地缘政治学　　[加拿大]梅勒妮·萨默维尔

　　雅梅·埃塞克斯　菲利普·毕仑　著　　张春满　译/228

亚洲未来的海上安全环境：风险评估

　　[澳]萨姆·贝特曼　著　　林民旺　译/261

总　序

陈家刚

全球化是人类历史深刻变化的过程，其基本特征是，在经济一体化的基础上，世界范围内产生一种内在的、不可分离的和日益加强的相互联系。随着全球化这种相互联系、相互影响的加深，诸多复杂的全球性问题也随之出现，例如国家间、国家与非国家行为体之间，以及各类非国家行为体之间的相互关系变化，全球经济金融危机、全球卫生和健康问题、全球性能源危机，以及气候环境问题等。全球问题的增加和积累使全球治理变得日益必要和迫切。虽然人们对"全球治理"的认识还存在分歧，并且用诸如"国际治理""世界范围的治理""全球秩序的治理"等不同概念来表述，但一般而言，"全球治理"是"治理"理念在全球层面的拓展与运用，二者在基本原则和核心内涵上是一致的，人们总是通过理解"治理"的理念来理解"全球治理"。全球治理的兴起，是全球化发展的必然趋势，也是应对全球性挑战、发展与转型的重要政治选择，是包括中国在内的所有国家必须面对的现实。

全球治理的兴起，既表明全球化所诱发的全球性问题的不断累积和威胁，也反映出既有全球性体制的局限和不足。全球化进程的加速及其对传统国家主权的冲击，是全球治理变得日益重要的主要原因。当武装冲突、人权问题、资源短缺、能源危机、粮食危机、生态恶化、贫困与饥荒、毒品与跨国犯罪、金融危机、传染病等越来越直接地变成全球性问题时，各个国家、机构或组织内在地需要通过采取联合的、共同的行动，通过具有约束力的国际规则或是各种非正式的安排解决全球性的问题，维护全球性的公共利益。全球问题反映了人类社会生活中共同内容，全球问题所带来的挑战就是人类面临的共同挑战，它所关涉的利益就是人类的共同利益。全球治理的主要目的是要避免全球体系内的危机和动荡。同时，加速发展的全球化带来的跨界和全球性问题，无法仅仅依赖具有自身利益诉求的民族国家得到解决，而是需要国家间以新形式的"超国家治理"为基础通过政治合作加以应对。全球治理中的国家、国际组织、区域组织、非政府组织等将以平等关系，共同承担对于全球性问题的责任。目前的国际体制难以有效解决当前的全球性问题，全球治理需要一系列多层次、多领域、多主体的制度安排。

全球治理超越传统的国际政治、国际关系解释模式，能够有效解决人类所面临的许多全球性问题，确立面向未来的、真正的全球秩序。全球治理超越了传统民族国家的界限，将民族国家与超国家、跨国家、非国家主体有机结合在一起，形成了一种新的合作格局。一些重要的国家集团、国际组织、国际非政府民间组织、非政府社团、无主权组织、政策网络和学术共同体等越来越多地影响全球治理规则和治理机制。全球治理在尊重差异的基础上，日益建构起"和而不同"的价值取向。有效的全球治理既要求各国遵循人类的共同价值，又要求尊重各国的文化传统和多样性需求，从而使人类因为全球化的发展而面临的共同问题有了新的解决路径。

全球治理需要创造一个包容性的结构，以应对各种不确定的预期和挑战。全球治理最大的一个挑战，就是民主超越了民族国家边界而拓展到全球层面后，如何能够更好地得到实践。其次，变革现有治理机制，完善和发展出一套新的全球治理机制，如何赢得越来越多的人们的认同？再次，全球性的治理合作面临着巨大的挑战，有效解决紧迫的全球性问题，还需要不同的行为主体进行合作，采取集体行动，不断完善治理能力。最后，全球治理的理想与现实之间的紧张关系依然存在，国家之外的其他行为者依然受到限制、全球和区域治理机制变得极其脆弱，全球性的公民参与对所有公民团体和政府都是挑战。因此，建构全球治理的长效机制，就需要在国家内的民主与全球民主之间建立起联系；推动全球范围内不同行为的透明度、责任与效率；建构具有公共协调与行政能力的新制度；在共同面对的全球性问题方面推动达成基本共识；重视协商、对话等有效协调机制和方式。推动全球治理发展，需要创造一个包容性的全球治理结构。

全球治理既是当代中国改革发展面临的严峻挑战，也是中国参与全球化进程、塑造大国形象的重要机遇。党的十八大报告明确提出"加强同世界各国交流合作，推动全球治理机制变革，积极促进世界和平与发展"。这是官方对于全球治理问题的最新理论概括和战略判断，它表明，中国正在成为全球治理的重要参与者和治理机制变革的推动者，明确了中国积极参与全球治理的战略选择。全球化的加速推进、全球问题的日益凸显，以及中国国家利益的实际需要，作为一种内在动力和外在诱因，都逻辑地要求中国积极参与全球治理。

全球治理，是一种民主的治理，国家、国际组织、区域组织、非政府组织等将以平等关系，共同承担对于全球性问题的责任；全球治理，是一种规则的治理，全球性规则是治理过程的权威来源，规则的制定与施行是各国及不同组织共同参与的结果；全球治理，是一种诉诸共同利益与价值的治理，维护全球利益是全球治理主体的共同责任；全球治理，是一种协商与合作的治理，维护全球秩序和利益必然是超越暴力和冲突，依赖于协商、对话和合作的治理。

长期以来，中央编译局世界发展战略研究部、中央编译局全球治理与世界发展战略研究中心，立足于中国特色社会主义现代化建设的实际，密切跟踪国际哲学社会科学前沿议题，深入研究全球治理和世界各国发展道路、发展战略，在诸如全球化、全球治理、社会资本、协商民主、风险社会等国际学术前沿领域，以及国家治理、廉政建设、生态文明、党内民主、基层民主、政党政治等重大现实论题等方面，始终处于学术研究前沿并发挥着引领的作用。

《全球治理译丛》总共包括8卷，出发点是结合全球治理理论的最新发展，选择若干重点领域，比较全面地收集整理重点研究成果，汇集成册，以为学术界开展深入研究提供基础性资源。本丛书的各卷主编既有中央编译局全球治理与发展战略研究中心的青年研究人员，也有合作网络的专家学者。他们系统梳理和研究全球社会组织、全球冲突与安全治理、全球金融与经济治理、全球劳动治理、全球互联网治理、全球生态治理、全球资源治理等领域，这既是他们基于自身学科实际选择的重点研究领域和方向，同时也符合研究中心密切跟踪国际学术前沿、积极拓展学术合作交流的特色。本丛书汇集的成果大部分是已经翻译并发表的成果，有些成果是各位主编联系作者获得的最新研究成果。当然，有些高质量的成果因为联系不上作者等原因未能收录，也是非常遗憾的事情。作为学术界的青年研究人员，由于水平、能力和经验的不足，在编选、翻译，以及编辑过程中存在这样那样的不足，也请学术前辈谅解并不吝批评。感谢中央编译出版社贾宇琰女士的统筹协调，以及各卷责任编辑的辛苦工作。

陈家刚

2016 年 12 月 20 日于北京

导言：全球化时代安全、冲突与治理的基本特征

尹继武　李月军

冷战结束以来，国际社会进入了一个新时代。随着冷战对峙所代表的超级大国及其意识形态对抗格局的消失，以及核威慑为代表的传统安全威胁的缓解，各种民族冲突、宗教冲突，以及以国际恐怖主义和全球金融危机为代表的非传统安全问题，逐渐占据国际社会中安全与治理问题的重要议程。这并非说，当今世界进入了一个非传统安全与全球治理为主的时代，只不过表明，与传统大国战争时代相比，当今世界的安全问题泛化，全球治理问题凸显。诸如人口、宗教、移民、气候、卫生等冲突层出不穷，而传统的大国竞争、地区冲突也是此起彼伏。从某种意义上说，世界已进入了一个新的安全与治理的时期。在这一时期，当今国际的安全与治理问题及其研究，出现了如下几种特征或趋势。

一、安全问题空间上的全球性

以科技和信息技术为基础的全球化在超越国家界限、增进人类交往、共享人类文明等方面，越来越使世界成为一个"地球村"。同时，经济活动、信

息传播、人员流动在时间上的不断加速，不同主体对能源资源的争夺也在加剧，也使全球化伴随着不确定、风险、威胁甚至是冲突，安全成为全球面临的问题。

第一，安全威胁来源具有全球性，即既可能来自国家，也可能来自个人、组织，特别是恐怖主义组织、跨国犯罪组织和网络空间。今天，基地组织和其他跨国行为体形成了全球运行网络，正在以所谓的非对称战争挑战传统的国防。[①] 随着全球化进程、技术的传播和各国关系相互依赖日益密切三种趋势的进一步发展，非对称敌人及其得到各种武器的可能性也随之增加。[②] 利用全球化的网络空间，个人或组织可以对任何网络的任何一个网点进行安全威胁，并且可能迅速传播到全球整个网络。瑞典斯德哥尔摩国际和平研究所《军备、裁军和国际安全（2011）》详细列出了世界最大的100家军火公司，仅这一百家公司2009年的武器销售就达到约4010亿美元，自2002年以来实际增加了58%。从这一数字就可知道这些公司对各国经济和安全形势会产生多大影响，尤其是在这些公司集中经营的国家。

第二，安全威胁能产生影响的时间更短，影响更广。例如，全球化进程中，信息、人员流动速度加快也给全球安全增加了不确定性和难度。天花用了3000年才传遍世界各大洲，最后于1789年传到澳大利亚。艾滋病只花了不到30年的时间，就已经从非洲传播到了全世界。在2000年，由菲律宾黑客发明的爱虫电脑病毒，只用了3天时间就传播到了整个世界。从3000年到30年，再到3天[③]，乃至现在有些病原体可以在36小时之内传遍全球，可见全球步伐的速度惊人。威胁安全的因素快速传播，如果得不到及时有效的控制，其影响的范围有扩大之势。有学者指出，全球化时代危机自身也正在出

[①] ［美］小约瑟夫·奈、［加拿大］戴维·韦尔奇：《理解全球冲突与合作：理论与历史》（第9版），张小明译，上海人民出版社2012年版，第293页。

[②] Alyson J. K. Bailes, "Global Security Governance: A World of Change and Challenge", *SIPRI Yearbook 2005: Armaments, Disarmament and International Security*, Oxford University Press, 2005, p. 5.

[③] ［美］小约瑟夫·奈、［加拿大］戴维·韦尔奇：《理解全球冲突与合作：理论与历史》（第9版），张小明译，上海人民出版社2012年版，第295页。

现值得关注的深刻变化：危机由个别的孤立事件变成普遍现象；由偶发事件变成频发现象；由主要是单一因素事件变成复合型事件；一些局部危机往往会迅速蔓延，酿成全局性危机；一国危机随时可能转化成跨国的甚至全球性危机[①]，威胁全球安全，如2008年的金融危机。

第三，安全威胁影响是全球化的、网络化的。全球化时代的安全威胁对象不再只是以国家为主，存在于地球上每个位置的个人、组织、国家和整个人类，都可能受到来自不同地点的各种各样的威胁，原来的局部安全问题在空间上变成全球化的问题。"9·11"事件威胁的不仅是国家安全，更是社会安全和人的安全。全球经济一体化意味着发达世界任何地方发生大型恐怖袭击，都会给发展中世界数以百万计人民的福祉带来毁灭性的后果。据世界银行估计，仅2001年9月11日袭击事件就使生活在贫穷中的人口增加了1000万，世界经济损失总计可能超过800亿美元。如果发生核恐怖事件，那么数字将远远超过这些。联合国难民署与挪威难民事务委员会下属的"国内流离失所监控中心"2014年5月14日在日内瓦联合发布的一份统计报告显示，2013年全球因冲突造成的国内失所者达3330万人，比前一年新增了820万人，创历史最高纪录。一国经济崩溃可能导致全球性的经济危机，由金融资本家策划的金融风暴可能造成一个政府的垮台，由外来物种带来的生态灾难可能引起生存环境恶化，一个别有用心的谣言可能在社会上引发大规模动乱。

第四，安全威胁的全球化必然要求安全治理的全球化。也就是说，安全威胁来源的多样性、传播和转化的加速，受此影响，跨国与跨境安全问题日益凸显，安全治理不可能由一个或少数国家完成，而应该由所有利益相关者，包括国际政府组织、国内国际非政府组织，甚至是与安全问题相关的个人等，共同参与治理。总之，我们所面临的安全威胁不再单单是传统国家安全和国际安全问题，而是"全球化时代"的安全问题。

---

① 赵晓春：《国际安全问题国内化与国内安全问题国际化研究》，载《国际安全研究》2013年第3期。

二、安全、冲突与治理的多样性

当今时代的安全、冲突及其治理除了空间上的全球化外,更表现为多样性。

第一,传统安全与非传统安全及其治理并行。传统安全问题,尤其是大国之间的战略竞争仍是一个非常突出的议题,并且伴随着意识形态等领域的竞争,使得国家间关系的本质并没有发生改变。近年来战争、武装冲突与暴力恐怖主义仍然接连不断,由此引发的传统安全问题仍然比较严重。关于武装冲突的统计数字表明冷战后二十多年来和平发生了反转,在伊拉克、叙利亚、安哥拉、突尼斯以及伊斯坦布尔和巴黎发生大规模的恐怖主义袭击事件,其背景是武装冲突不断增加,有些冲突还不断升级。冲突造成的难民移民潮严重影响着诸多国家的安全,不断的冲突与安全事件使2015年对国际稳定与人类安全来说成为特别黑暗的一年。[①] 同时,安全不再仅仅指军事意义上的国家安全,而是包括军事安全在内的综合安全,即军事武装冲突不是安全的唯一潜在威胁,全球恐怖主义、移民、气候变化、环境污染、武器扩散、金融危机、流行性传染病、粮食短缺、贫困、有组织犯罪和网络犯罪及文化观念等非军事的因素都会威胁到不同主体的安全,并有全球扩散趋势。相应地,全球安全也被划分为与此相对的领域,如环境安全、金融安全、文化安全、社会安全、粮食安全、领土安全,等等。学术界通常称之为从传统安全向非传统安全的转换。实际上,由于全球化不仅是不同空间的事物(主体和事件)相遇,同时可能是处于不同"历史发展阶段"的事物在时间上的相遇,全球化在安全问题上并没有完全从传统安全转化为非传统安全,而是囊括了这两类安全,实际上是一种综合性安全。不过总体而言,传统安全并没有消失,仍是全球安全及其治理的核心与重点,同时,传统安全威胁因素和非传统安

---

① *SIPRI YEARBOOK 2016*: *Armaments, Disarmament and International Security*, p. 1, https://www.sipri.org/sites/default/files/YB16-Summary-ENG.pdf.

全威胁因素并存而且相互交织，界限更加模糊。

在全球化背景下，上述各种安全议题不是孤立的，相反，它们之间的联系、互动，相互影响的广度、深度、速度、交接面等都有不断强化的趋势，使全球安全问题更加复杂化。对此，我们可以从以下几个方面来理解。第一，不同类型的安全问题之间界限模糊、内容重叠。根据《联合国宪章》，安理会主要应负责那些与国际和平及安全相关的事务，即核心的、典型的安全问题。但情况已经发生了变化，安理会已就气候变化、海盗、艾滋病、儿童保护、妇女安全等问题通过了决议，说明这类问题在某种意义上已经成为核心类安全治理议题。

第二，安全、冲突与治理主体具有多样性。首先是国家与非国家行为体的并行。传统上，国家成为安全的主体，也是治理的主体。国家是国际关系的核心行为体，对于当今世界的国际安全态势及其治理，发挥着绝对的主导作用。由此国际关系仍然是以国家间关系为主导。然而，非国家行为体的大量出现，改变了传统国际关系的议题，最为突出的是国际恐怖主义所代表的恐怖主义势力，超越了传统的国家分析单位。而各种全球治理议题的出现，都是跨国和跨区域性的，单单国家的行为和角色无法承担治理的所有责任，这迫切呼唤一种超越国家层面的治理机制和行动。

第三，全球化时代的安全、冲突及其治理需要多方参与合作。全球化在使安全问题具有了空间上的全球性、综合性和复杂性之外，也为治理、控制安全威胁提供了新的手段、方法、机制与制度。不过，由于全球政治还处于一种"没有政府的治理"状态中，一方面，没有一个统一的合法使用暴力的强制性国家或政府；另一方面，各安全主体面临着各种日益复杂的安全威胁，需要加以防控和治理。同时，各种非国家行为体，如多边集团、商业企业部门、大众媒体、跨国政府组织、国内国际的非政府组织数量不断增加，并与地区和全球安全问题产生了密切联系。其中，非政府组织还建立了一个世界非政府组织协会，许多非政府组织声称自己是根据"全球意识"行动，代表着广大民众的利益，而不在国家管辖范围之中。在这种情况下，全球安全治理主体不再以主权国家或政府为单一行为体，各种非国家行动体已经成为全球安全治理行为体的新角色，它们在全球安全治理中的作用凸显出来。瑞典斯德哥尔摩国际和平研究所《军备、裁军和国际安全》（2011）指出，即便国家现在仍然是国际形势的最主要安全事务行为体，非国家行为体和准国家行为体对全球和地区安全形势的影响起着越来越重要的作用。这样，在全球安全治理决策结构中，仅仅关注民族国家已经远远不够，还应该看到政府间组织、非政府组织、私人部门、区域性组织等多种行为体对跨国政策问题的参与。有学者强调旧的安全治理体系已经不足以应对今天所面临的全球安全挑战，"即使是最强大的国家也必须与他人合作和妥协来解决共同安全问题"。因此，每个国家与其他国家合作，对付这些国家最为紧迫的威胁，符合每个国家本身的利益，因为这样做最大限度地扩大了机会，当解决自己面临的紧迫威胁时，可望得到对等合作。也就是说，全球安全治理的目的应是解决全球安全面临的不确定性、风险、危机和冲突，以及冲突后管理等重要问题；其主体应是多元的，方式应是合作式的。因此，全球安全治理的实质上是一个在全球空间中如何通过多元主体合作来供给全球安全公共产品的问题。正如，2013年8月29日，中国国际经济交流中心和联合国开发计划署（UNDP）在北京联合发布的名为《重构全球治理——有效性、包容性及中国的全球角色》的研究报告所指出的那样，全球化产生了一系列跨国界集体行动问题，诸如金融动荡，食物、水和能源缺乏，全球变暖和气候变化。解决这些复杂且存在内部关联的问题需要通过国际机构合作，及时有效地提供全球公共产品。对于多数最受影响的国家而言，需确保所提供的全球公共产品是正当合法的。为保障全球治理的合法性，需确保现有安排的包容性及代表性。从实践上看，全球化的进程中，包括安全治理在内的某些治理的尝试不再将国家视为统一的整体，而是涉及跨政府的行为，国家各部门都有参与；或是跨国性的行为，非政府行为体有所参与。

三、不同类型的冲突、安全及其治理关系日益密切

很多安全问题可能是多种安全类问题的混合，也是可以相互转化的。"对

国际安全的每一种威胁都扩大了产生其他威胁的风险。各种威胁相互交织在一起，对一国的威胁便是对所有国家的威胁，这种情况比以往任何时候都更为突出。……贫穷、传染病、环境退化和战争，相互助长，形成了一个极为可怕的循环。贫穷（按人均国内生产总值衡量）与内战的爆发密切相关。疟疾和艾滋病毒/艾滋病等疾病继续造成大量死亡，使贫穷更形严重。而疾病和贫穷又与环境退化相关；气候变化使诸如疟疾和登革热等传染病的发病率进一步上升。人口众多而又缺乏土地和其他自然资源，造成环境恶劣，这又可能促成民间暴力。"①

例如，大国对资源和能源争夺不但会引发能源安全问题，而且还可能造成环境污染，甚至导致军事冲突与外交纷争。美国奥巴马政府曾强调，"能源是我们的经济、工业和军事力量的重要基础，因而也是我们国家安全的重要基础。"亨廷顿曾经把冷战后的世界安全的主要威胁归结为"文明的冲突"，并部分地得到了验证。中日两国对"二战"的文化认识上的错位，也成为两国外交争端的重要原因，甚至在某些条件与会引发军事冲突，进而影响东亚、东南亚甚至是全球的安全。还有，全球经济危机可能会产生高失业率和高犯罪，危害社会安全甚至是政治安全。又如在网络信息安全中，支持网络信息安全的尖端技术和核心产品的生产国有时在一些芯片中会藏有"特洛伊木马"，网络上的攻击也会涉及经济、政治、文化和军事诸方面，可以说网络安全既是一个科技安全问题，又是军事安全和经济安全问题。总之，在全球化时代，安全威胁日趋多样化，各种安全问题相互交织，综合性、突发性和扩散性增强，使安全议题及其关系更加复杂化。

同时，不同类型安全问题的轻重缓急排序也是根据具体情况而变化的。一般情况下，疾病预防不属于全球安全治理的核心内容。但如遇全球性流行传染病爆发，如 2003 年的 SARS，对各国人民的生命与健康构成重大威胁，

---

① 联合国威胁、挑战和改革问题高级别小组提供的一个名为《一个更安全的世界：我们的共同责任》的报告，2004 年 12 月 1 日，http://www.world-governance.org/IMG/pdf_0050_A_More_Secure_World._Our_Shared_Responsibility_-_ZH.pdf。

这一问题也就转化为全球安全及治理的核心问题。而且，大量发生的、人类随时面对的通常不是典型的传统安全类问题，而是不同领域的重大安全问题，如能源安全、金融安全、粮食安全、生态环境安全等。

四、全球化时代安全、冲突及其治理过程中不同的价值观念体系之间张力不断增加

全球化与区域化甚至国家化两种发展思潮存在张力。近现代以来，国际社会中的全球化浪潮，使得我们生活的世界更为紧密地联系在一起。曾经的"地球村"理念早已不是概念构想，而随着信息和智能技术的成熟，当今国际间的联系和全球化的发展，全球化的正能量能够惠及全球的每个角落。然而，全球化仍带来了大量负面效应。由此形成了另外一股思潮，即区域层次的地区一体化的发展，对于地区安全及其治理发挥着重要作用，尤以欧盟和东盟等区域组织为代表。在区域一体化推进的过程中，区域化的进展和限度也是日益显现，因此区域一体化也面临着进一步发展的困境，甚至是倒退。从英国脱欧到美国内向主义重新兴起，展现的是一股反全球化和区域化、更多向国家主义回归的思潮。

东方与西方所代表的普世与特殊的争执仍将存在。无论是传统安全和非传统安全及其治理，抑或是全球化、区域化以及国家化等趋势，都反映了全球安全与治理的一个重要的价值之争，即到底是西方所主导的价值成为全球治理的普世的价值和标准，还是全球各区域应该发展自身的特殊性，坚持以国家和区域自身的特殊性为出发点，寻找一种适合自身发展、治理更为有效的治理模式。这种价值之争，不仅仅是地域之争，更反映了主流的全球治理体系所代表的价值规范与新兴国家及其地区所坚持的价值规范之间的差异。特别是，随着中国自身政治经济实力的增长，以及中国逐步承担更多的全球治理的责任，日益走向全球舞台的中心，这种价值争辩和选择日益显得重要。西方所主导的全球安全与治理承载着它们自身的价值观，比如强调自由和民主，而中国等新兴大国所倡导的全球安全与治理更反映了全球化中的后来者

所秉持的理念，即公正、平等等价值。这种价值之间的冲突和兼容，将影响到下一步国际社会中全球安全与全球治理的进一步发展方向。

2015—2016年，中国高层领导举行了两次全球治理主题的集体学习，说明中国未来将更为重视全球治理及其具体的参与和行动机制建设。未来可预期的是，中国自身将更为积极地参与到现有的全球安全和治理体系当中，发挥更多的积极和正面作用，同时，也将为既有体系治理的制度非中性、权责不一致等问题贡献更多的积极规范和价值。一方面，中国将以自身的实践和理念，参与并进一步影响现有的主流全球治理体制；另一方面，中国自身的积极实践创举，包括上海合作组织、亚信峰会、亚投行、金砖国家等组织和制度的创设，将提供更为有效的全球治理实践尝试和规范供给。

在新的时代，面对新的全球安全和治理问题，作为研究者，首先应该较为系统地梳理、掌握和批判国外的相关研究视角、理论和方法。鉴于此，我们通过相关的筛选，精选了本册的文集。这些著述的编译选择，体现了多元和包容的特性，因为我们不仅选择欧美主流的研究理论和范式，同时也吸纳其他地区的代表性研究；议题也较为宽泛，既有国际安全的理论和经验，又有全球治理的理论和案例；基于议题领域区分的原则，我们将全球安全与冲突及其治理这一议题区分为基本理论与概念、传统战争安全、政治安全、非传统安全以及全球安全与治理展望等相关的主题。当然，由于版权联系中的困难，有些经典和优秀之作，我们难以将其囊括进来。尤为有意思的是，某些国际出版版权方，对先前某些我们中意的论文，其开出的版权费令人咋舌，这不禁让编者陷入了深思，为何国际社会对中国的实力认知达到了如此的地步，这着实是一种认知偏差。这个事例，也恰恰说明了全球治理中行为体之间认知偏差的重要性，以及中国虽然逐步步入全球治理的中央，但中外之间的理解仍是不尽如人意。

最后，编者感谢诸位译者的辛勤努力。他们多为青年学者，身肩各种教学和科研任务，仍热情承担译介的任务，而且认真细致。当然，由于选编以及译介过程中，难免存在不当或错漏之处，我们也欢迎读者批评指正，以便未来进一步完善，希冀为我国的国际安全与全球治理研究推介他山之石，以供研究时参考。

第一部分 | 全球安全与冲突：本质与理论

论当代世界冲突和战争的本质*

［俄］哈吉耶夫 著** 李国海 译

随着冷战和两极世界的结束,一个新的多极世界正在形成。在这个多极世界中,关于民族与民族之间、国与国之间相互关系的性质,产生了诸多争论。其中占主要地位的是国与国之间的冲突和战争的问题。对这些问题的解释没有也不可能有一致的意见。在这方面众说纷纭,从认为战争将从国际社会生活中消失的乐天派到绝对坚持"一切人反对一切人的战争"这一著名提法是基本原则的"混战"派,什么样的观点和立场都有。本文尝试对该问题的若干重要方面做一些说明。

一、扩大民主会导致普遍和平吗?

摆脱战争和流血冲突的和平是人类最优秀思想家孜孜以求的理想。就此我们不妨回想一下康德的"永久和平"计划,该计划提出了确立民族之间牢不可破的和平的各种途径和方法。在他之后,实证主义奠基人孔德论证了战争在他那个时代已经是一种时代错误的思想。孔德强调说,在工业化以前的

---

* 译文首次发表于《现代国外哲学社会科学文摘》1998年第4—7期。
** 作者简介:哈吉耶夫(К. С. Гаджиев),俄罗斯社会科学院哲学研究所教授。

时代，战争对于强迫懒散和不守法的人进行劳动以及建立大国来说曾是必要的。随着工业社会的到来，财富的取得不再依靠征服，而依靠科学地组织劳动，好战的阶级消失了，征战的原因也随之消失了，劳动活动和劳动价值观占了首位。因此，孔德断言，重大的、持久的战争在人类中最优秀的一部分那里消失的时代到来了。

巴克尔、爱默生、斯宾塞及其追随者同样认为，自由贸易原则在全世界的传播会渐渐导致国际分工和经济专业化，从而有助于加强不同国家、民族之间的相互关系，最终会使它们拒绝将战争作为解决国际争端的手段。这一传统在从以佩恩（W. Penn）为首的贵格会教徒到今天反战运动参加者的和平主义者的思想中得到最充分恰当的反映。1917年美国参加第一次世界大战时，威尔逊总统宣称其目的恰恰在于"为了民主拯救和平"。当时认为，这将是结束一切战争的最后一次战争。岂料在签订《凡尔赛和约》和威尔逊提出著名的"十四点纲领"之后不过20年，整个地球成为人类历史上空前规模和空前残酷的世界性血腥大屠杀的舞台。

当1989年11月9日柏林墙倒塌时，许多人希望欧洲甚至全世界最终迎来和谐与秩序的时代，"民主扩张论"的拥护者论证了由于形成新的国际体系，战争将消灭的论点，这种新的国际体系将建立在用市场和自由民主原则对当代世界进行根本性的思想、社会和经济改造的基础上。许多著作纷纷问世，其主旨是这样一个论点：随着民主生活方式在全世界的确立，战争将成为历史的遗迹。甚至有人认为，应该将战争学转化为和平学。为了证实这一论点，他们通常引用这样一个事实，即战后数十年间，西方民主国家之间不仅没有发生过战争，连大的冲突也没有发生过。而且，在当前现实条件下，西欧、北美和东亚工业发达国家不大可能彼此动武。这就给人一种印象：在第二次世界大战中打得你死我活的国家现在拒绝将武力作为解决它们之间争端的手段。

但是，这一事实能够作为证实战争可能从人类生活中消失这一论点的根据吗？

的确，随着世界政治主角全面系统的意识形态和军事政治的对抗的消失，似乎利用战争作为解决国与国之间和民族与民族之间争端的手段的前提也消失了。在现代条件下，不仅核战争，就是常规战争，在任何一个思想健全的人的眼里都不可能不被看作是反人类的罪行。正是意识到这一点，成为冷战结束的原因之一。显然，像其他任何历史时代一样，核时代也有其独特的规律性和趋势。其实质在于，一方面，国家之间、民族之间展开竞争和较量；另一方面，它们相互依存的趋势日益增长。一切国家的经济利益、民族利益和其他利益无不与全人类的利益交织在一起，相互关联。而且，这种相互关联性或者说相互依存性具有全球的性质。脱离贯穿于经济、社会、政治和文化领域的各种各样的联系，各个国家和民族已经无法生存和发展。战争是借助武力达到政治目的的政治决策的结果。以前人们把战争看作是达到政治目的的完全合理的手段。19世纪著名的普鲁士军事理论家克劳塞维茨认为，如果战略不是建立在对它所追求的目的认识的基础上，它便不可能有合理的基础。当克劳塞维茨称战争是政治的继续时，他指的正是这一点。导弹核武器在某种程度上中断了政治与战争的联系，它使大国之间搞军事政治对抗的做法过时了，因为在国际舞台上捍卫国家利益的明智政策不允许使用具有骇人听闻破坏力的核武器。

早在冷战时期，核武器便表现出它的局限性：一方面，它使两个超级大国彼此克制，起了有效的作用；另一方面，对于以往靠武力实现的其他许多目标，它却无能为力。例如，"二战"刚结束时，垄断原子武器的美国，并没能迫使苏联改变其政治战略，包括对外政策。而且，1945年到1949年，苏联的影响空前扩大，拥有原子弹的美国干瞪眼，无所施其计。在朝鲜战争和越南战争中，掌握核武器没有对战争的进程和结果产生什么重大作用。在阿富汗战争中，苏联的举止仿佛它根本不知核武器为何物。核武器也没能防止《华沙条约》和苏联本身垮台。早在此之前，虽然当时法国已经掌握了核武器，但仍然被迫从阿尔及利亚脱身；而在1982年，阿根廷向英国宣战时，并没有把英国拥有核武器放在眼里。

这一切都说明，在两个超级大国以及军事政治集团之间的关系上，确立了心照不宣的核禁忌。首先是因为，有关各方都明确认识到，核战争从根本上威胁到人类的生存。自核武器产生之日起，问题已不单单是完善作战手段，不单单是增加军事实力，而是出现了一个全新的因素，它彻底改变了自然界本身，改变了作战原则和规则，它能够将启示录上的世界末日传说变成现实。

爱因斯坦曾经说过，原子能的释放，改变了人类思维方式以外的一切："核剑"也许象征着人类的轻率和愚蠢。但是与此同时，必须承认，人类由于时时感到头上悬着一把格杀一切生灵的双刃利剑，因而能够经得住诱惑，不去跨越那条会使人类陷入灭顶之灾的致命界线。就其本身而言，核武器已成为防止任何一方利用它的主要因素。结果，核武器使人们认识到，只有永远不使用核武器，国家的生存才能得到保障。

这并不是说，核武器对于解决政治问题毫无用处。它是一个国家实力的鲜明标志，这本身便具有政治意义。许多专家承认，核武器改变了经济发展水平与军事实力之间的相互关系，因为一个经济实力不到经济大国一半的国家，能够同后者在军事上一比高低。相反，大国不可能利用经济优势来确立自己的军事统治，或者取得对其对手——大国地位竞争者——的战略优势。换句话说，核武器本身并没有废除利用或威胁利用实力来达到政治目的的原则。无疑，它使实力在战略层次上的作用缩小到遏制的作用，使估计各国战略潜力的工作简单化，并便于冲突或敌对双方达到完全势均力敌。正在形成的多极性在某些方面破坏了两极时期所特有的均势和简明，然而，在后两极时期，核武器毕竟使这两个特点至少在大国的关系中仍然具有意义。

自然，即便在当前现实条件下，战争在许多方面也并非不再是政治的继续。不过，考虑到导弹核武器的威力，毕竟没有一个头脑健全的政治活动家敢于拿人类生存本身去冒险，动不该动的脑筋。导弹核武器作为战争的一种手段，不再像克劳塞维茨及其众多追随者所认为的那样，可以看作是政治继续的工具。从这个意义说，钩心斗角的大国既是生存竞争的对手，又是拯救地球上的生命的伙伴，而和平共处，尽管并不标志着广泛的和完全的和谐，则是人类生存法则所决定的。

不过我们仍然有权提出一个问题：没有冲突和战争的和平到来了吗？窃以为还没有。如果从战后几十年的西方经验中得出过于笼统和乐观的结论，那是不明智的,虽然关于民主与和平的相互关系,有许多话好说。不应忘记,在对抗以前时期,西欧人首先面对他们认为威胁其生存的可怕敌人而团结一致。在两极世界范围内,稳定得以保持,因为两个超级大国硬性规定和约束其盟友不得随意行动。此外,控制军备是在东西方对抗的相对平静的地区进行的,几乎没有涉及其他地区,这应当被看作战后时期不可思议的怪事之一。

显然,不能把当前世界上国与国之间的相互关系描述为霍布斯眼中的"一切人反对一切人"的战争,也不能把事情看成是,仿佛暴力和使用暴力的威胁现在也像噩梦一样成天搅得各个国家和民族不得安宁。但是毕竟不得不承认这样一个严酷的现实:冲突和战争并没有从国际社会生活中消失,而且也难以根除。正如现实主义者所正确指出的,冲突可以控制,但无法根绝。在当前条件下,可以不同意他们的这样一个论点:真正的、名副其实的和平永远不可能有,只可能有暂时的休战,因为战败者总是念念不忘报仇雪耻。但是必须承认,近几年来所发生的变化,包括一大批国家走上民主发展的道路,并没有减少战争和武装冲突的危险。

民主本身(虽然它也许是最公正的政体)并不是一盏省油的灯,具体地说,它与放纵感情、人欲横流、让仇恨蒙蔽眼睛和恣意挑起冲突结伴而行。假如民主在全世界范围内取得统治地位,会促使各国之间产生冲突和不稳定。而且,在一定条件下,人民会成为较之个人独裁毫不"逊色"、有时甚至远为残暴的暴君。古代罗马帝国的皇帝们为暴民"大开方便之门",征服了当时几乎所有已知的有人居住的地区。希特勒大肆许愿,迫使德国人选举他为魏玛共和国总理。弗兰克(С. Л. Франк)把德国人突然犯下"空前野蛮的暴行"看作是"全体欧洲人精神病态的表现"。

如果断言当今的民主不会染上这种病症,那是轻率的。历史的经验清楚地表明,民主往往不能防止战争的爆发。当实际的或被曲解的国家利益被当作孤注一掷的筹码时,民主常常退居次要地位,或者干脆被置之脑后。大家知道,英法帝国对外扩张,对内实行民主。人们还知道北美大陆民主的形成和制度化的光辉历程以及它的另外一面:众多土著民族和种族被从自己的土地上驱逐和在肉体上被消灭的血腥历程。还不妨提一提,第一次世界大战期间，民主制的英国和法国同专制的俄罗斯帝国结成同盟，而第二次世界大战时，民主制的英、法、美同极权主义的苏联结成紧密的同盟，与希特勒德国作战。民主能带来和平的论点即便从这样一个事实来看也是站不住脚的：民主到家的美国，为了所谓的国家利益，给东南亚千百万农民家庭带来了那么多的苦难和不幸。根据施罗德的资料，里根政府借口促进和平，曾 4 次公开地和 17 次秘密地武装干涉别国内政，目的在于推翻现行政府，而其中许多政府得到大多数人民的支持。现在，患上自大狂的美国，以"孤家寡人"自居，认为在民主和保持世界和平的问题上只有它说了算。它梦想出现一个由它独家进行统治的单极世界，把自己看作是"为了民主而捍卫（或拯救）和平的救世主"。美国在与一些国家（如伊拉克）的关系上的所作所为表明，为了民主，可以行阴谋，耍诡计，进行秘密战争，总之，可以不择手段。民主绝没有取消民族和国家利益。各民族和国家之间的利害冲突往往是难免的。不应忘记，民主打开了民众欲望的闸门，嗜欲常常成为流血冲突的原因。说来奇怪，一方面，走上民主发展道路的国家增多了；另一方面，爆发内战的国家也增多了。前南斯拉夫、苏联以及非洲大陆某些地区所发生的事件清楚地表明，从一种制度过渡到另一种制度是多么困难重重，充满痛苦。消灭独裁和极权制度，走上民主道路，会唤醒原先沉睡的力量，引发不同社会群体和不同民族之间的可怕冲突。20 世纪 90 年代上半期我们亲眼看到，在欧洲一部分文明祥和的地区，战争名副其实地似乎不再成为政治的工具，而在另一部分地区，则烽烟四起，鏖战正激。正在燃烧的和不久之前还在燃烧的内战之火，可能只是潜在动荡的冰山之顶，这种动荡，甚至历史上最团结的国家恐怕也在所难免。诸如德国、意大利、西班牙以及波兰等国这样的民主堡垒内所发生的民族冲突和民族主义的死灰复燃，对于多民族国家可以保证公民的和平和生命财产的安全这一点，没有留下多少乐观的余地。换言之，正在形成的新的世界秩序，一方面扩大了民主，另一方面，又在许多国家和地区引发了内乱。同时，事实清清楚楚地表明，实行民主制度的国家数目的增加，并不总是也不必然在国与国之间的关系上确立民主原则。

二、战争是国际社会一个无法根除的要素

在一切时代，各种各样的人类社会从来没有把和平看作是天大的好事。一些人渴望使其他的国家和民族臣服，另一些人热衷于战争的荣耀，还有一些人宁死不屈。总之，总能为战争找到最令人信服的辩护理由，因为，就其行为而言，人似乎下意识地遵循靡菲斯特的准则行事：世界上没有值得怜悯的事物。无怪乎从古至今不断有人相信，人对人如狼似虎。而且，人历来有一个通病，就是喜欢美化、歌颂战争，给战争戴上浪漫主义光环。尽管经历了 20 世纪两次世界大战的浩劫，这个毛病至今不改。多数古人认为，战争与和平本身无所谓好坏、善恶。其评价取决于具体条件，是因为，如果一个国家兴旺发达，诸事顺遂，可以而且应该追求和平的话，那么当它身处逆境，屋漏又逢连夜雨的时候，就该战斗了。早在两千多年以前，狄摩西尼就对定期在古希腊爆发的许多次战争进行了论证，将其分为正义的和非正义的两类。第一类，按照他的意思，是保卫祖国免遭敌人蹂躏和毁灭，为正义而战。第二类，非正义战争，乃是为利益所驱使，觊觎他国土地和财富，违背正义原则。不过，认为战争正义不正义，通常都是战争发动者在那里高谈阔论。例如，伊索克拉底在一篇颂扬战争的演讲中强调，同东方野蛮人的战争"犹如去执行神的使命，而不像去打仗"。总而言之，古人总能找到为战争辩护的理由，如果他们认为是为了良好的目的而战的话。而众所周知，罗马帝国的皇帝们保证和平的法子是，随时准备战斗。至于后辈，在作战方法的完善和精明以及为战争辩护方面，比老祖宗差远了。

如果考虑到历史事实，不能不怀疑战争是人的本性的一个不可分割的组成部分，正像喜欢游戏、唱歌、轻松、过节、参加假面舞会等一样。当然，战争的产生取决于十分明显的物质、经济、社会、政治、宗教等因素。然而，大量历史事例表明，消除这些以及诸如此类的因素未必能使战争从各个国家和民族的生活中消失。康德不无根据地说过，历史绝不是人类智慧的见证，毋宁说是人类不完善、丧失理智、爱慕虚荣和恶德丑行的记录。有人认为，

人之初性本恶，人的无理性的和有害的动机、骄傲自大、虚荣心和自私自利是社会历史发展的主要动因，而战争是社会历史发展的重要组成部分；看来，他们的论点和结论不无道理。正如黑格尔不无根据地指出的，历史是由它的"坏的一面"，即"恶的本原"——不服从推动的。而且，不服从、不守规矩、造反及其他因素成为社会历史进步的重要动因。

  社会毕竟有其生存和发展的规律，其根源存在于人的本性之中。这首先是指各种冲突和战争。的确，任何战争都不是由神仙或魔鬼，而是由普通的人发动的，为了明了战争的本质，必须弄明白，引起战争的究竟是人的哪些素质。这里不仅必须考虑到人的和好的本原，而且要考虑到人的不完善、嗜欲、嫉妒、贪婪等现实。必须克服过多的、太滥的、实质上经不住历史检验的对人的信赖，这种信赖来自人文主义传统，其座右铭是："人是万物的尺度。"历史上有无数事例证明，人狂妄自大，自命不凡，自以为无所不能，在一定条件下，人简直会危害许多国家和民族乃至整个国际社会。德国古典哲学家谢林说过："人身上既包含有全部黑暗根基的力量，也包含有全部光明的力量。万恶与至善，高尚与卑劣，这云泥之别的两端都集中在人的身上。从这一观点来看，人生的奥秘，除了奋发向上、壮志凌云之外，还包括罪恶、恶的本原以及否定世界和作为世界不可分割的一部分的生命充满致命矛盾这些神秘的成分。人的自由使人能够从众多的可能性当中，包括在善恶之间，进行选择。加之，历史的经验清楚地表明，在这个世界上，不存在善和理性的本能高奏凯歌的任何保证。事实上，无论过去还是现在，往往倒是恶在高奏凯歌，发出狞笑。但是，虽然世界上的恶不可避免，也无法根除，这绝不意味着，与恶做斗争徒劳无益，注定要失败。恰恰是因为不断地与恶做斗争，并不断地克服它，人才能够实现自己的本质特征，才能够每一次都重申自己的过美好生活的权利和要求，才能够证明，恶不是什么不可改变的东西，它绝不会统治世界。从这个角度来说，一个具有特别重要意义的事实是，侵犯性是人的天性的本质特征之一。饶有趣味的是纳扎列江得出的一个乍一看不可思议的结论："就其起源和基本功能之一而言，智力是侵略的工具。"活的有机体（生物）利用破坏其他系统时所释放出来的能量，在同外在环境不断相互作用的过程中保持自己的生命活动。然而一个系统是靠破坏其他系统而生存的。"从这个意义上说,"纳扎列江强调,"智力是反熵活动的工具,其意义在于,以最小的能量消耗,使(从其他有机体中获取的)源源不绝的能量可靠地进入有机体,换言之,即创造最佳的侵略和防卫条件。"侵犯的动机是与虚荣心、进取心、事业心等诸如此类的人的素质联系在一起的,这些素质既能激发人们的破坏行为,也能激发人们的建设性行为。不言而喻,以某种形式表现的这些动机必须找到出路,因为它们经常压得人喘不过气来,并孕育着无法预言的不良后果。由于武器的发明,这一因素具有了特殊的意义。研究侵犯(攻击)现象的洛伦兹认为,武器刺激了人的种内淘汰,从而加剧了人的侵犯性(攻击性)。杀人武器杀人距离的扩大在很大程度上使得道义责任、良心谴责、怜悯等让杀人者感到不快的问题化为乌有了。正是行为与后果相距甚远这一点,使得一个连蚂蚁都不忍心踩死的人有可能会扳动枪栓甚或按下核按钮。私人相识和面对面接触会减弱侵犯的冲动,而隐姓埋名、不为人知会增加这种冲动。

许多研究资料表明,在某些条件下,集体负责制会降低道德标准。战争是由专门准备和天生负有此种使命的人的集体意志所实施的集体行为。随着作战过程技术化和无人化程度的提高,这一因素具有越来越大的意义。信息和电信革命使战争从暴力的较量变为信息领域智力的较量。

正如霍布斯所言,利益、安全和名誉是人生三大目的。人都想有好的名声,因为人是有自尊心和私利的生物。自尊心使人心怀忌妒,唯恐同行看低自己,因而采取相应措施,免落他人之后。个人如此,国家民族亦然。因此,在国际政治中,"国家荣誉"非同小可,国际谈判要照顾到双方"不失面子"。

事关"威信"的"国家荣誉",首先取决于一个国家的经济和政治条件。但是往往威信来自力量,尤其来自一帆风顺的、打赢的战争,结果,一个国家将自己的意志强加给另一个国家。由此观之,战争的一个主要功能在于,按照威信的大小来划分国家的等级,从而表明,哪些国家是国际体系的主要角色。通常每一次都是占统治地位的角色确定它们的统治权,并将游戏规则强加给该体系较弱小的成员。例如，波斯帝国将调整国际关系和解决其较小邻国之间争端的准则强加给当时其他较弱的国家。古代罗马帝国向地中海各国颁布了自己的法典和第一部民族法律。在当代世界，我们称之为国际法的东西是西方国家制定和通过的，总的来说首先反映西方国家的利益和价值观。

尽管如此，如果认为人的侵犯性是战争的唯一根源，那就荒谬透顶了。当然，战争是一种社会文化和社会心理现象。它是人们的生活习惯和生活方式不可避免的结果。因此，为了正确地理解战争的本质和找到防止战争的适当途径和方法，必须既重视人的一切本质特性，也重视人类社会生存的全部社会文化、经济、政治、地缘政治等因素。自然，在文明社会的条件下，不论单独的还是具体的公然侵略都在很大程度上得到了"升华"。本能的侵犯性似乎退居次要地位，目的明确的打算和合理的选择起着决定性的作用。除了某些保留之外，总的来说可以同意克劳塞维茨的观点，他认为，战争是一个奇怪的三位一体：首先，作为第一位的因素，它是暴力，是仇恨和敌意，这种仇恨和敌意应当看作是盲目的自然本能；其次，它是一种偶然性的赌博，这使它成为一种自由的精神活动；最后，它是政治的工具，因此，它受常理的支配。原则上，一切战争都带有意识形态性质，因为交战双方都想破坏对方的生活方式和价值观体系。与此同时，作为一种追逐权力和影响的手段，战争又是一种政治行为。或者，像克劳塞维茨所说，"战争不仅是一种政治行为，而且是真正的政治工具，是通过另一种手段加以处理的政治关系的继续"。

但是，不管怎么说，一个国家的侵略性首先来自它的国民的侵略性。与侵略动机密不可分的是对异邦的敌意。对立情绪、难于共处、意见不合、敌意也像互敬互爱、同心同德、集体主义一样，是人际关系的自然表现形式。自我保存的本能和斗争的本能是互为表里、不可分割的。可以满有把握地说，人类侵略的一个主要动机，是人们借以为自己的行动辩护的、起初的或想象中的敌人的形象。全部历史经验表明，人们不能没有敌人。显然，需要有敌人，凶恶的、残暴的因而应予消灭的敌人，这一点植根于人的天性之中。与思考、发笑、惊讶、喜悦等能力一起，人们养成了将自己的仇恨向外发泄的习惯。

人类学和人种学的研究表明，利用别人做替罪羊的做法，自古皆然。这一点可以追溯到茹毛饮血的氏族部落时代。共同的敌人是保证部落民族统一团结的基础。基于此，原始时代便出现了这样的对立词组："我们—他们"，"自己的—别人的"，"部落—部落敌人"。当一个家庭、集体或国家内部出了问题，事态不妙时，人们往往经不住诱惑，到外部去找罪魁祸首。替罪羊通常是各种宗教的、民族的以及其他方面处于少数的人群，而在国际上则是某个似乎正处心积虑想要征服和奴役该国的外国。换言之，自古以来，敌人的形象和敌人策划的多种阴谋便是一切走上战争之路的狂人惯用的论据。因此，如果没有一个威胁这一统一和团结的真实的敌人，那就虚构一个，人为地制造一个。不论何种原因，一旦敌人消失了，部落、民族、国家通常都有一种恍然若失的感觉。因此，当不存在真实的敌人时，往往由假想的敌人扮演它的角色。

国与国之间关系的性质的趋向，在很大程度上取决于它们彼此如何看待和理解对方。国际紧张局势的加剧还是缓和，限制军备竞赛和防止战争的谈判的成功还是失败，皆维系于此。可以说，战争的原因不是军备和军备竞赛，相反，是发动战争的意图导致军备竞赛。早在30年代，国际联盟裁军委员会主席马达里亚加（Salvador de Madanaga）便得出结论，认为"裁军是各国人民相互理解的手段"这一提法是骗人的。他说，这样来理解裁军，无异于海市蜃楼，因为把战争问题本末倒置了。他就此论证道："各国人民互不信任并不是因为他们武装起来，他们武装起来是因为互不信任。因此，在就基本问题达成最起码的共识之前奢望裁军，犹如在冬天要人们赤身露体行走一样荒唐。"军备竞赛在很大程度上是由滋生不信任和不友好的政治和意识形态冲突和矛盾造成的。的确，心理学家和政论家基恩（S. Keen）说得对，他在发挥联合国教科文组织章程中一个关于战争开始于人们头脑中的论点时写道："我们先是制造一个敌人的形象。形象先于武器。我们在心里杀死别人，然后发明弓箭和弹道火箭，为在肉体上消灭他们。宣传走在技术前面。"而且，敌人的原型有许多身份：异己关系、侵略者、异教徒、野蛮人、掠夺者、罪犯、强暴者，等等。基恩证明，理性有利于减少战争危险的论据是站不住脚的，他认为，问题的实质不在于理性和技术，而在于"我们的心残酷无情"。在"冷战"时期，他写道，美国人和苏联人一代又一代地彼此敌视，使对方丧失人性，结果，"我们都成为与人为敌的人，满怀敌意的物种，发明敌人的畜牲"。

随着"冷战"和单极世界的结束，这一情结绝没有消失，而不过是有了新的形式。如果说在两个主要敌对阵营全球对抗时期，互相为敌和互相为友的问题是题中应有之义的话，那么现在，国际社会的每一个成员都必须在每一个具体情况下独立地和具体地解决这个问题，确定自己的交友之道和御敌之策。如果考虑到，在当今的世界上，一方面，隐蔽性增加；另一方面，公开性和透明度也增加，从而导致不稳定，四分五裂和动荡不安，导致单身人群增加，海盗、极权主义宗派、恐怖主义集团、黑手党和各种各样的冒险家滋生不绝，如果考虑到这一点的话，情况尤其如此。

国际关系发展变化的规律是，就其本质而言，国家和实力是一个相对值：一个国家的赢，往往是另一个国家的输。换句话说，迄今为止，零和游戏的规则一直在起作用。每一个国家或国家集团都力图增加自己的军事实力来加强自身的安全。然而在一个国与国之间相互竞争的世界上，绝不可能达到绝对的安全，每一个国家加强自己的军事实力和安全的努力，必然减少其他国家的安全感，从而引起军备竞赛的升级。因此，生存斗争可以看作是国际关系的固有特性。

战争的主要目的是靠暴力达到的，由此观之，战争首先是一门杀死、消灭敌人有生力量的艺术。不掌握这门艺术，自己就有被消灭的危险。实质上，战争要求交战双方必须具备一定的条件。不会厮杀无异于正义事业的叛徒，而精通杀人艺术者则会戴上荣誉的光环，被视为英雄乃至圣人。"不审判胜利者"这一臭名远扬的信条在战争中得到淋漓尽致的表现。这时人会有意无意地抛弃一切恻隐之心和仁义道德，成为自己行为的裁判，而在非常情况下，会越过最后一条界线，为所欲为。

以往，战争通常是由职业军队进行的，往往不把大多数平民百姓卷进去。

19世纪的工业革命和20世纪的科技革命，也标志着军事领域的革命。庞大的自动武器的出现，铁路、汽车和履带等运输工具的发展，使得人们能够远距离地调动大部队和军事装备，越来越迅速地将其从一个作战地区调到另一个作战地区，这一切大大改变了战争的规模、方法和规则。首先，备战和作战大规模地工业化了。现代战争的规律要求有巨大的空间，有进行军事行动的广阔地带。庞大的军队要求有同样庞大的军工综合体基础设施以及庞大的军火供应系统、军需供应系统、通信系统等。所有这一切都说明，要在现代战争中获得胜利，后方同前方一样重要。因而，获胜的一个必要条件是摧毁敌人的后方，就是说，包围和消灭和平的城市、乡村、工业中心等纯粹的非军事目标。

空军以及随后核武器及其投掷工具的出现，彻底改变了这一领域的面貌，事实上消除了前后方的界线，将交战国的全部领土变成清一色的作战地区。结果，20世纪的战争自然而然地具有了全面的性质，成为目的不仅在于消灭敌人的有生力量和军事机器，而且在于消灭其人力资源和生产及经济基础设施的一种行为。由此产生了在评价第二次世界大战时司空见惯的诸如全面战争、全面动员、无条件彻底投降之类的概念。国家安全概念做了相应的修改。其中，纯军事方面占据主要地位。实质上，安全与国家不存在外部军事威胁或者国家有能力防止这种威胁画上了等号。而且，国家安全概念本身实际上至少部分地承担了国家思想或意识形态的功能，变成为团结和动员有关国家人民的微妙因素。

20世纪的战争，尤其是与过去的宗教战争有某些共同之处的第二次世界大战，实际上已不再承认现代形成的"达到战争目的，对敌人适可而止"的原则，而是奉行"为了达到目的可以不择手段"的原则。它尤其体现在这样一个格言中："我们只需要胜利，为此可以不惜一切代价。"所有的交战国明里暗里都奉行这一格言。就是说，为了战胜敌人，不论和平居民遭受多大的牺牲也在所不惜。

说到这里，不能不提一个事实：从石斧到弓和运载火箭，技术进步的一个极其重要的原因是必须满足作战的需要，虽然随着时间的推移，军事技术也用于非军事目的。往往一些初看起来似乎与军事毫不相干的伟大发现被用来为战神服务。而且，大多数现代武器的诞生都受惠于伽利略和爱因斯坦的物理学以及热力学、光学、核物理学等纯民用科学。武器生产成为一个独立的生产部门，具有自己的发展逻辑，其本身也成为军备竞赛以及战争爆发的一个因素。

自古以来，一个国家的力量或实力是从它进行和赢得战争的能力的角度来加以衡量的。国家的军事政治战略建立在这样一个基本原理的基础上：国家的安全程度、它的威信和影响，与其军备的数量和质量成正比。在这方面，军事力量具有绝对的重要性，许多研究者对其他几乎所有的指标，诸如人口数字、地理位置、地形、自然资源、经济发展水平、政治体制等，都几乎是从它们对顺利进行战争可能做出什么贡献的角度来加以考察的。

过去，建立稍微大些的地缘政治集团的努力，几乎都与扩张、征服、干涉、占领别国领土联系在一起。而且，一部人类历史在很大程度上是各个部族、民族、国家、帝国、集团、帮派彼此进行连绵不断战争的历史。无怪乎长期以来，地缘政治学首先研究的是不同民族和国家之间的冲突和战争。政治现实主义者之所以十分重视实力，把它看作是世界政治的决定性因素，而把统治精神和统治欲看作一个国家在国际舞台上的行为的主要动因，并非偶然。

大家都熟悉霍布斯的一句名言：一切人反对一切人的战争。他用这句话对国家出现以前人们的自然状态做了评价。不过人们并不总是注意到，在霍布斯的所有论点中都脉络分明地贯穿着一条准则：应当寻求和平，他将其看作是自然界的首要基本法则。这条准则的意思是，处在一切人反对一切人的战争状态中的人们应当缔结条约。

的确，绝对的、无休无止的一切人反对一切人的战争的状态，孕育着各个国家和民族互相残杀的前景。因此，显然，人们不得不寻找某种妥协以及保证实现这一妥协的办法和规则。值得指出的是，康德总的来说同意霍布斯的意见，同时他认为，最好把"一切人反对一切人的战争"中的"战争"改为"战争状态"，后者的意思是"备战"，而不是战争本身。但是不应忘记，备战迟早会爆发真正的战争，不管是冷战还是热战。

看来，这条准则至少在可预见的将来还有其意义，因为民主制以及人类社会其他任何形式的自我组织都无法自行将冲突和战争从人们的生活中根除。不过有一个问题是，在现代世界上，战争究竟具有哪些形式。

三、论文明社会的冲突和战争

美国国际关系学者吉尔平（R. Gilpin）早在1983年便提出一个论点，认为目前伊斯兰和其他非西方文化的复兴，作为取代西方价值观的另一种价值观，可以看作是世界将发生严重的和大规模的分裂的征兆。文化和政治传统完全不同于西方传统的一些新的权力中心的出现，可能预示着世界将重返文明冲突的时代。

1993年，美国另一位更有名的政治学家亨廷顿发表了一篇名噪一时的论文《文明的冲突》，其要点是：如果说20世纪是意识形态冲突时代的话，那么21世纪将是文明冲突和宗教冲突的时代。该文的主要论点我国学术界已经详细讨论过，这里无须赘述。我只想谈谈其中一个基本论点。正如亨廷顿所言，20世纪初，由于布尔什维克革命和世界对它做出的反应，以往司空见惯的国与国之间的冲突为意识形态冲突所取代。当前正在形成的世界秩序的面貌，将取决于现有的七八种文明的相互作用和冲突，这些文明是：西方文明、儒教文明、日本文明、伊斯兰文明、印度文明、东正教—斯拉夫文明、拉丁美洲文明和非洲文明。照他的说法，这些文明之间的冲突在下一个世纪将成为世界政治的主要因素。而且，"未来最大的冲突将沿着分隔这些文明的断裂带进行"。因为千百年来形成的文明差异"比政治意识形态差异和政治制度差异更为根本"。他由此而得出结论："如果说还会有一次世界大战的话，那将是一场文明间的战争。"

我国学术理论界已经注意到这种理论的论据中某些荒谬和简直无法容忍的缺点。然而也不能不看到，我国一部分学者和政论家对这种理论不仅照单全收，甚至奉为方法论圭臬。人们首先注意到，虽然该文初看起来是论述亨廷顿所列举的所有文明之间的冲突和对立，毕竟作者首先关心的是西方的命运，其论断的主要意义在于把西方同世界其他所有的国家对立起来。

亨廷顿举出波斯尼亚和高加索的冲突，作为"沿着文明的断裂带进行"的、关乎人类命运的冲突的显著例子，虽然我们决不否认这两种冲突有可能发展成为地区性的甚至全球性的更大规模的冲突，但是同时不能不指出，很难、几乎不可能将它们强行纳入亨廷顿提出的公式。这里应当指出，高加索的冲突也好，波斯尼亚的冲突也好，都不是今天甚至也不是昨天产生的，它们灭亡的根源可以追溯到遥远的历史时代。不妨回忆一下，1914年8月，恰恰是萨拉热窝的枪声触发了第一次世界大战，其根源绝不是文明的和宗教的因素，而纯粹是领土、民族、社会经济、地缘政治等因素。至于当前的巴尔干动乱，那不过是第一次世界大战没有解决的、《凡尔赛和约》暂时掩盖起来的问题的推迟了的表现而已。

成为国际政治词汇的"巴尔干化"一词自身便说明，这一地区是经常发生冲突的舞台，冲突的起源首先是领土和民族因素。在巴尔干，正像因为欧洲基督教地区的中欧和东欧一样，历史上曾有世代居住在统一领土上的不同的种族和民族混杂在一起，相互作用，影响深远。在这里，只有当这些民族被纳入彼此竞争的列强或强国的版图时，冲突才会平息或者说暂时掩盖起来。说到当前的塞尔维亚—穆斯林—克罗地亚冲突，不难了解，其根源与其说是文明或宗教因素，不如说是地缘政治因素。事实表明，冲突各方常常根据经常变化的形势改变盟友和立场：时而信奉天主教的克罗地亚人联合穆斯林反对信奉东正教的塞尔维亚人，时而塞尔维亚人联合穆斯林反对克罗地亚人在高加索，要么是对高加索的实际情况完全不了解的人，要么是具有异乎寻常想象力的人，才会把彼此进行殊死搏斗的阿布哈兹人和格鲁吉亚人归属为不同的文明。殊难理解，如何能把格鲁吉亚人和奥塞梯人列入不同的文明，尽管他们分属不同的民族和语言群体。我认为，除了某些保留之外，阿塞拜疆人和亚美尼亚人亦可作如是观。

几乎在所有的大陆和地区，都可以举出许多类似的例子。严格说来，问题的实质在于，"欧洲基督教"文明、"阿拉伯伊斯兰"文明（或者干脆"基督教"文明和"伊斯兰"文明）等文明，就其内容而言，其实已经失去了比方说19世纪或20世纪上半叶所具有的重要性。实际上，国际社会政治舞台上时而或强或弱以某种教派如原教旨主义或基要主义①（伊斯兰教的也好，印度教的也好，新教的也好）复活的形式表现出来的东西，不过是披着宗教外衣的保守势力、分离主义、民族中心主义以及诸如此类势力反对世界范围内的世界化、全球化的表现罢了。亨廷顿关于所谓"儒教—伊斯兰联盟"能够结成统一战线反对西方的论点可以说纯粹是误解的结果。以美国为首的西方国家与科威特、沙特阿拉伯和其他伊斯兰国家在海湾战争期间结成反对伊拉克的"基督教—伊斯兰联盟"倒是事实，不过这是基于利害关系的结盟。

现在近东是一个巨大的石油仓库。与此同时它还是民族、文化和其他矛盾及冲突的促发因素。但是，如果认为比方说像伊朗、科威特、伊拉克和叙利亚这样的伊斯兰国家在可预见的将来会联合起来，同某个西方国家或整个西方，或者同日本和中国作战，那是非常可疑的。毋宁说，正像同一个海湾战争所表明的那样，这些国家中的每一个国家都不反对同该地区以外的势力结盟，以打败自己的邻居和兄弟。从这一观点来看，远东地区是一个同样鲜明的例子。在这里，似乎不近情理的是，两极世界格局结束之后，大多数远东国家都支持在该地区保持美国的军事存在，认为这是保证该地区稳定和延缓军备竞赛的因素。在它们看来，否则远东便会出现"力量真空"，从而增加不确定因素和不稳定。如果考虑到，尽管该地区的主要国家同属一种文明，仍然存在着在一定条件下加剧不稳定的因素，采取这种立场是完全可以理解的。除了朝鲜半岛和某种程度上柬埔寨的军事政治紧张局势以及俄日领土争端之外，还存在着其他潜在冲突的策源地。

几十年来，日本的安全与朝鲜半岛的和平与安全状态密切相关。然而日本和韩国都没有表明认真打算在没有美国调停的情况下开始发展合作关系，共同采取措施切实消除潜在的危险。换言之，在自身防御问题上，东京和首

---

① 基要主义，即基督教新教中的极端保守派别，反对自由派主张的新教理性主义，反对对《圣经》做任何批判。——译者注

尔过去和现在都完全依靠美国，而不是互相依靠。虽然日本和韩国都同样担心来自共产主义邻国的威胁，但同时两国过去和现在都同样憎恶对方，这种憎恶来自两个民族的历史遗产（尤其是日本《1905年至1945年占领朝鲜》）。有朝一日万一美国从该地区撤出它的军队，并拒绝履行它在远东的军事义务的话，可以预料日韩关系将会恶化，至少是因为韩国怀疑日本有霸权企图。中韩接近以抗衡可能增强的日本实力，同样是可能的。

如果考虑到这些以及诸如此类的现实情况，就会清楚地看到，儒教文明的国家绝没有表现出任何团结一致的倾向，来对抗任何假设的铁板一块的文明，不论是西方文明还是任何其他文明。在现代世界上，国家和民族的冲突，大多不是由于信奉耶稣基督、先知穆罕默德、孔子或释迦牟尼的思想的问题，而是因为与保障国家安全、国家主权、捍卫国家利益等有关的完全现实的因素所引起。

"不是文明是什么？"亨廷顿在为回答《文明的冲突》一文所招致的众多批评而写的一篇文章中问道。对此，生活已经做了明确的回答：是"沙漠风暴"，卢旺达的种族灭绝，前南斯拉夫的自相残杀的战争，东京地铁的毒气和爆炸，俄克拉荷马城联邦大厦爆炸，等等。往往最具毁灭性的战争和冲突不是发生在文明的断裂带或不同的文明之间，而是发生在同一种文明、同一个国家、同一个民族的范围内，发生在往往血统、文化、语言都接近的两个相邻的民族之间，过去和现在都是如此。连绵不断的希腊波斯战争并没有妨碍希腊内部经常发生战争，其中之一便是修昔底德①的生花妙笔所描述的伯罗奔尼撒战争②。史料证明，希腊内部的战争，其酷烈程度不亚于与波斯人的战争。

以后的时代也是如此。历史的经验告诉我们，被视作当代西方文明以及自由民主的基石的犹太基督教道德，绝没有制止人们去进行你死我活的战争

---

① 修昔底德，（约公元前406—前400），古希腊历史学家。著有《历史》（8卷本）一书，论述伯罗奔尼撒战争史（至公元前411年）；这一著作被认为是古希腊史学的顶峰。——译者注

② 伯罗奔尼撒战争，公元前431至前404年古希腊斯巴达为首的伯罗奔尼撒同盟与海上强国雅典之间的战争，以斯巴达获胜告终。——译者注

和斗争。不仅如此，20世纪人类中西方人这一"分支"在全球范围内所犯下的灭绝人性的滔天罪行，给人们造成这样一种印象：似乎文明愈发展，道德愈堕落。自从基督教被确立为罗马帝国国教以来，有大量事例可以证明这一点。大家知道，罗马帝国采用基督教的一个主要理由，是认为这种新的宗教能够拯救帝国免于道德崩溃和精神解体。例如，拉克丹西为这一思想辩护时，说服君士坦丁大帝①，认为这将重构人们的道德，使人们心中充满幸福的憧憬，崇拜真神上帝会结束战争和纷争，而读《福音书》会抑制人们不诚实的感情和自私自利的欲望。

然而，罗马帝国乃至全欧洲其后的历史提供了许多例证，表明拉克丹西的期望落空了。第一位基督徒皇帝君士坦丁大帝本人便以无谓的杀戮、战争和暴力玷污了他的皇位。E. 吉本仔细分析了基督教在罗马帝国传播的波折，得出结论："在内讧时期，一些基督徒给另一些基督徒造成的灾难，尤甚于非教徒。"据史学家考证，以异教徒阿拉里克和阿提拉为首的野蛮人对罗马所造成的破坏，较之自称为罗马人之王的天主教徒查理五世军队之所为，简直是小巫见大巫。无怪乎著名的"哥特人的主教"乌斐拉在将《圣经》翻译成本民族语言时，故意舍弃《撒母耳记》和《列王记》不译，以免刺激他的同胞更加凶恶残暴、嗜血成性。此后的西方历史清楚地表明，欧洲诸民族的基督教美德是同其相互关系（不论是与异教徒还是基督徒的相互关系）中的凶恶残暴、嗜血成性有机结合在一起的。例如，十字军对君士坦丁堡的掠夺洗劫，其残暴野蛮程度，1453年土耳其奥斯曼人对它的占领根本无法望其项背。说到这里顺便提提，宗教战争在很大程度上是西方的发明。

历史经验表明，内战往往特别残酷、激烈。"十月革命"后俄国内战就是如此。赖特（K. Wright）在他的一本研究战争的著作中写道，从1480年至1941年，共发生过278次战争，其中78次（即28%）为内战。而从1800年到1941年，内战与国际间的战争的比例为1∶3。根据德国学者的资料，从

---

① 君士坦丁大帝，即罗马皇帝，统一全国后，加强中央集权，支持基督教，330年迁都拜占廷城，改名为君士坦丁堡，临死前受洗为基督徒。——译者注

1945年至1985年这段时间里,世界上产生了160次武装冲突,其中151次发生在第三世界。根据他们的统计,在这段时间里,只有26天没有发生过冲突。在这些冲突中死亡的总人数为2500万至3500万人。一般可以说,传统的国与国之间的战争实际上在减少,而国内冲突和战争则在增加。

因此,从发生可能关乎当今世界命运的根本冲突的前景来看,如果断言决定性的冲突将由于社会经济发展水平的差异而爆发,未免太冒失了。正如我国一些学者所指出的,防止全球生态灾难和消除贫困的任务在某种意义上包含着反西方的因素,即必须"揭露生态上不负责任的技术至上主义和漫无节制大挥霍的享乐主义"。尽管这一观点无可非议,但是不能忘记,不应总是而且必定把反西方情绪看作绝对不接受西方的标准、准则和价值观,何况如今各国正争相讨好西方,希望在新技术、大众文化和物质生活标准方面受其惠顾。

更危险的是发展中国家内部和发展中国家之间发生的冲突。在可预见的将来不大可能发生以发达国家为一方、以发展中国家为另一方的军事政治对抗。发展中国家资源少,底子薄,又像一盘散沙,不可能团结一致反对强大得多的高度发达国家。

四、当代世界冲突的主要根源

在"冷战"时期,占首位的是大多充满意识形态内容的制度的、联盟的利益。而现在占首位的则是各个国家、民族、国家集团等的利益。在世界化、普遍化突飞猛进的条件下,地球上越来越多的一部分居民失去了立足之地,没有祖国,没有民族传统,成为无根之木、无源之水,成为世界孤儿。人生失去意义,人仿佛失去了自己的民族特性、个性本原,人越来越难以找到必要的自我表现方式,总是感到不满和内心矛盾。在一定条件下,不满和内心矛盾便转化为绝望、惊慌失措和举棋不定,而后者往往将寻找暴力作为出路。在这个浑浑噩噩、庸庸碌碌、枯燥乏味、鄙俗龌龊、崇尚世界主义的世界上,

"蒂迈欧"① 复活是完全可能的（不会不可能！），即人的那一部分灵魂复活，正像柏拉图所认为的，这部分灵魂同勇敢、自尊、权力和光荣联系在一起。

在这种情况下，对于许多迷失方向的老百姓来说容易产生离心倾向的民族主义，便成为最合适的乃至最后的避难所。各种各样的民族主义汇成一股"定向爆破"的洪流，成为形形色色的民族、宗教、文化语言等冲突的重要根源。问题还在于，如果从"前门"截堵民族主义的话，它会从"后门"溜掉。当前局势的一个特点是，将宗教思想同国家民族观念结合起来的做法愈演愈烈。

可能促进这些倾向的还有一点，就是两极时代所特有的那种明确性不复存在，取而代之的是使各个国家和民族互不信任的模棱两可。使这一因素复杂化的是，随着两极世界的结束，战后世界结构的一个最重要原则——承认边界的不可侵犯性——日益动摇。两个德国的统一，南斯拉夫、苏联和捷克斯洛伐克的解体充分证明，较之两个超级大国及其盟国由于彼此害怕而不敢越战争雷地一步的时代，目前的国际安全体系面临一个全新的情况。

核技术和核武器的扩散是整个武器扩散问题的一个具体事例。不过核武器扩散的危险使得国际社会从政治上更加重视防止它的扩散。135个国家1990年签订的《防止核武器扩散条约》不仅责成没有核武器的签约国不拥有和不制造核武器，而且建立了防止将可裂变物质用于军事目的的监督机制。国际原子能机构的主要任务之一便是贯彻这一原则。

然而不能忘记，在成本降低的情况下，常规武器的作用和功能，诸如破坏力、灵敏度、机动性、射程、航程、精确度等在发生变化。越来越多的国家甚至小国都能拥有这种武器。这便使得发生大量有限战争和小规模战争的概率增加。随着杀伤距离的扩大和袭击敌人的诱惑的增加，冲突升级和扩展到新的地域的危险在增长。武器生产技术的突飞猛进更容易引起地区军备竞赛。体积、成本和运输困难的减少，大大便利了最新式武器的拥有和使用。

---

① 柏拉图晚年托名南意大利洛克里的蒂迈欧，撰写了一篇对话：《蒂迈欧篇》，阐述他的自然哲学。——译者注

尤其令人不安的是，越来越多的国家、特别是发展中国家在制造现代战斗机、弹道火箭、陆军用的最先进武器和其他武器系统。据现有资料，1991年有八个发展中国家能够制造战斗机，有六个能够制造坦克和军用直升飞机。到2000年，将有15个发展中国家能够生产火箭。据美国技术评估局的资料，六个现在的和过去的发展中国家根据国际专利权使用协议生产了43种各种各样最新式的武器；其中有几个国家从事武器出口，从而促进了买方市场的形成。任何国家，只要有支付能力，都可以在这个市场上买到武器。最令人不安的是，许多国家都能够在伪装生产民用产品的工厂里生产化学和细菌武器。同样危险的是，常规武器实际上已经向不考虑国家利益的人敞开了大门。

现代技术的最新成就使得人们能够制造比庞大、昂贵的杀伤手段具有重大优点的更便宜的小型武器装备。使装有高效炸药的小型炸弹能在远距离爆炸的工艺技术，大大减少了某些不富裕国家、叛乱者、恐怖主义集团甚至个人获得和较为便利地使用这种武器的障碍。各种类型的武器的完善和扩散大大扩大了小国使大国乃至超级大国碰壁的能力，越南和阿富汗就是例子。核武器实际的和可能的扩散以及阿富汗人在苏阿战争中使用毒刺型防空导弹打苏联飞机，是明显的例子，说明这一趋势的加强是不可避免的。

规模和力度不断扩大和加强的各种暴力，几乎成为当今世界的家常便饭。正如前苏联外长谢瓦尔德纳泽所指出的，在"冷战"和两极世界结束以后，越来越经常地发生非传统形式的侵略和冲突，在这些侵略冲突中，侵略者不一定是强大的一方，相反，往往是弱小的一方。"弱者的非凡力量"表现在它们能够讹诈大国和国际组织，将自己的"游戏规则"强加给它们。在肯定世界尚未对极权主义的灭亡做好准备这一事实之后，谢瓦尔德纳泽写道："人们在民族独立和民族有自决权的神圣旗帜下，正在滥用大规模杀伤性武器，建立民族专政，然后消灭或驱逐'敌对民族'，占有和重新分配其财富。"星罗棋布的贩卖武器和毒品的国际犯罪集团，将它们的贪婪魔爪伸向越来越多的国家和地区。结果，出现了政治犯罪化和犯罪行业政治化的趋向。

冲突零零星星，此起彼伏，给人一种印象：就地缘政治学标准而言，小规模战争和冲突的时代到来了。也许，作为解决大国之间争端手段的大规模战争已经过时，但是，各种形式的小规模战争在可预见的将来将依然是现代世界的一个特点。看来，德国作家恩岑斯贝格尔（H. M. Enzensberger）说得对，他把暴力到处扩散看作是国与国之间战争在现代世界生活中的作用和意义减少所应付出的代价。一些观察家在对近年来世界范围内的冲突进行评价时认为，第三次世界大战已露端倪，他们的结论也挺有道理。还有一些学者认为，全世界方兴未艾的恐怖主义可能具有取代新的世界大战的性质，他们的论点也不无根据。

有时技术进步产生的问题比它能够解决的问题更为复杂。马克斯·韦伯认为，技术和技术体系"使世界摆脱魔法的统治"。法国哲学家埃吕尔（J. Ellul）不同意这一论点，他不无根据地说，魔法来自技术本身，是技术使人产生强大无比、无所不在、疾若流星和主宰一切的感觉，同时又使人对这些潜能的神秘莫测的根源产生一种宗教的恐惧。凡夫俗子一方面赞叹科学和最新技术的奇迹，另一方面又对其无所不能越来越感到害怕。恰恰是最新技术产生了似乎不可思议的当代矛盾：社会愈是有理性，则非理性愈是猖獗。埃吕尔写道："我们遇到了一个怪物：它的每一个部分都是合理的，而整个怪物却是一个不合理的杰作。"

产生无法预见、无法预言同时又不可逆转的后果的新技术，总是使人类的未来处在不确定之中。一方面，新技术扩大了人和社会的潜能；另一方面，更加暴露了人和社会的致命弱点。人愈是依赖高科技，发生悲剧性错误，导致世界性灾难的可能性愈大。能够使庞大的计算机系统瘫痪的计算机病毒入侵的后果是众所周知的。像原子能发电站、石油加工中心、通信中心、数据贮存库等诸如此类的现代社会神经中枢，很容易成为破坏和政治恐怖主义的对象。

各个国家和民族的全球相互依存性具有双重的性质。人们相互结合，彼此关联，同时又相互受到对方的善意或恶意的制约。在存在着现代超级武器及其超远距离投掷手段的情况下，一个国家的领空会成为全体死亡的载体。民间的信息和数据跨国传播也包含着冲突的种子。控制源源不断的信息以及数据来源，意味着权力和经济优势。技术本身是中性的，它没有目的，也不可能有目的。它能够成为达到有益于或有害于人和社会的各种目的的手段。在这里最重要的是选择。而选择主要取决于选择者的精神健全程度、政治和其他立场。技术永远只是实现这一选择的手段。它受善和恶的支配，既能为敌人所用，也能为恐怖分子所用，既能为民主的拥护者所用，也能为专政的支持者所用。而且，完善的技术掌握在不完善的人手里，不仅能够威胁人的自由，而且能够威胁人类本身的生存。

地球资源日益减少这个因素可能是各个国家和民族之间的矛盾和冲突加剧的根源。在整个人类历史长河中，自然资源一向是国际关系的一个主要问题。从特洛伊战争直到"沙漠风暴"，获得自然资源始终是国家对外政策行为的主要因素之一。今天，向后工业社会或者说信息社会过渡，需要采用尖端科学和保护能源的技术，这自然有助于能源的节约。然而不能忘记，这些技术主要应用于信息领域。而信息领域需要冶金、采矿、化学等传统工业部门的产品。加之，农业始终是一切国家最重要的经济部门。面对咄咄逼人的文明社会，与地球大气脆弱不堪和生物群落遭受破坏有关的问题具有愈来愈大的现实意义。在人类所经受的一切巨大变化中，农田、森林、水和渔业资源的退化和衰竭将是未来几十年内社会动荡的最主要根源。自然资源的减少会造成巨大的恶果，不仅使现有的许多问题存在下去，而且会产生许多新的问题，对这些问题，科学和技术的发展至少无法彻底解决。

因此，不言而喻，人与周围自然环境相互作用的方式，对于确定社会历史发展的主要动力便具有越来越大的意义。社会总是对自然条件的变化做出某种反应，如改变社会关系、政治自行组合、与自然环境的相互关系和技术的结构形式、生活方式本身，等等。如果考虑到现代社会的"封闭性"，这一点具有尤其重要的意义。这一领域有可能、也许必然会转化为未来世界冲突的舞台。决定这一点的是，不同的民族将以不同的方式理解自然界的呼唤和局限性，并以不同的方式研究和寻找解决生态问题的途径。

尽管地理的、空间的、交通运输的状况发生了很大变化，如果认为在当今世界上，地理的和领土的因素已经完全失去重要性，那是不明智的。不错，空间在政治上的那种像以往一样极其单一的重要性发生了变化，但是显然，控制领土和资源依然是国家及其对外战略的最重要目标之一。在现代安全保障标准的条件下,没有领土完整和不可侵犯的保障是不可想象的。领土控制继续起着整顿国际生活机制的作用和功能。对于发展中国家来说,情况尤其如此。在原料储备枯竭、生态恶化、人口增加等资源危机加剧,世界日益封闭的条件下,领土问题不可能不是世界政治的中心。领土一向是任何一个国家的主要财富和安身立命之地,它绝没有失去这一作用,而且无疑在可预见的将来也不可能失去这一作用。因为一个国家的自然原料、生产经济、农业和人力的资源及财富首先恰恰存在于领土之中。窃以为,恰恰是世界的"完整性"和"封闭性"(虽说并不完全封闭),以及它的完全可分割性,才使得第一次和第二次世界大战如此规模惊人、无比残酷和空前激烈。

国际和国内犯罪集团、走私、毒品泛滥和形形色色的恐怖主义确实威胁着一切国家的安全。由于恐怖主义真正成为全球问题,因而民族的和民族国家的权力机构进行更加严厉控制的必要性增加了,这反过来又会使扩大权力机构的特权和全权的问题提上议事日程。这一切都会成为民族间不断发生冲突的基础。这种冲突的水平和规模将随着资源不足的加剧而扩大。

这一切可能产生严重的后果,造成一种矛盾的局面:加强宏观(全球)安全的考虑被提到首位,与此同时,减少微观(地区)稳定和安全的因素大肆活跃。其结果将是,一方面,问题具有全球性;另一方面,解决问题的办法掌握在国家手中,要各个国家单独解决,这种全局和局部的矛盾将日益加剧。

诚如霍布斯所言:"如果没有一种令人生畏的力量,人们便会生活在战争状态中。"当然,要是生吞活剥地硬将这一论点搬到当前事态中来,那就犯了简单化的毛病。然而事实是,"冷战"的结束和东西方紧张关系的缓和,仿佛微微打开了世界这只"蒸汽锅炉"的阀门,将许多隐蔽的和潜在的冲突都暴露了出来。与大国之间的冲突趋于缓和形成对照,"区域内部"的冲突有所抬头。据观察家的统计,1993年发生的冲突大多数属于此类。看来,不同规模和程度的局部、区域内部、亚民族和宗教的冲突在可预见的将来会成为武力解决领土、民族、宗教、经济等争端的最可能的形式。这无论对于发达国家还是发展中国家的安全来说都将产生严重的后果，从而可能削弱有关国家的力量及其对周边领土的控制。任何一个较大国家的分裂都会造成巨大的难民潮和移民潮。也可能出现这样的情况：一个国家认为有必要通过建立严厉的军事独裁政权来防止这样的事态发展。这样的政权往往会对邻国发动侵略，以转移人们对国内问题的视线。如果大量的发展中国家都如法炮制，就可能对富裕国家的军事和经济利益构成威胁。

必须指出，今后的世界不一定比"冷战"时期更安全。"冷战"虽然使两个超级大国和集团之间的关系陷入僵局，但是不管怎么说，却保证了局势的稳定——尽管是一种对抗的稳定，并且可以预见双方会采取什么行动。这里不妨提一提19—20世纪初国际政治舞台上形成的大国协调：当时参加"协调"的每一个成员都有战争升级和遭到核毁灭的危险。现在呢，两极对立竭力规避潜在的危险，将它引向其余成员中的某一个成员了，遗憾的是不能不承认法国评论家阿斯涅尔的话是正确的，他认为可以这样来概括目前的局势：与"大国协调"不同，两极结构既让人一目了然，危险来自何方，又让双方明白，如果一方贸然发动侵略，必将遭到作为侵略受害者的另一方的回击。这一时期的最好写照是"不战不和"，或者像法国哲学家、社会学家阿隆早在1947年所说的："和平不可能，战争也不可思议。"真正的和平之所以不可能，是因为双方意识形态尖锐对立。而真枪实弹的战争之所以不可思议，是因为双方都不愿意冒战争升级和遭到核毁灭的危险。现在呢，两极对立结束了，遗憾的是不能不承认法国评论家阿斯涅尔的话是正确的，他认为可以这样来概括目前的局势："和平并非那么不可能，战争也并非那么不可思议，因为无政府状态和恐怖行为几乎无处不在，有增无减，而核武器在一些国家贬了值，却不受监督地在另一些国家中扩散。"

全球治理及"新治理理论":来自商业与人权的教训*

[美] 约翰·杰阮德·拉吉 著　周长鲜 译　侯尤玲 校**

2011年6月16日,联合国人权委员会一致通过了商业和人权指导原则(GPs),这是我在担任联合国商业和人权秘书长特别助理的过去六年时间里所逐步提出的。① 其间的经历,包括了对五大洲将近50个国际组织的走访调查,无数次到私人公司及其当地社区进行现场参观和广泛的研究,并提出了将试验项目付诸检测实施的关键性建议。即使如此,理事会及其前任机构——人权委员会,能对此签署通过是我所始料未及的。这是联合国第一次完全采纳了一整套的商业和人权标准;而且,至今也是唯一的一次由委员会或理事会自己所通过的,而未经与政府商讨的规范性文本。此外,其他标准设定组织对指导原则的执行,无论是国家层面的还是国际层面的,都是迅速而又广泛

---

* 原文标题:Global Governance and "New Governance Theory": Lessons from Business and Human Rights,载 Global Governance,2014,Vol. 20,pp. 5–11。译文原载于《国外理论动态》,2016年第12期。

** 作者简介:约翰·杰阮德·拉吉(John Gerard Ruggie),哈佛大学肯尼迪学院教授。译者简介:周长鲜,北京联合大学北京市政治文明建设研究中心副研究员。

① 全文请参见:www.ohchr.org/Documents/Publications/GuidingPrinciplesBusinessHR_EN.pdf。

的,很多企业和商业组织都将此作为政策样板,许多非政府组织(NGOs)和工会组织则将其作为有效的权利申诉依据。[1]

我已在本人的专著《正义商业:跨国公司和人权》一书中讲述了该故事的原委。[2] 当时我只是轻描淡写地谈及"新治理理论",在此,我想围绕近年来在全球治理研究中一些概念上的争议再谈一谈。[3] 治理,无论是对哪一级的社会组织而言,指的都是系统中的权力规范、原则、组织,包括从当地到全球的各种集体化组织,赖以管理其普通事务的行为方式。全球治理,通常被界定为在缺乏政府情况下的治理。在全球化这个层面,虽是没有政府的,但仍是有各种成效的治理。然而,近来的论述已确认了这样一种世俗化的趋势:一个已弱化的全球治理体系已然变得更为明显。全球治理的架构、法律和制度,都被认为是在不断分化的。[4] 传统形式上的以广泛同意为基础的国际合法化和谈判机构也变得停滞不前。[5] 机制使得那些通常体现先前主导一致性的规

---

[1] 以伦敦为基地的商业和人权资源中心持续关注进一步的活动。请参见:www.business-human-rights.org/UN Guilding Principles Portal/Home。

[2] John Gerard Ruggie, *Just Business: Multinational Corporations and Human Rights*, New York: Norton, 2013.

[3] 笔者使用"新治理理论"进行的概要分析是建立在相对缺少国际法和制度等级的基础上的,基于对由非国家主体所扮演的、由规范性和观念性因素主导的治理角色的理解。"新治理"一词源于20世纪90年代关于国内规则改革的学术研究,并由阿伯特(Kenneth W. Abbott)和斯奈德尔(Duncan Snidal)发展到了国际层面。参见:Kenneth W. Abbott and Duncan Snidal, "Strengthening International Regulation through Transnational New Governance: Overcoming the Orchestration Deficit", *Vanderbilt Journal of Transnational Law*, 42 (2009): 501–578。

Joost Pauwelyn, Ramses A. Wessel, and Jan Wouters, "The Stagnation of International Law", Working Paper, No. 97, "Leuven Centre for Global Governance Studies", October 2012, *Social Science Research Network*, http://ssrn.com/abstract=2271862.

[4] 例如,参见 Martti Koskenniemi and Päivi Leino, "Fragmentation of International Law? Postmodern Anxieties", *Leiden Journal of International Law*, 15 (2002): 553–579; Frank Biermann, Philipp Pattberg, Harro van Asselt, and Fariborz Zelli, "The Fragmentation of Global Governance Architectures: A Framework for Analysis", *Global Environmental Politics*, 9 (2009): 14–40。

[5] Joost Pauwelyn, Ramses A. Wessel, and Jan Wouters, "The Stagnation of International Law", Working Paper No. 97, "Leuven Centre for Global Governance Studies", October 2012, *Social Science Research Network*, http://ssrn.com/abstract=2271862.

则体系的各式标准也更具复杂性。① 西方的衰落和东方的兴起则更是强化了这种分离，不仅是在物质层面，而且是在精神层面。② 或许有诸多不同的个例，如：网络治理，多级治理，私人治理，诸多利益相关者的主动参与，甚至是经验主义者的治理。③ 但是，理想的比较全面和集中的政体解决方案，正如罗伯特·基欧汉（Robert O. Keohane）和戴维·维克多（David G. Victor）针对气候变化所主张的，已变得越来越难以捉摸，尽管他们也敦促"尽最大努力把这一境况变得更好"。④ 以实质性问题的多样性、利益冲突和不确定的相关风险、收益和损失为特征，这一图景在其他政策领域也是大体相当的。当然，这也描述了全球治理日程中一些最严重的问题。

然而，正如瓦格纳创作的音乐，情况并没有听起来那么不尽如人意。我在致力于指导原则的策略性构建中，也注意到了此文所讲的（强大的）系统限制和（渺茫的）机会之间的张力。对此，我也是积极献计献策。⑤ 事实上，在递呈给联合国的报告中，我也描述了商业和人权在当代治理中成为大危机缩影的现象：差距正变得越来越大，不仅存在于经济力量和各角色的范围和影响之间，而且表现在管理社会不良后果的能力方面。指导原则并不是要构建一种全面的和集成化的全球政体。但也确实表明有可能在规范、政策和实践方面，甚至是在具有高度争议的问题上，达成一定程度共识的重要意义。因此，在新治理理论中，重述一些指导原则中的核心策略要素就显得很有必要，进而在现实世界中推动实践者对其实践的学术理解，否则那将只能变为

---

① 参见 Kal Raustiala and David G. Victor, "The Regime Complex for Plant Genetic Resources", *International Organization*, 58 (2004): 277 – 309; Karen J. Alter and Sophie Meunier, "The Politics of International Regime Complexity", *Perspectives on Politics*, 7 (2009): 13 – 24。

② 作为一项有趣的国际法探讨，参见 Hanqin Xue, "Chinese Observations on International Law", *Chinese Journal of International Law*, 6 (2007): 83 – 93。

③ 最后，参见 Sandra Eckert and Tanja A. Börzel, "Experimentalist Governance: An Introduction", *Regulation and Governance*, 6 (2012): 371 – 377。

④ Robert O. Keohane and David G. Victor, "The Regime Complex for Climate Change", *Perspectives on Politics*, 9 (2011): 19.

⑤ See, for example, John Gerard Ruggie, "Reconstituting the Global Public Domain: Issues, Actors, and Practices", *European Journal of International Relations*, 10 (2004): 499 – 531.

晦涩的学术作品。

且从我的委任说起吧。

一、委任

联合国一直在致力于推进国际合作规范化,这可追溯于命运多舛的《谈判行为准则》,这是从20世纪70年代中期就开始实施的,但十年后就被废止了。在世纪之交,联合国促进和保障人权委员会,召集了独立专家,着手起草了一个类似于条约的文件,被称为"关于在跨国公司和其他经济企业中实施人权责任的规范"。① 本来是打算让其具有一定的约束力,以确认企业"有义务促进、安全实现、确保尊重和保护"人权。实质上,这同国家本身在国际条约中所接受的准则是具有相同义务范围的,有所区别的仅仅是由于他们各自影响范围中的若干弹性概念,以及在区别主要义务和次要义务问题上的同样模糊不清。政府间的初创组织——人权委员会,否决了该提议。但是来自许多不同地区的众多政府机构,都相信商业和人权这一话题仍需进一步探讨,即使这一特殊工具令人难以接受。面对不断升级的企业和法律诉求,商业一方自身也觉得非常有必要进一步阐释其人权责任。因此,委员会就在2005年设置了"特殊程序"的委任制度,并让科菲·安南秘书长来指派委任的合适人选。安南秘书长就委任了我——来承担这一没有报酬、没有任何独立实权的工作,起初也没有经费和员工。② 用我同事约瑟夫·奈(Joseph Nye's)的话来说:这是最软之实力了。③

该项委任历经了三个阶段。后两次是事先所没有预料到的,每次都需要

---

① "Draft Norms on the Responsibilities of Transnational Corporations and Other Business Enterprises with Regard to Human Rights," UN Doc. E/CN. 4/Sub. 2/2003/12/Rev. 2 (2003).

② 联合国的所有人权要求都是基于最低限度来雇佣人员和提供资助的。在政府自愿支持的出资被纳入哈佛大学肯尼迪政府学院的研究经费后,我才招了一批优秀的专业人士来进行广泛的研究和磋商。

③ Joseph S. Nye, *The Future of Power*, New York:Perseus, 2011.

通过人权理事会的批准（那时已取代了人权委员会）。第一次委任是从 2005 年到 2007 年，让我仅仅是确认一下既存于国家与商业中的一些准则和最佳行为方式，以及阐释一些诸如"团体共犯"和"团体势力范围"等争议性的概念。理事会称赞了我所提出的广义研究产品，并邀请我再续任一年来致力于开发最佳的日程规划，这的确是一项建设性的规范研究。

考虑到当时最紧缺的就是基础性概念和规范，以便能为未来的思想和行动提供必要的前期支撑，我在 2008 年里仅做了一项回应：让理事会能顺利通过我所提出的保护、尊重和补救人权的框架性建议。该框架基于以下三大支柱：

其一，国家的责任就是要通过适当的政策、法规和司法来保护人权，以防止人权被第三方滥用，包括商业方面的滥用。

其二，一项独立的保护人权的企业责任规范，意味着要防止企业对他人人权的侵犯，以及涉事企业对有关不良影响的处理。

其三，满足受害者能更方便有效地采取人权补救措施的需求，包括司法的和非司法的。

该框架建议为国际人权法案（《世界人权宣言》及其两项协议）提供了重要的参考，与《国际劳工组织关于工作的基本原则和权利宣言》一起，被适时列为国际上公认的强制性权利而备受关注（如，《土著人民权利宣言》）。人权理事会一致通过了该框架，并将我的授权任期又延长了三年来做进一步的落实：为实施提供具体和实际的指导。指导原则也是如此，包含了 31 条内容，每一条都附有注释来阐明其在法律、政策和实践中的语义和内涵。

二、策略要素

在此，不可能穷尽所有的——以及许多偶然的——能使指导原则（GPs）得以问世的策略和战术。我要讲的目的其实更为现实：努力突出一些关键要素，以推动全球治理更好地协同互动。

三、旧治理模式

如果说，有一个问题是所有新治理理论学者都会认同的，那就是等级式的旧治理模式，如今已难以回应全球化挑战中的许多难题了。因为它只意味着要"商讨一个全面的、广泛的，以从上到下的方式，具有法律约束力的普适政策"①。以东京方式来应对全球气候变化就是被最为广泛援引的案例了。全面的具有约束力的安排可能会经过长期的发展而形成，正如世界贸易组织一样。但在短时期内，新治理理论尚须使用一砖一瓦来拼凑起一整套解决方案的不同要素，"并将他们嵌入到国际政治的框架之中"。②

这也是我的起点。对许多惊慌失措的人权团体和一些学究式的人权律师而言，人权说道词是建立于以权利等级为基础的假说上的。但这在国际实践中却鲜有佐证。③ 对商业和人权而言，尚未达成共识，更不用说对解决方案的一致认同了。商业一方非常强烈地反对跨国组织需承担的责任规范；当地的和外来的跨国组织之间的兴趣差异也存在着天壤之别。而且，商业行为对人权的影响，还受到其他实体法的重要影响，包括公司法、投资法和商法，这使得没有哪一个政府能出于条约义务而屈从于国际上广泛认可的人权。因此，我的总目标获得了强有力的支持，通过概念和框架搭建起了国际政策领域的主要参数和尺度。国际法工具，我在2007年就阐述过，也必须在商业和人权的持续演进过程中发挥出其应有的重要作用，但尚需"精雕细琢"④。

---

① Robert Falkner, Hannes Stephan, and John Vogler, "International Climate Policy after Copenhagen: Towards a 'Building Blocks' Approach", *Global Policy*, 3 (2010): 252.

② 同上。全球治理和"新治理理论"并没有确定的理论清单，但普遍认为，它包括了对一些极端行为的禁止，如种族灭绝、战争犯罪，还有一些反人类罪。这样，在日常层面上，强制法规范是无助于解决"平常的"的规范性冲突的。

③ 强制法规范是个例外，至少是在规范性层面上。其本意为，普通国际法规范在任何情况下都是不允许豁免的，被称为王牌反面规范，包括条约规定。

④ John Gerard Ruggie, "Business and Human Rights: The Evolving International Agenda", *American Journal of International Law*, 101 (2007): 125.

四、多中心治理

新治理理论是建立在这样一种前提基础上的,就是国家本身是承担不起压力社会所带来的挑战和重负的,故仍需其他主体来分担责任。因此,在理论上大多强调"顺应调控"、非正式合作、公私搭伴,以及多利益相关者合作的进程。① 当涉及跨国公司时,问题就变得更为尖锐了。仅有个别例外情况,公司所适用的不是国际法,而是国内法的变通适用。此外,从法律上而言,母公司和每个附属子公司都是独立的法人,一般而言,母公司是不必为其海外的子公司承担责任的,即使它是唯一的股东。尽管在东道国,治外法权的情况也在逐渐增加,但仍具有相当大的争议。而且,在任何情况下,都不能作为解决商业和人权争议的通解。对于国际组织的介入,肯尼斯·阿伯特(Kenneth W. Abbott)和邓凯·斯奈德尔(Duncan Snidal)适时观察到:"国家事实上是拒绝所有国际组织对私人部门的直接介入的,也拒绝所有强势的国际管理机构的介入。"② 一言以蔽之,要搭建起商业和人权的权威框架,这不可避免地成为多中心治理的实践之道。

事实上,"积木"就在这里。在国际层面上,企业行为是由三个独特的治理系统所组成的:第一个是公共法治理系统,包括国内的和国际的;第二个是公民治理体系,包括受商业企业和各种社会说服机制——诸如宣传运动和其他各种形式的压力所影响的利益相关者;第三个就是公司治理,这使得另外两个要素(当然是不均衡的)得以内化。所需要的只是一种新的监管机制,能使这些治理体系向商业和人权看齐而变得更好,在强化优势的同时也可以互补不足,进而协同演进。保护、尊重和补救人权的框架表明了我们在朝着这个方向的努力中能做些什么,而指导原则则表明了如何去做。

---

① 例如,参见 Kenneth W. Abbott and Duncan Snidal, "Taking Responsive Regulation Transnational: Strategies for International Organizations", *Regulation and Governance*, 7 (2013): 95-113。

② Ibid., p. 96.

为促成联盟,通用原则强调差异性——然而当联合起来的时候,补充条款也反映了各自的社会角色,即这些治理系统在规范公司行为中的作用。如此一来,对国家而言,其重点就在于他们在国际法中为保护人权被第三方滥用而要承担的法律义务,包括商业的,以及政策基本原则的一致,还有如何支持和履行这些义务。对商业而言,除了与那些不同国家的法律义务的适用和实施保持一致之外,通用原则还致力于管理被卷入人权滥用风险的需要,这要求企业必须谨防侵犯他人权利,并在损害发生时要及时声明。对受影响的个人和组织而言,通用原则能为他们进一步赋权,并使他们具有更好的权利补救意识。

但这些还都是概念上的,而且概念争议本身并不会必然的改变意识和行为,无论他们看起来是多么的合情合理。如果能具有实践意义,说服则更有可能会成功。因此,当谈及如何操作这些事务的时候,比较具有可能的是通用原则的建设者们会被来自不同利益集团的实践从业者们所左右。可为此佐证的例子包括:(1) 从事我所建议的进行人权勤勉程序的可行性研究的十个企业;(2) 另外一批企业,每个企业都独立地与五个国家的当地利益相关者在可操作的层面上开展权利申诉机制试点项目的研究。各国都参与到一系列的非正式务虚会中,当谈及在冲突领域该如何确保责任业务时,都基于情景演练而探讨了现有法律政策的不足之处。投资协议的谈判代表帮忙在投资保护体系内为能更好地保护人权而提出了建议,人权组织和原告律师们也为进一步推进司法改革而提供了宝贵的意见。各种参数都被凝聚在多利益相关者的协商之中。简而言之,通用原则并不仅仅是为了提倡一种多中心治理的理论,在某种程度上,他们是通过这种方式而产生的。当然,这也使得通用原则能在多大的程度上达成一致同意而有所受限。但与此同时,这给他们赋予了朱斯特·佩威林(Joost Pauwelyn)、霍姆斯·韦塞尔(Ramses A. Wessel)和简·沃特斯(Jan Wouters)所声称的"强化利益相关者的共识"——对此,他们认为,在要求确保遵从时,这能比传统国际法的生效要条"稀疏的国家同意"更具有规范优越性。[①] 事实上,在这一特定情形中,

---

① Pauwelyn, Wessel, and Wouters, "Stagnation of International Law", pp. 1 - 2.

强化利益相关者的共识,为得到人权理事会的一致通过也铺平了道路。

五、协奏曲

鲜有学者能像阿伯特和斯奈德尔一样,如此系统地绘制出这番图景:一方面,是私人和多方利益相关者在积极主动地融入国际一体化的进程中,无法绕开的那介于经济力量和利益参与者之间的规则鸿沟;另一方面,又是碎化的国家基础权力结构。但他们也注意到,"当前的系统已遭受到严重不和谐的危害"。① 结果是,"一种无法调和的、又彼此为了争夺支持者、资源、合法性和公共关注而相互竞争的混音"。② 为缓和这一趋势,他们建议国际组织能承担起更重要的"协奏者"的角色:以致力于协调和发挥他们的杠杆组合能力。阿伯特和斯奈德尔区别了"指导性"和"便利性"的协奏:"指导"意味着,譬如,对企业有利的"曲目"可被条件化为依附于特定的标准;而"便利",则意味着通过国际组织召集力量来进行大合奏,通过与企业和非政府组织的搭伴,发现和传播最好的实践行为方式,以及其他这种形式的合作。③ 当阿伯特和斯奈德尔开始公开发表他们的协奏议题时,指导原则已在路上进展良好。然而,其间紧密相关的是通用原则实施策略的实质,而这无疑提供了有效的佐证。

人权委员会对指导原则强有力的支持,使他们能够在我卸任后仍然获得生存的必要条件。但对其本身而言,这并不会自动产生其他相关的标准设定机构,不管是国际的还是国内的,都在指导原则上犹豫于联合国的而遵循于各自的标准。不同机构具有不同的使命,反映出各自所代表的部门、地区和国家的不同考量。更何况,联合国人权机构也并不具有强制执行力。因此,要基于通用原则而达成共识就需要积极努力地落实,这在2008年理事会批准

---

① Abbott and Snidal, "Strengthening International Regulation", p. 501.
② Abbott and Snidal, "Taking Responsive Regulation Transnational", p. 102.
③ Ibid.

保护、尊重和补救人权框架工作后,我也就立即着手启动了。尽管每个案例中的精确进程各有差异,但主要结果如下:

- 新的经济合作与发展组织(OECD)在为跨国企业提供的指导原则中,有一章关于人权的规定是从指导原则中逐字逐句抄写的。这是非常重要的,因其为42个附属国提供了国家申诉机制,这包括新兴市场经济相关国家其内部的或者其相互间的跨国运营行为。

- 在经济合作与发展组织(OECD)的新条款中,出口信贷机构的常用举措中要求对社会风险进行评估,这影响到国家层面资本的获得。

- 新的《国际金融机构可持续发展原则和行为标准》现在已包括了能反映指导原则核心概念的人权术语。这影响到企业对国际资本的获得,因为受私人借贷机构所执掌的所谓的赤道原则及其被放大的多样性影响,这也说明了为什么四分之三以上的工程都在进行全球融资。

- ISO26000,一种新的由世界领先私人标准设定机构——国际标准化组织(ISO),所采用的社会责任指导原则中,有一章关于人权的规定近乎是仿写人权指导原则的。国际标准组织催生了一批在全世界的咨询顾问工作者,热衷于帮助企业执行该标准体系,尤其是在亚洲得以蓬勃发展。

- 在欧盟,欧洲理事会通过了指导原则,并要求成员国提交其实施的国家行动计划,英国是第一个提交的国家。理事会还提出了对若干产业部门和中小型企业的附加指导原则。

- 在美国,人权概念引起高度重视,企业责任的核心组成部分就是要尊重指导原则中的人权,并轰轰烈烈地写入了多德-弗兰克华尔街(Dodd-Frank Wall Street)企业改革法案1502一节中,与此紧密相关的佐证就是美国企业在刚果民主共和国获取采矿权中的冲突。

- 美国政府将指导原则作为测试标杆,当大多数经济制裁都被暂停的时候,将其作为美国企业在迈阿密投资超过50万美元项目时的一项新的汇报要求。

- 东南亚国家联盟(ASEAN)依据指导原则来匹配其新的商业和人权项目。非洲联盟虽稍有迟缓,但也同道而行。

若要用"大合奏"一词来形容指导原则的标准设定者们是如何达成一致行动的,这未免会有些牵强,因为很多都是偶然的,并非事先安排的,而且其他的行动者也只是成功了一部分。但他们诠释了这样的愿景:通过中间人来促成更完善的规范和规则一致性、更大范围内的影响力,以及更具活力的结果——在特殊情况下,中介机构比起联合国本身能更直接联系和影响到企业行为。

六、机制复杂性

2006年,国际法委员会(ILC)在呈送给联合国大会上的一份报告中声称:国际立法大幅扩张的主要特征是国际法在专业和自治领域得以分化:比如说,在贸易和环境法之间涌现出来的法律,甚至是在两者的交集之间制定的法律。

国际法委员会总结道:"没有现实可靠的同级元体系"来解决国际法条款的互不兼容问题,这包括不同法院用长篇累牍的司法陈述,来阐释那些基于相同事实而得出具有天壤之别的司法结论的情形。① 换句话来讲,法律分化是一个结构性特征。在理论上,至多能冒出两个屈指可数的法学理论家,某些稍微复杂的法律推理能达至"一种貌合神离式的规范性兼容"或者"一种冲突单位间的松散组合"。② 而剩下的则需要在实践王国中来解决了。

考量到机制复杂性,政治学上的新治理理论开始探求一种紧密相关的制度安排。据基欧汉和维克多的研究,"机制复杂性是以这般联系为标志的一种

---

① International Law Commission, "Fragmentation of International Law: Difficulties Arising from the Diversification and Expansion of International Law", UN Doc. A/CN. 4/L. 682 (13 April 2006), 引自第493段。

② Gunther Teubner and Andreas Fischer-Lescano, "Regime-collisions: The Vain Search for Legal Unity in the Fragmentation of Global Law", *Michigan Journal of International Law*, 25 (2004): 999.

具体而又相对狭隘的机制,同时又缺乏全面架构和等级制的一种整体结构"①。他们所举的例子就是在气候变化领域所存在的许多国际化制度性要素和举措。据他们的观察,"在管理气候变化中的具体国际合作问题是如此的变化多端,以至于连一个单独的制度性回应都特别难以组织和达成"②。尽管这可能会造成效率和结果方面的成本发生,但缺乏等级制本身并不会必然地造成根本性问题——除非在相关领域内潜在的机制规范和规定是相互冲突的。③ 与他们的法学理论相应相生的,基欧汉和维克多为个别片段的相交和重叠推荐了类似的而又强化版的"初级耦合"机会。④

不足为奇的是,依其本体,指导原则的建构从其伊始就面临着法律碎化和机制复杂性的挑战。被授权的权力机构是人权理事会,其直接的缓冲就是基于联合国的人权机制。授权的目标是探索以可接受的方式来主张扩大其行动的机制范围,不仅是关乎个体和国家的,正如现在所做的(具有混合效果的),而且是关乎商业企业的。当然,除了代理人的滥用,国家是知道它们的法律义务和政策要求的。但事实上,国家行为又表明即使是对最忠诚的企业而言,也难以全方位履行这些隐晦的行动要求。对它们而言,在没有其他的可资利用的企业责任行为的时候,企业是会承认其应该承担的一些人权责任的。即使如此,它们的事实行为也表明了在理解所谓的人权责任及其内涵时的巨大分歧和不足之处。最终,对权利者所受伤害的补偿就是人权条约中或明或隐的组成部分,但这在劳方标准之外又给国家施加了义务,而没有将该义务直接施加给企业,也没有用全球化通行的规则和工具来进一步明确与商业有关的权利补偿问题。

但这样的权利扩张又能走多远呢?法律碎化和机制复杂性在理论上已表明了权利缺陷的存在。以公司法为例,现代公司法的根本是介于公司持有者

---

① Keohane and Victor, "Regime Complex", p. 8.
② Ibid., p. 13.
③ Amandine Orsini, Jean-Frédéric Morin, and Oran Young, "Regime Complexes: A Buzz, a Boom, or a Boost for Global Governance?", *Global Governance*, 19, No. 1 (2013): 27–39.
④ Keohane and Victor, "Regime Complex", p. 18.

（股东）和公司本身的分权原则，及其相关的有限责任原则。借此，股东在经济上只是在他们所持有的份额价值内承担责任。这种模式的联合股份公司被创设出来，是基于只有当人——自然人——是所有者的情况，试图以便于促成人们之间的资本投资。如今，该模式已被延伸到全世界200多个国家和地区的跨国子公司、合资企业、合约商以及其他各种形式的附属企业，每一个都在法律上被认为是分立的和单独的实体。这引发了商业和人权方面的一个根本问题：即我们该如何使跨国公司就其企业组织整体来承担尊重和保护人权的责任，而不是分裂为若干其制度规范性可能会很差的组成单元呢？

联合国提升和保护人权分会试图为跨国公司实施强制性的规范，就在我的任期之前，以致力于为该问题的解决而提供一种灵丹妙药，然而事实上却是毫无结果。一位法学家拉瑞·卡塔·巴克尔（Larry Catá Backer）曾就公司法和国际法的耦合撰写了大量的著述，观察到：

> 规则内化并采用一种企业责任模式，以此来确定相关企业组织的责任范围，这种方式，以一种很简单的办法，消除了关于全球化中的一个很大的顾虑：即通过大网络相互联系而又在法律上相互独立的公司如何形成一个巨大经济企业的全球化问题。这个问题，当然，在许多国家是被作为一个企业的独立法律人格的国内法问题而探讨的。为此，许多国家还制定了非常强有力的公共政策来支持法律自治。[1]

基于公益，有二十多个公司的法律事务所在我的委托下，对全球39个司法管辖区进行了一项关于公司法和人权关系的调查，结果表明：所有司法辖区都承担着某种形式的法律分立和有限责任。尽管鲜有治外法权，但不同司

---

[1] Larry Catá Backer, "Multinational Corporations, Transnational Law: The United Nations' Norms on the Responsibilities of Transnational Corporations as a Harbinger of Corporate Social Responsibility in International Law," *Columbia Human Rights Review*, 37 (2005): 169–170.

法辖区还是略有差别。公司及其安全法和政策的改革在许多国家都得到重视，这也是2008年金融危机及其对实体经济产生巨大影响的结果。但对现代公司法根本宗旨的存废还远未提上日程。要处理他们所强加给全球经济和人权的限制是一项非常棘手的事——一项得在复杂机制中操作的事情。

因此，在指导原则所树立的要尊重人权的企业责任之框架下，我并没有去建立一种全球化企业责任模式。那将会是一种纯理论上的演练。相反的，我致力于对症下药地探寻一些切实的方法，而将人权内化于企业风险管理系统之中。除了要面对当地企业运营的风险之外，跨国公司通常还需衡量并承担其企业整体的运营风险。而当他们这样做的时候，他们就会聚合而不是分离企业组织及其功能的风险。而独立的法人是很难调度企业的有关管理风险的。更何况，过去也没有如何管理人权的负面影响的官方指导。为提请注意，人权的概念和组成部分倒是提供了这样的指导-——对公司法的潜在的重要的未来具有重要意义，一位该领域的知名专家如是说。①

公司法律事务所在指导原则普及过程中的广泛参与也发挥了"渗透性"的影响。② 这将该问题的能见度从公司内部提到了法律咨询公司，甚至是首要执行官的层面，而不再是仅仅局限于企业的社会责任部门。这促进了美国律师协会对指导原则的正式通过，敦促着政府、私人部门和法定团体本身将其整合到他们各自的运行和实践之中。③ 反过来，作为植根于他们自身权利的商机，全球治理和"新治理理论"催生了一批法律咨询团队来为律师事务所提供指导方针，落实与指导原则相一致的社会责任行为，包括他们客户的咨询工作。④ 与此同时，正如上文所述，政府和权力方以及私人贷款机构，都已开始要求企业勤勉地践行人权并在适当的时候建立起申诉机制。相应

---

① Peter Muchlinski, "Implementing the New UN Corporate Human Rights Framework: Implications for Corporate Law, Governance and Regulation", *Journal of Business Ethics*, 22 (2012): 145–177.

② 我所使用的术语"规范串联"（norms cascades）参见 Martha Finnemore and Kathryn Sikkink, "International Norm Dynamics and Political Change", *International Organization*, 52 (1998): 887–917.

③ 参见 www.abanow.org/2012/01/2012mm109。

④ 参见 Michael D. Goldhaber, "How to Handle Evil Clients", *Litigation Daily*, 30 July 2013, www.law.com/corporatecounsel/PubArticleCC.jsp?id=1202612839408&How_to_Handle_Evil_Clients。

的，受影响的个体和社团都援引同一规则来让企业负责，并为政府部门提出了要求。总的来说，尽管挑战重重，复杂的政体也有许多积极向上的潜力。

七、结论

我在为人权委员会提交的最后陈述中说："我从未幻想能在我任期结束时可以终结商业和人权方面所有的挑战，但理事会对指导原则的签署通过将意味着开始的结束。"① 借此，我意在表明这里已有一份官方文本可供后续参考了。我在此重弹旧调并不是要高唱庆功之词，更多的是为了强调下一步该在商业和人权领域如何作为，在我所写的那本书的最后一章，我也罗列出了一些重要的步骤，包括具体的法律应对举措。在此，我想通过起草指导原则的经验，来阐明并希望能有助于更好地衔接起新治理理论及其实践。全球治理产生了许多的次优结果。如果新治理理论能够得以复正，它也不会随着时间的推移而变得更为容易些。知名的金融时报专栏评论家马丁·沃尔夫（Martin Wolf）对此颇有同感："我们是一个更为全球化的文明体系，需要提供更为广泛的公共产品。人类依赖国家来提供公共产品，从安全到气候管理，然而都不太受欢迎，这是被过度扭曲的或者是相互矛盾的。我们需要考虑如何管理这样的一个世界，尚需具有非凡的创造力。"② 新思考和新实践都需要能够得以适时互动。在《全球治理》杂志开始执行其新的编辑体例之际，我特别希望能将这一目标纳入其核心使命之中。

---

① See www.ohchr.org/Documents/Issues/TransCorporations/HRC%202011 Remarks_Final_JR.pdf.
② Martin Wolf, "The World's Hunger for Public Goods," *Financial Times*, 24, January 2012.

关于领土的再思考：全球化治理中的挑战[*]

［匈牙利］伽宝·兹波 著　　周长鲜 译　　侯尤玲 校[**]

一、简介

近年来，领土作为人类社群组织的一贯基础已失去了其既有的特权地位。"跨领域"已然开启了各种可能，以人类社群的形式，打破了法律、道德和政治的各种正式维度和概念框架。

在"冷战"时期中，将近有25年，现实主义和理想主义理论在国际关系分析中的争论愈演愈烈。无视所有的新趋势，现实主义理论者坚持认为，国家是能保持其在国际关系中的主导地位的，因为它是外交事务中独一无二的自利者。在这种情况下，权力只能达到暂时的平衡，而这一旦被打破，战争就会爆发。因此，对民主不足问题的有效应对，被敏锐地认为是一项伴随着全球化而来的对国家主权的维护或是再巩固。另一方面，理想主义者（某种

---

[*] 原文标题：Reconsidering the Territoriality: Chanllenges of Global Covernance，载 *Pravni Vjesnik God*，2015，31（1），pp. 31 –45。

[**] 伽宝·兹波（Gábor Szabó），匈牙利佩克斯大学法学院副教授。周长鲜，北京联合大学北京市政治文明建设研究中心副研究员。

程度上的自由主义者，但对全能的自由贸易、根本主义或是世界主义的理论颇有质疑）声称，国家作用所经历的重要改变，造成了地区的、超国家的和跨国家实体的重要性和权威的提升。① 这使得人们对全球化的考量再也不容忽视（比如说人权、生态效益）。

在全球化时代，领土的作用已发生了相当大的变化：根据齐格蒙特·鲍曼（Zygmunt Bauman）的说法，除了治外法权和打破疆域的因素（信息化、国际精英）之外，地域的束缚也在不断加强，更为紧要的就是土地。"全球化角色在理论上已脱离了这个世界，展现出煜煜生辉的光芒来吸引人们的跟随，或是梦想着去追随，他们代表了一种确定的权力，与其说是统治不如说是引导。"②基于非领土的组织补充，或是基于领土的实体竞争，这使得人们很有必要重新反思共同体的概念，并刻画出与我们紧密相关的共同体的道德承诺界限。首要的是，我在此所讲的责任是一个伦理道德问题。责任的问题已有新的尺度，而不能再硬塞进现实的或是期望中的国家疆界的框架之中。法律的发展应考虑到所有这些趋势。

在此，也很有必要提及一下事实和价值的哲学关系问题。我对全球挑战问题的应对方法和回答是以价值为基础的。由于对全球趋势的分析，必然地产生了一个道德诉求：如何拯救参与、权力控制、开放、公民和社会的人权这些价值理念？在这篇文章中，我着力于解决责任和参与的问题，以及在道德共同体和政治的关系中所经历的变化。

二、国家及其传统功能

长期以来，我们对权利和义务的解释框架是建立在以领土为基础的国家或是国家分支上的。我们的权利和义务当然可能是从我们的职业、婚姻状态

---

① McGrew, A., "Globalization and territorial democracy", in McGrew, A. (ed.), *The Transformation of Democracy？*, The Open University Press, 1997.

② Bauman, Z., Globalizáció (transl. Fábián Gy.), *Szukits K. Budapest*, 2002, p. 89.

等方面得来的，但这最主要的来源还是基于对特定区域的人口具有权力的国家。信息和资本的流动虽限制了国家的传统规制潜力，但世界贸易、移民甚至是旅游的兴起都是需要面对的新挑战。

流动能力变成了最主要的竞争性优势。对此，最好的例子就是金融资本了。随着资本不再必须与生产或交换或是服务联结在一起，金融资本就从经济的真实生产过程中独立出来了，因此它便比真实的经济要素具有更强的流动性，进而被赋予巨大的优势。[①] 当然，作为优势来源的流动性也可应用到货物、信息、资源和劳务上。然而，在很多方面，以上这些要素的流动都存在着很大的不平衡性，且来说说：在货物流转的情况下，自由贸易就意味着以前封闭经济——部分的自给自足——的国家得为那些经济最发达的国家（如，巨型企业所崛起之国）打开大门，然而前者的货物却不太可能会流入发达国家的市场，因为后者往往具有很强的保护措施。一个很好的案例就是非洲和亚洲的农产品在欧盟市场上的竞争劣势，就是受欧盟通用农业政策规则影响的结果。在可能的信息领域也是颇有争议。电视作为全球信息发布的主要工具已然渗透到世界各地的很多穷地方，但计算机文本和网络却远未如此普及，尽管这是首先迈向一个以知识为基础的社会的主要工具。[②] 根据一些怀疑论者，第三世界的电脑只不过是用来记录其衰败历程的高效工具而已。[③] 甚至国家对其资源开采的主权——正如近期在一项国际条约中所揭示的——也已变得毫无意义，原因显而易见，穷国家绝大多数人并不能从挖掘于他们领土上的资源中获益。最后，资本和人力的不同流动趋势也反映了以全球经济为推动力的多元不平衡性。当谈及最发达国家的移民政策时，萨斯基娅·萨森（Saskia Sassen）指出："在这里同时存在着这样产生了两种截然相反的结果却又是同一的权力：它既助产了无国界的经济领域，同时也为将移民和

---

① Martin, H. P. -Schuman, H., "A globalizáció csapdája", *Perfekt K. Budapest*, 1998.

② "United Nations Conference on Trade and Development" (UNCTAD), *World Investment Report 1995*, Genf/New York.

③ 参见 Keegan, V., "The highway robbery by the superrich", *The Guardian*, 22. July, 1996。该文对英国读者产生了很大的影响，因为作者将资源的全球化转移比作拦路抢劫。

难民排除在外而加强了对边界的控制。"①

综上所述，在这样一个脱离领土的甚或是"超领土"的世界上，绝大多数国家在履行他们的传统职能时都只能发挥日趋式微的作用。当前至少有三种因素将使国家失去他们的传统功能：首先，政治哲学概念中关于规范社会进程的国家能力需要修改；全球化财富的累积，正如治外法权，使得在疆界很清晰的地区生活的人很难处理其与居住地相关的社会问题。社会联结的缺乏也鼓励了跨国巨型公司和某些人将虚拟货币脱离公众控制，并遗忘了诸如责任这样的限制性道德壁垒。

其次，国家必须做出其在某个环境下进行资源分配的决定，在那里他们控制资源的可能性变得越来越小，而且我们也见证了一个缓慢但强大的新的世界性社会文化等级的形成。②

最后，国家控制公众的那一套方法也在萎缩。由大多数国际媒体所传输的行为和职能对公众意见及其品位具有不可抗拒的影响力，导致了社会构造组织的松动，恶化了久享盛名的团结以及相互之间的及其与环境之间的责任。国际传媒产品的大众消费也变成了阻止后物质主义价值观传播的主要因素，与此同时，还有因果关系知识在国际层面的实施（比如说，移民背景、地区贫穷的原因、城市社区空间的消失）。③"能发财致富就是全球化使然，被剥夺受穷就是地方化使然，而这两者之间似乎并没有联系，至少是在喂养者和那些被喂养的人之间是这样。"对这一被广泛接受的说法，齐格蒙特·鲍曼（Zygmund Bauman）认为是极具讽刺意义的，而这也被媒体所进一步强化。④

---

① Sassen, S., Elveszített kontroll? (Losing Control?), *Helikon K. Budapest*, 2000.
② Bauman, Z.: as quoted p. 47.
③ 后物质主义的价值观体系，作为后工业资本主义环境下的替代选择，主要是由法兰克福学派的哲学家们和生态学理论家们所阐述的。例如，参见 Marcuse, H., "Az egydimenziós ember" (One Dimensional Man), *Kossuth K. Budapest*, 1990; Fromm, E., "Birtokolni vagy létezni?" (To Have or to Be?), *Akadémiai K. Budapest*, 1994; László E., "Meg tudod változtatni a világot" (You can Change the World), *Magyar Könyvklub*, Budapest, 2002。
④ Bauman, Z.: as quoted p. 47.

三、对现实主义的反思

国际关系中的现实主义理论对这种倾向的关注很少甚至是被完全忽略的。在国际关系中,现实主义者不屑于做道德思考,将其作为臆想的乌托邦而拒之门外。他们站在刀口浪尖来呼吁国家不该——也不能——将其长远利益合计到国际关系框架之中。由此概念可想而知,我们的道德义务早就在国家疆域之外消失殆尽了。但问题是,谁来承担举证责任:是那些承认我们的道德义务界限与所居国家疆域是一致的、在疆域之外我们就得承担不同义务的人,还是那些持否认态度的人。日益重要的跨国组织(如联合国)或超国家机构(如欧盟)重要性的日益增加为此辩论增加了新的因素。[①] 一些知名的全球化问题研究专家,将新的空间囊括到以上的现象之中。比如说,罗森瑙(Rosenau)和马克格如(McGrew)引入了"不可逆转的世界政治多极化",其主要特征如下[②]:

- 跨国组织,如世界银行、宝马企业、贩毒集团、国际非政府组织、麦当劳、世界社会学家联合会,或是天主教堂本身。他们都抑或合作、抑或对立地在国际关系中扮演着重要的角色。
- 跨国问题,如贩毒、非法移民偷渡、气候变化、艾滋病、国际恐怖主义、跨境民族冲突,或是货币危机都可能会影响到政治的和人际间的关系。
- 跨国活动,如世界足球锦标赛、伊拉克战争、美国竞选运动或是卫星电视频道对萨尔曼·鲁西迪(Salman Rushdie)出版一本书的报道所引起的不同文化人民的情绪波动。

[①] 尽管联合国的作用看似在减弱,很有可能的是——基于伊拉克战争的教训——它将在新的未来格局中再度掌权。

[②] 参见 Mcgrew, A., "A Global Society", in S. Hall et al (eds.), *Modernity and Its Futures*, Cambridge 1992, p. 61–116。

- 跨国"社区"的发展可能会附带着宗教的（如，伊斯兰教），专业化的知识（专家），一种生活方式（流行文化），或是特定的有关政治的一套价值体系（如，生态运动）。
- 跨国结构，诸如工作结构，是由生产合作、银行、金融交易和相关技术连接的国际化工作网络。

根据上述理念来阐述世界政治多极化，参与者和事务之间的互动为跨国组织补充了越来越多的出场机会，国际竞技场上的所有演员都要达到他们各自的目标，但他们的机会却不是均等的。科技在推动全球化过程中扮演着重要的角色，这是由国家控制的政治向强化多极政治转换中的幕后推手。罗森瑙说过："科技的快速发展使得人们、思想和货物在时空中的快速流转成为可能，而且是以一种前所未有的速度。……科技也加强了本地的、国家的和国际层面上的互依互存，这比史上任何时候都更强。"①

接受以上的推理就意味着，我们必须得接受责任和道德义务的界限得进一步扩展的事实。建立在共同风险基础上的理论承受着比现实主义概念更为深入的争论。正如乌尔里希·贝克（Ulrich Beck）所恰当指出的："威胁创造了社会，国际化的威胁创造了国际化的社会。"②作者还将国际威胁划为三大类。第一类威胁是以环境恶化为特征的，这由财富、便捷和"过度消费"所引起，伴随着科技工业化的风险。如，臭氧层空洞、温室效应、核能所引起的风险，以及在此趋势下结果不可预见的基因操控问题。第二大类就是由贫困所引起的环境破环和科技工业化的风险。与第一类相比而言，后者则更具地方特色。③ 由"过度消费"所造成的破环，均衡地蔓延到整个地球的每一个地方，当然也包括那些从未受到过财富的青睐、却还要在贫困中承担起由富人造成的环境恶化而引起的累累重负的地区。第三世界国家的工业化往往

---

① Rosenau, J., *Turbulence in World Politics*, Brighton, 1990, p. 17.
② 参见 Beck, U., *Risk Society*, London, 1992, and *World Risk Society*, Cambridge, 1999.
③ 乌尔里希·贝克在书中提到了迈克尔·朱恩（Michael Züm），参见 Beck, U., *What is Globalization*, Polity Press, Cambridge, 2000, p. 40。

发生在没有任何保护环境的制度和政治措施的情况下，比如说采取过期技术（比如在化学工业）或者是丢弃危险废弃物给第二类造成的危险。第三类危险来自于缺乏适当的安全措施或是制度。这样的例子包括大规模杀伤性武器或者是国际恐怖主义的泛滥。这些危险的存在会导致一系列的连锁反应，使得传统的——基于现实的——安全政策的计算将不再奏效。"风险社会"的概念包含了一些潜在的风险，不仅是与恐怖主义相关，而且使其主要责任的问题也变得模糊不清。所有这些都对传统的决策模式造成不可回避的影响。专家学者和管理者不太可能会再关起门来做决策，没有人需要担负起为他们的选择辩护的义务，他们也只能在公开辩论中维护自己的立场。

第三种对现实概念可能的讨论就是我们见证了新的间接性/虚拟经济—金融因素的产生和发展，这通常限制了传统的国家主权，也刷新了国际关系中的国家中心主义理论。这一过程具有双重效果：

1. 国家一旦被认为是民主的，就得将他们自己呈交给以发展为中心的难以计数的主体来做决定（比如世界贸易组织）。人民，被认为是民主体制中权力的来源，就得看他们所选举出来的领导者——他们也注意到了人民生活与安全的日渐衰微——高唱着魔法口号"改进竞争力"或是"经济合法性"来挽救他们所能挽救的。但这是一个自相矛盾的境况：决策权被集中起来，服务于那些最不受空间或领土限制的行为体（世界贸易组织、世界银行、国际货币基金组织、跨国公司）。

2. 作为一个与上述相平行的过程，信息社会造成人们对全球问题的认识简单化。信息作为另一种典型的"超地域"现象，导致签署秘密协定更为困难，也更难以将公众控制和公众参与排除在外。

不管卫星电视频道是如何费力地掌控信息的因果关系，西方大学里的智贤们仍坚决要看新闻背后的真相。[①] 同样的，将信息与事实进行对比的机会，

[①] 典型的是，在新闻里贫困问题被简单化为饥荒，如："具有异国特色的远方土地，表明那里的人们能自行解决他们的问题，而第三世界充斥着对安宁、富有的发达国家居民的各种威胁：瘟疫、吸毒、过错、饥饿、难民，等等。结果，人们看到新闻的刻板反应就是：远离它，尽可能的越远越好！"

如今已大大增加：由于跨文化交流的简化，以及许多与言论自由机会紧密相关的出版物和电视频道的可供选择。然而，颇为矛盾的是，现代大众旅游业的兴起，本来是很有助于改善人们对第三世界国家错误的刻板印象。富有的旅行者希望能到一些有着"异域风情"的国家享受一个浪漫的假期，可这些地方往往是属于旅游风景区而被从现实社会严密隔离。甚至，即使他们碰巧遇到了当地的现实情况（流浪儿童、极端贫困、雏妓、缺乏卫生和公共设施等），旅行者也会自以为是地解释为那些人是懒惰和无能的，而且他们"乐于现状"。不管所有植根深厚的陈词滥调是如何来讲述"全球伙伴关系"的事实存在——尽管对复杂性的探寻仍是更为敏感和有智慧的少数者的态度——对问题原由的揭示仍需三思而行。公众产生了"全球化敏感"度。当然，通常是更容易将简单的慈善捐助作为一个道德模范的，而若要当一位为将全球化变成替代方案进行战斗的实践活动家就要难得多了——经常会被描述成乌托邦的或是晦涩的怪想法的感染者；抑或是一种在理性上愿意帮助、也提供了专业援助给第三世界某个地方工作的非政府组织，以期用简单方法来改善当地人民的生活水平。

全球化问题的认知为个体意见的阐述产生了一种道德上的力量，建立了组织和兴趣表达的新形式，给政治本身和问题的解决及其政治决策的意见表达搭就了一种重要的不同框架。

四、国际层面上的责任和其他道德价值

有趣的是，新的经济—金融世界权力中心面临着的国家问题要比发展问题少得多，并非以国家为中心，诸如：（1）国际机制；（2）跨国非政府组织；（3）越来越敏感的全球化考量（人权、生态价值）。经济—金融世界在集中决策和强化自身利益方面非常成功，已削弱了传统以地域为基础的政治实体（国家），并加大了决策者和问题之间的距离。

让我们再以世界贸易组织在经济中全面强化实施"放任主义"为例。在朝着对社会和环境更敏感的发展中——经历了1992年的约翰峰会，这被世界

贸易组织本身所质疑，当乌拉圭回合的条约在建立世界贸易组织原则基础的时候，并没有包括在里约所做出的承诺里。

尽管约有 26000 页的乌拉圭回合条约比起里约峰会上仅有 273 页的 21 条议程要详尽数千倍，世界贸易组织的诸多情形仍与里约目标存有争议。2002 年的约翰内斯堡峰会也没有取得突破性的进展，与此同时，大多数发达国家仍在执行其保护主义者的措施。尽管 WTO 的民主合法性存疑，因为其成员并非民主选举的个人，也并无切实的举措让公众可以审查或纠正其决策偏误，但这种决策对缔约国及其国民确实是强制性的。大多数谈判都是"关起门"来进行的，而且公众通常并不知晓这些决定让他们承担的真实义务。

决策权的集中和控制可能性的萎缩可从问题的复杂性中得到解释。只有具有专业知识的专家才能为复杂问题的解决提供适当的解答。一些研究现代民主政治学理论的分析者们将此特征称为"技术专家中心主义"。技术专家统治的实质是，最主要的决策都是由具有做出胜任决定所必需的专业知识的专家所提供的，而不是由可能会受到质疑的政治家们所提出的。自然而然的，该为此决策负责的人就不是政治家，而是站在政治家幕后的真正做出决定的游说集团或是学者专家。[①]比如说，世界贸易组织的决定主要是由国家政治代表所采纳的，但事实上真正的决定者是商人、首席执行官们和学术领域的相关代表，他们仅考虑的是狭窄的市场利益而不是国家利益。所剩下来要做的，就是假装这些狭隘意义上的经济利益事实上是国家利益或者确实是朝着"全球利益"而迈进的。问题是，这种办法到目前为止仍没有证明经济—金融全球化能在整体上改善人们的生活水平，事实上适得其反。它除了不稳定之外，而且根据许多人的观察——包括我自己——这从长远来讲也是不可持续的。如此来看，这些专家们的专业性在事实上又何以体现呢？

---

① 例如，参见安德森和伯恩斯提出的关于欧盟有关途径的理论：Andersen, S. S. and Burns, T., "The European Union and the Erosion of Parliamentary Democracy. A Study of Post-Parliamentary Governance", in: Andersen, Eliassen (ed.), *The European Union: How Democratic Is It?*, SAGE Publications, London, 1996.

这些被后现代"工具理性"支配的决策——正如法兰克福哲学家们所描述的——通过考虑焦点目标，忽视其中的普遍价值而合理地运作。技术专家统治的实质是采用一批高效的雇佣经济学家，他们能够演示投资者和商业巨子如何（滥）用权力而获取更多的收益。然而我们看到，这样的工具理性并不能在世界各地被尊为荣耀。

然而，与现实主义者相反——诸如，罗伯特·达尔（R. Dahl）和罗森瑙接受了全球治理的事实，认为国家的作用依然很重要，驳斥现实主义者的国家概念只会向短期利益妥协。[①] 现实主义者们则一直都想要在国家让步的背后能发现一种有利于节约成本的计算方法。

根据罗森瑙的理论，比如说，国际化和全球化发展的体制环境，并不能照此来做出解释。对于环境负有的责任，使得今天的牺牲并不能预见其未来的收益或是预防的损失。在颇为流行的环境立法中，我们发现许多条约并不能反映出国家的意愿，同时还得用跨国协定来为传统政治异议搭起桥梁。[②] 此外，现实主义理论无法解释数量不断增加的国家——被认为唯己之利是图——加入区域组织并达成超越他们金钱利益界限之外的协定。这些协定可被认为是建立在共同可接受的价值之上的，而不是建立在和谐化的金钱利益之上的妥协（一个很好的例子就是欧洲一体化的过程，国家利益被一致作为并继续成为一个重要因素，但直到目前，所有危机的解决都是基于共同价值的）。

如今，也有一些区域化和全球化的机构正在形成，在一些民族国家中自发创立，但并没有表现出寡头政治的迹象（平等的人权、"人民"参与的可能性、多极政治权力）。因此，如果我们要考虑将现有过程演进到民主发展史上的一个新的转化阶段——从国家层面转换到跨国化和全球化的阶段——这种转变就表现出民主的倒退而不是扩张。然而，人们四海一家意识的加强，人

[①] Rosenau, J. N., *Along the Domestic-Foreign Erontier exploring Governance in a Turbulent World*, Cambridge U. P., Cambridge, 1997, pp. 56 – 60.

[②] 若尔特·博达提及的例子是希腊—土耳其签署的关于保护地中海的协议。参见 Boda Zs., "Globális ökopolitika"（Global Ecological Policy）, in *Politikatudományi szemle*, 2000, pp. 3 – 4.

权保护的一致性和多样化以及广泛传播的对当前权力多极强化的抗衡，可能会服务于不断改进的超国家民主的目标。

综上所述，根据意识价值中心论（"理想主义"）的路径，诸如平等和责任的基本道德价值观应在国际关系领域中存续并得到提升。在全球化时代，只有当我们能成功地打破以国家中心主义为逻辑的国际关系，并强调其在地方、国家、超国家和国际化层面上的同样重要性，这些价值才能被发扬光大。由于相互依赖的国际体系，超国家和全球合作的问题不能避而不谈。其有效性将取决于主权国家在对成本——收益精打细算之后，仍然愿意放弃实施他们的短期利益，代之以基于责任和共同风险承担上的新的合作方向。当国家对他们在传统功能的诸多可能方面的萎缩已显而易见，在国家议会提高政治参与和控制之外，我们尚需探索新的路径。我们是否应该接受未来世界的统治者应是一位在权力和知识方面都不容置疑的技术专家，并时刻准备着去管制地方自主性和民主国家主权呢？也许，我们当中没有人会愿意将那样的一个世界留给我们的后代。不管怎样，全球治理的现实揭示了一种多样化和多维度的进程，体现了集权与分权、国家间组织和不受领土束缚的"达沃斯文化"代表、技术专家和 NGO 的共存。① 这种具有功能性和专业性以及具有价值导向的 NGO 彼此竞争的网络——由选举出的机构进行协调——对于全球性问题保持敏感，同时又积极探索解决区域问题的办法，它可能会给予我们一个更加民主的未来，而不是一个集权化的世界。

五、非政府组织活动的增长

在决策非集权化及其透明化的过程中，跨国非政府组织扮演着重要的角色，尤其是在考虑环境保护、人权，甚至是在努力改变第三世界国家的境况方面。当然，为达至目标，各个非政府组织在其宗旨、目的和途径中有着显著的差别，但我们也发现了许多共同的特征。非政府组织的扩展是一个非常

---

① 该术语被塞缪尔·亨廷顿用来指全球经济—金融—政治的一套价值体系，1998。

值得重视的现象,因为它所招募的成员都是没有考虑其国籍或是地域身份的。这将对提高联合国及其相关组织和跨国非政府组织的联系发挥出极其重要的作用,因为它们都表达着同样重要的需求:参与的需求并不断提高越来越多人的全球化意识。事实胜于雄辩,国际化非政府组织在数量上得以大幅增长:在1909年的时候仅有176个;自1964年以来成员数达到成百上千人,在1993年全世界有28900个这样的组织。[①]我们可以看到,在以上数据的基础上,如果人们对自己政府的表现不够满意或是意识到政府无力应对某个既存问题的时候,就会习惯性地建立起这样的非政府组织。

在非政府组织的活动和政府之间具有各种各样的关系,他们可能是政府的补充,强化统治实施或是让政府变得更为高效,但非政府组织往往活跃于政府不愿涉足的领域。在这种情况下,非政府组织并不是由政府所支配的,他们也可能是屈从于权力游说者的压力。受影响政府的民主基础与其公民社会的传统以及政府对于批评意见的开放,在形成这种关系的过程中扮演着非常重要的作用。在这一方面,非常有趣的是,从1960年到1993年,非政府组织数量增长最大的地区却是非洲和亚洲国家。在1960年,全世界8%的非政府组织工作在非洲国家,到1993年达到了16%。在亚洲,数据显示1960年是14%,1993年是17%。然而,在同一时期,欧洲和北美洲国家非政府组织的数量却下降了。(事实上,北美洲国家非政府组织的数量低得让人吃惊。)

就这样,在过去的几十年里,我们经历了跨国非政府组织及其运动在发展中国家的强势发展。在这些地区的非政府组织有一些显著的特征。首先,他们都规模相对较小而且是以社区为基础的,政府经常仇视他们的成员,成员们有时还得为此冒着生命危险。第三世界国家的非政府组织在其民主化进程中具有极其重要的作用。众所周知,第三世界的许多国家执行传统职能方面的能力相对较弱,有些国家对其整个疆域没有实权。因此,非政府组织或是与一个友好的但无权的政府合作,或是与一个敌对的政府作战。在第一种

---

① 一个非政府组织至少需要在三个国家运行才能被认为是合格的国际化组织。参见 Comission on Global Governance: Our Global Neighborhood, Oxford, 1995, p.32。

情形下，缺乏资源的政府尤其需要依赖于非政府组织来主动支持其当地事务，诸如组织水资源的供应或是排水。然而，环保主义者的非政府组织有可能会遇到被伐木游说集团所控制的傀儡政府。要在非政府组织的帮助下实施发展项目的话，必须考虑到当地民众的意见，并将他们纳入决策和实际工作过程中。如果没有当地人的积极支持，千万不要插手。这是非常重要和有效的抗衡方法，以商业为导向的国际权力——滥用问题政府的软弱或是腐败——无视当地居民福祸而擅自启动某些经济项目。然而，总的来看，非政府组织在发展中国家所面对的政府要比发达国家的典型得多。

当然，有许多跨国非政府组织明确有力地表达了某个小团体的利益或者价值，他们当中的一部分也非常激进。但是，通过过去二十多年的观察，我们发现非政府组织也获得了很多方面的成功。如，动员重要的力量，提供数量可观的资金支持，为人权发展提供志愿服务，同时还在卫生保健、教育、维权、法律援助、维护自然和保护环境、组织食物供应和其他重要问题等领域取得了实质性的进展。其间，结果是非政府组织创造了组织良好的工作网络，发达国家的非政府组织和发展中国家的非政府组织相互协作，并且其保护相似兴趣和价值的运动也能有效协调他们的活动。①

自1972年在斯德哥尔摩召开环保研讨会以来，非政府组织的替代性会议就一直伴随着联合国组织的会议。这在里约峰会上就显而易见，而且这也是如今世界峰会在处理全球问题时非常典型的现象。1995年，由维利·勃兰特（Willy Brandt）、英瓦尔·卡尔森（Ingvar Carlsson）和施里达斯·拉夫尔（Shridath Ramphal）建立了全球治理委员会，这是一项很有意义的进展，其成员发布了一份被看作是迄今为止最为综合的全球问题使命宣言。②

联合国在坚持不懈地促成它和跨国非政府组织之间的联系。多达460多家非政府组织在经济和社会委员会（ECOSOC）获得了咨询资格。在联合国环

---

① 详见 Livernash, R., "*The Growing Influence of NGOs in the Developing World*", in Griffiths, R. J. (ed.), *Third World*, 1994/96, Dushkin Inc. Guilford, CT, USA 1994, pp. 208–216.

② Comission on Global Governance, as quoted.

境和发展会议上也有诸多类似情况发生，当时大量的非政府组织能成功地为会议筹备助力，而不再仅限于扮演咨询者的角色。非政府组织在为各国代表团筹备里约峰会时也发挥出了非常重要的作用。上述角色地位的加强促成了以下好处：

这可能更接近于一种良好的平衡，一方面是对专业技能的需要，另一方面是对实行控制和公民参与的需要。这对消除民主的匮乏来讲非常重要，因为一些理论倾向于让有能力和高效的专家治理来解决民主的合法性问题。比如说，世界自然基金会（WWF）就有很强的专业基础，拥有很好的权力游说机会，而且它还是自下而上发起的开放组织。

由于这些组织都具有跨国的特征，相比于传统的国内模式而言，它们为满足理顺国际关系的需要提供了更好的跨文化对话机会。发达国家和发展中国家的非政府组织之间的合作前景很好，因为它为角色分工提供了一种平衡：由发达国家的非政府组织来确保技术、专业和资金支持，以及适当的媒体后台呼应；对基于地方发起的项目，则顺应当地需求，由发展中国家的当地活动家来负责实施，因为他们最清楚在某个既定地方开展工作的恰当方法。这也是兑现生态学运动原则的最好案例了，"全球化策划，地区化执行者"①。实施共同目标的方法将考虑到文化差异，但与此同时又加强了共同责任感。

从总体上而言，非政府组织是自下而上发起的，成员们能够进行直接的交流沟通。这种优势具有双重性：与官僚组织相比，民主参与的机会更多了；而且它也有利于在国家、跨国组织和个人之间搭建起桥梁。自然，以问题为导向的组织不能是——也不应该成为立法机构，因为它将会导致从民主的，基于领土组织的代议机构那里夺权。非政府组织应深植于当地环境中，因为它发挥着特别重要的作用来将当地社区的建议呈送给立法机构，并使人们遵守既定规则。

---

① 原文为"thing globally, act locally"，但经译者与原文献相对照，此处应为"think globally, act locally"，经原作者同意，在此译文中进行更正。具体可参见，Devine-Wright Patrick, "Think Global, Act Local? The Relevance of Place Attachments and Place Identities in a Climate Changed World", *Global Environmental Change*, Vol. 23, No. 1, January 2013, pp. 61 – 69。

非政府组织可能会为减少经济全球化的负面影响而扮演立法创始人的角色，或是操控立法的实施。比如说，绿色和平在实施关于危险废弃物的巴塞尔条约中所扮演的"警示"作用。①在欧盟，在这方面能证明其有效性的跨国非政府组织不胜枚举。由于成员国有时并不愿完全将欧盟法贯彻落实在本国法之中，非政府组织的游说就能经常敦促这些国家对其法律进行校正——通知欧盟机构甚至是对簿公堂。②

非政府组织在提高公众对全球问题的认识和责任感方面扮演着非常重要的角色。诸如上面提到的从里约到约翰内斯堡的其他会议。非政府组织利用现代通信工具所提供的各种可能，经常将他们的运动也故意炒得很挑衅，以此来引起媒体的关注兴趣。当然，公众的反应是颇为矛盾的。

通常，根本不需要额外的官僚机构来建立和运行一个非政府组织。非常典型的，他们是建立在协作的基础上的，仅需少数固定的办公室和全职的工作人员。这种通过世界范围网络联系的成员参与能迅速地组织活动和实施项目。自愿参与原则的持续实施也确保了较高的灵活度。

除了其功能之外，这些组织也是价值中心主义者——尽管这样的价值，当然，会是相互竞争的，但绝大多数的最重要的跨国非政府组织也意识到他们的相互依存是以国际问题为背景的，因此单独对某一问题的强调也可能会有助于其他非政府组织活动家的工作。比如说，饥饿是人权和环境方面都存在的问题。然而，对危险疫情的控制可能会诠释并行价值的情形，因它在很大程度上限制了公民的自由而以此来有效控制疫情。在主张现代化和工业化的需求而倒行逆施于自然及其相关传统文化的保护方面，情况都大同小异。然而，可以肯定的是，所谓的"托宾税"（Tobin-tax）的引进③，或是从军费

---

① 这意味着，绿色和平积极分子们监管着欧洲的主要港口，一旦所运输的货物受到巴塞尔协议相关规定的禁止，就公告发货人。在许多情况下，仅是公告的威胁就足以阻挡这些货船驶离口岸了。

② 这事发生在20世纪70年代，当时，在英国政府的建议下，议会起草了一项禁止歧视无适当担保金的劳工市场的法律，尽管这样的担保金是欧盟法规所明确要求的。然而，保证金后来在非政府组织争取平等权的斗争压力下得到了保证。

③ 美国获得诺贝尔奖的经济学家詹姆士·托宾（James Tobin）曾提出了一项提议，建议在每笔货币交易时应征收1%的税。根据他的计算，每年将会增加财政收入1500亿—2200亿美元。

预算中削减出来的资金支持，将会为人们的善举提供足够的资金支持并在诸多方面产生积极效果。

无疆无界的非政府组织，与其跨边界类型的水平组织结构形成了新的社区形式。此外，它们也为当地问题的反馈提供了机会，在责任、社区包容和参与等方面都为集权化的决策提供了补充。当然，也有一些领域使跨国合作要比市民领域的参与更为有效，显而易见的就是在打击有组织的犯罪和国际恐怖主义方面。这样，非集权化世界的概念就成为全球治理现实的有益补充。事实上，非集权化世界的概念是以对全球道德社区潜力的承认为基础的，并将其作为个体权利和个体责任的源泉。在现实中，对现实模式的总结稳固了国家自私原则的绝对根基。然而，对国际问题的有效回应只能来自于责任原则的适用，而不能是个人或国家的自我中心主义。

回到理论之后：安全研究的过去、现在和未来[*]

[丹麦] 奥利·维夫　巴里·布赞　著　　高望来　译[**]

步入21世纪的第一个10年，安全领域正在经历变革并成为备受瞩目的研究领域。该领域的本科课程与运用相关理论的博士生项目数量都在增加。如今安全研究已发展为一个独具魅力的领域，这一方面是由于安全在"全球反恐战争"与"气候安全"时代具有显著地位，另一方面也是因为20世纪90年代形成的理论学派促进了学科的发展。

我们将安全理论（security theory）界定为旨在理解或管理安全议题的理论。这些理论在某些时期反映出国际关系理论的一般发展趋势，在其他时期与国际关系理论的关系则不那么密切。国际关系理论的某些主要发展对安全研究影响比较小，例如20世纪70年代的相互依存理论和机制理论；某些安全理论起源于安全研究领域，例如威慑理论或哥本哈根学派；其他安全理论则既是国际关系理论也是安全理论，例如建构主义、女权主义或民主和平论。

---

[*] 原文标题：After the Return to Theory: The Past, Present and Future of Security Studies, 见 *Contemporary Security Studies*, Oxford University Press, Oxford, UK, pp. 383-402。译文原载于《国外理论动态》2014年第1期。

[**] 作者简介：奥利·维夫（Ole Waever），丹麦哥本哈根大学政治学系教授；巴里·布赞（Barry Buzan），伦敦经济学院国际关系学院教授。

安全理论既不同于国际关系理论,也不同于整个安全研究领域,因为相当多的安全研究著作并没有明确使用理论。因此,安全理论是安全研究的子集,它经历了独特的发展阶段。

与比较研究相比,安全研究更加泾渭分明地分裂为相互并不认可的子集,这些子集通常没有意识到其他子集的存在。在欧洲的学术期刊、会议、大学和研究中心之中,近期出现了一系列关于研究路径的讨论:探讨批判安全研究、女性主义、哥本哈根学派、巴黎学派以及这些研究路径相对于"传统路径"的优势。在美国多数大学或者《国际安全》和《安全研究》这类领军杂志,根本不知道那些在欧洲和发展中国家成为争论焦点的学者究竟是"谁",也不知道他们在讨论"什么"。反之,美国的主要讨论大多集中于进攻性现实主义与防御性现实主义的争论、观念变量的相对重要地位以及权力和制度对秩序(和帝国)的影响。在世界其他地区,多数学者并不认为这些争论具有决定性意义。

当代战略研究发端于美国,并在那里展示出典型形态。安全研究在其他地区的发展在很大程度上源于复制或引进美国经验的努力,美国战略研究成为其他地区安全研究效仿的对象。安全研究的美国学派和欧洲学派只是在后来才沿着两条平行轨迹发展。笔者试图探究我们在哪里,我们从哪里来,特别是我们将走向何方。这呈现出一种非对称结构,这一领域首先是以美国为中心的具有同质性的、统一的中心—边缘结构,随后分裂为两个平行轨道。笔者按照时间顺序追溯了安全研究的起源,它在战略研究形成期步入黄金时代,随后又出现了短暂的衰落期。在20世纪80年代和90年代,出现了关于安全研究和认同(亚)学科身份的反躬自省的辩论,集中表现为各种理论创新。最后,笔者从目前的理论宝藏中探寻未来,期待这些理论之间的关系可能会有所变化,同时也将影响政策议程上的主要议题。

一、安全研究的起源和制度结构

几个世纪以来,战争与和平、威胁与战略、人口统计与流行病这些议题一直在主导思想家和学者的议程。然而，直到"二战"结束前后，我们今天所了解的安全研究才发展成为一个独特的研究领域。一般一个领域建立起来后，就很容易发现此前阶段的先行者和准备性工作，因此安全研究可以追溯到两次世界大战之间关于战争起因及其预防的著述。

然而，20 世纪 40 年代新的发展趋势就是在军事经验和以大学为基础的社会科学研究的交叉点上，产生了一类独特的以宽泛的跨学科学术知识为基础的研究，旨在提供与政策相关的知识。这在很大程度上是由于核武器对战争造成了前所未有的影响，也受到苏联对美国构成的全方位挑战（在意识形态、经济和军事方面）的影响。此外，在第二次世界大战期间，自然科学家（研制新武器、解码）和社会科学家（例如在战略轰炸方面提出建议）赢得了普遍声望，民事专家如今可以凭借其安全研究专长而成为军事问题专家。领军的战略思想家主要是民事专家，这正是 1945 年以后的研究与此前及西方之外研究的典型差别。

这一制度创新发生于安全概念进入中心舞台之际，安全成为高于防务和国家利益等此前具有至高无上地位的口号的理念。在美国，导致这一变化的一般条件包括：对科学用途的乐观判断，理性地解决社会问题的可能，亟待解决的重要新兴安全议题（核武器的威胁）的出现，研究得到的慷慨资助，以及高等教育的飞速发展。

在"二战"结束与"冷战"开始的时期，战略研究形成的关键因素在于需要民事专家来制衡军事领袖。这一方面受到了科技发展的影响（核武器及预防战争研究的迅速发展是关键的战略诉求），另一方面也是出于更宏观的政治考虑，旨在避免军事动员所造成的长期不良政治影响。

军事因素显然也起到了推波助澜的作用——人们逐渐意识到核武器将如此深刻地改变安全模式，也需要不同于经典军事知识的专业知识。问题在于不应该打仗，而应该避免战争，应该探寻核武器的部署方式与战争爆发可能性之间的联系，并借此实现政治收益。研究重心从战术和操作性层面转向了真正的长期战略，从运用某一特定科技，转向面向未来推动科技日新月异的发展。

尽管最初威慑游戏似乎受制于实战的真实情况这一要素，但将核战略视为需要进行单独分析的具有一定独立性的领域，逐渐变得十分必要。它需要单独的专业知识，这种知识绝不是军事专家所掌握的知识。理查德·贝茨（Richard Betts）精辟地指出："核战争推动了理论化过程，因为它具有理论化特质，而不是实证性的——这种战争从来没有爆发过。"或者用理查德·斯莫克（Richard Smoke）的话说，安全研究出现的首要前提就是"抽象分析无法解释的复杂性"。

尽管这一对安全研究起源的解释很可能相对没有争议性，但应该注意的是核武器和"冷战"的结合意味着需要更紧密地协调军事和非军事的考虑。特别是在美国，战争的经验已经证明，协调经济、政治和军事计划是多么具有挑战性。随着"冷战"清晰地展现为一场竭尽全力、无所不包的生存斗争，需要融会贯通各种形式的知识来理解它的观念也开始扎根。这也是在1947年美国通过《国家安全法案》的理由，那就是必须增进不同部门之间的密切配合并开展情报改革。

美国有"不设常备军"（no standing armies）的传统，必须要组织民众才能实现长期动员，美国所面临的具体挑战促使民事和军事要素在战略研究之中相互融合。在美国政治思想之中，根深蒂固的观念就是长期的军事制度将会对民主构成威胁，因为它可能遭到反民主的执行官"暴君式"的滥用。同样，只是在第二次世界大战期间，"美国高级军官才在制定国家对外政策中发挥了核心和前所未有的作用"。因此，促进美国军事动员以前所未有的水平趋向制度化的因素，并不单纯是"战争"或者"防御"，而是"安全"这一术语的兴起。这一术语试图用更具包容性和"民事"的方法来解释动员过程，并在以军事为中心的领域为民事专业知识保留一席之地。"冷战"的动员不可避免地造成了美国自由主义与军事职业主义之间的张力，战略研究的形成正是对这一张力的制度化回应。

二、安全研究的黄金时代

在20世纪50年代和60年代，安全研究取得了丰硕的成果，影响力不断扩大，并形成了一以贯之的延续性，因此得到普遍赞誉。这一领域包括广泛多样的其他类型的作品，核心和最典型的领域就是博弈论与核战略。我们出于两个因素而特别关注这一时期。第一，它是新兴学科的形成期，因此，所谓黄金时代的发展并不是无足轻重的小插曲，它们界定了我们以何种方式看待安全研究——无论是好还是坏，这些发展都是安全研究的关键著述；第二，这标志着安全研究的第一个理论化高峰，我们将指出在安全研究内部理论发展的消长模式。

博弈论和威慑理论研究是知识发展的特例，它们兼具很高的理论创新性、复杂性以及重大的政策意义。学者往往需要做出取舍——政策意义和实用性以及理论抽象性和复杂性不可兼得。然而核武器带来前所未有的挑战，需要一遍又一遍地研判形势急转直下可能导致的各种后果，这一高度复杂的理论浪潮就占据了政治的中心舞台；同时，这一发展在知识界变得极具影响力，因为可以对研究对象做出高度抽象和规范化的表述，即使采用一种新的、更加"科学"的国际关系标准，也能成功。

在"冷战"以及美国经济的蓬勃发展、科技乐观主义情绪以及支持社会研究以解决部分社会挑战（包括"冷战"斗争与各种形式的社会问题）的意愿等背景下，新的分析路径得到了很大回报，并似乎在推动国际关系走上使用科学方法和工具的道路，从为事件数据编码以用计算机做信息处理，到控制论模型和实验心理学，再到博弈论。在这一情境下，威慑理论由于两个因素而成为成功的范例。一方面，它塑造了一个看上去高产的"进步性"研究项目，其中理论作品制造了新兴的复杂问题，这些问题又可以通过新的理论举措来解决；另一方面，所有这些似乎都是极其有用的，因为理论本身确实塑造了抽象现实——一个"确保第二次打击能力""拓展威慑"和"升级主导"的世界。这一点反映在和平研究和批判理论对此的批评之中，整个"黄金时代"的观念不过是学者自命清高的做法。他们真正的成就就是让那些道德败坏的政府政策——相互确保摧毁、越南战争——看上去受人尊敬并且必不可少。

某些批评家指出，政治家和军队无论如何都要做他们想做的事情——发展庞大的核力量、推动军事凯恩斯主义,而这些文献都在为其所作所为释放正当化的烟幕弹。尽管毋庸置疑的是,这些理论为威慑和核武器提供了正当化理由,然而说它们对政策具有影响力却是无稽之谈。威慑理论全面塑造了理解核武器的方式,因此它即使没有影响资助的规模,也影响了资助的形式;轰炸机、导弹、潜艇、使用或不使用战术核武器的相对价值和作用及如何避免系统的脆弱性,所有这些政策都清晰地体现出理论家和决策者之间的联系。

战略空军指挥部仍然在继续执行其主要由"第一次打击"指导的政策,这也反映出了学术研究的影响力在下降。如果我们做出反事实假设,假定根本没有民事专家,似乎核力量的整体增长更可能取决于过去最大化"攻击力量"的军事逻辑,而不太关心总体的局势稳定及指令和操纵政治的可能。核武器数量可能是半独立发展的产物,它与军工复合体以及控制防务预算的总体政治相关,然而如果没有黄金时代的理论化,那么在"冷战"时期不同当量的核武器的数量、部署地点及其在政策中的作用无疑会完全不同。无论是好还是坏,这一黄金时代和防务理论的沿革纪事在学科中占据了中心地位——其构造的"迷思"(myth)与第一次大辩论在国际关系理论中的作用有异曲同工之妙。

然而,这一特别插曲最独特的方面在于,政策导向的作品对一般理论做出重大贡献的程度。这不仅关系到应用其他地区的成果来解决政策问题,或者向政治界转让知识,正如我们最初对智库的预期那样,也并不主要关系到为推进特定政策而开展游说(尽管兰德公司的研究显然符合空军的普遍利益),而且反映出根深蒂固的怀疑苏联的偏见,这并没有阻止其为博弈论做出持久贡献。即使是为诺伊曼(John Von Neuman)和摩根斯坦(Oskar Morgenstern)的基础研究《博弈论与经济行为》(*Theory of Games and Economic Behavior*)撰写前言的数学家也指出:"许多观察家赞成兰德公司是在'二战'后第一个十年博弈论蓬勃发展的两大中心之一。"我们只需提及兰德公司在20世纪50年代末提出的"囚徒困境"与托马斯·谢林(Thomas Schelling)将博弈论引入讨价还价领域就可以明白这一点。很容易知道这些发展是如何从尤其是与核形势相关的具体挑战中发展起来的。值得注意的是,这也是这一时期对基础科学做出的主要贡献。

黄金时代政策研究的第二个重要例子是同属于一般理论的系统分析，这一方法旨在解决武力结构和资源分配问题，它使用了经济理论以及自然科学家、工程师和第二次世界大战期间经济学家发展出的"运筹学"（Operational Research）。兰德公司的某些开创性研究被应用于政策领域，较为突出的是沃尔施泰特（Albert Wohlstetter）等人著名的"空军基地"研究。某些领军性代表人物进入肯尼迪政府，例如麦克纳马拉等"神童"。此后，这一方法与"策划—编程—预算系统"等兰德公司的研究手法在联邦政府得以广泛推广。今天，人们也许想象不到，许多早期的战略研究不仅受到经济学的启发，它们实际上就是经济学研究。典型的早期课程或者 20 世纪 60 年代和 70 年代的战略研究教科书将战略和威慑作为最大的次领域，而第二大次领域通常是"防务经济学"。考虑到美国防务预算的规模，这一点并不奇怪。"冷战"时期的战略研究给人留下过分关注军事议题的印象，它在一定程度正是如此。它主要是防务计划的经济学，而经济学是仅次于战略的核心关切。

围绕这一核心，战略研究也出现了许多其他发展，然而这一领域的身份和性质是由黄金时代的插曲塑造的。在核战略之外，战略研究的重要领域包括系统分析（计划、组织）、军备控制、同盟政治、反叛军、政府机构和决策的组织。在 20 世纪 60 年代和 70 年代初，又形成了地区研究和国内发展（官僚政治、决策）。此后在 20 世纪 70 年代出现了认知、军备竞赛理论、核武器扩散、先进军事技术扩散、武力有用性、战略情报、常规战略及对领域的自我反思。

许多新的发展（突出的是认知和决策）旨在应对传统安全研究所面临的困难。完全理性的博弈论由官僚政治这类"非理性"理论所补充。这一点与越南战争一起成为走向第二个阶段的转折点。在美国卷入战争的时候，所有战略研究的工具都享有盛誉。在肯尼迪政府与麦克纳马拉担任国防部长时期，对于社会科学领域安全知识的洞察力的信心达到了巅峰。然而，用克林·格雷（Colin Gray）的话说，战略家对于"东南亚的农民民族主义或者反革命战争的机制"几乎"一窍不通"。

三、制度化与停滞

然而,安全研究的危机——或者被大卫·鲍德温(David Baldwin)称作走向"衰落"的阶段——不仅关系到一种不同的完美理论的建构面临的外部挑战。此前的时期已经目睹了主流战略研究的某种"内部削弱"。即使在核战略(与其他形式的军事战略)核心领域,早期的高度理论化和学术研究也屈从于"狂热的实证主义"。安全学术研究的任务就是赶上科技的飞速发展与政治形势的跌宕起伏。因此,越来越多的努力转向了愈发细致的有关技术专长的研究,或仅限于完善相互孤立的知识碎片。

然而,政策的腐化效应并不是唯一的解释。在 20 世纪 70 年代和 80 年代,威慑逻辑的抽象概括或多或少地在其自身复杂性的重压下土崩瓦解(有限的核战争、理性的争论),导致安全研究筋疲力尽地转向一般威慑或者生存性威慑。黄金时代黯然失色也是因为其关键贡献的内部逻辑的萎缩。

政策和学术互动的进一步复杂性还关系到一个在今天的辩论中时常被忽视的要素,更具批判性的研究或者欧洲安全研究更容易忽视这一点:在后黄金时代,这一领域的特点是安全研究开始逐渐国际关系化。它从跨学科的领域逐渐演变为与国际政治经济学并列的国际关系研究两大支柱之一。这不仅意味着国际关系几乎包括两个正式组成部分(在美国由《国际安全》和《国际组织》两个领军杂志代表);更重要的是在目前情境之下,从安全研究的视角看,这意味着国际关系已成为安全研究理论化的主要学科背景,这一点与黄金时代的早期形成鲜明对比。此前,领军学者有不同的学科背景,如社会学、数学、心理学、自然科学、社会科学与经济学。政治学这门学科逐渐占据了主导地位。在反思性主流安全思考的建构中,(新)现实主义和战略研究开始被视为几乎是同义词,然而在历史和现实中,它们是作为分开的共同体而形成的,由不同的动力塑造,研究人员的重合也是有限的。

到了 20 世纪 60 年代末,"战略研究"成为一般的国际关系或政治学系具体课程的主题，也成为了专业化研究所的研究对象，这些项目时常得到政府支持，例如约翰·霍普金斯大学高级国际研究学院、哥伦比亚大学萨尔茨曼研究所和哈佛大学约翰·M. 奥林（John M. Olin）研究所。军事研究院与每个服务部门的"战争学校"也开始系统讲授安全研究课程。特别是在美国，有军事或者民事背景的学者，成为20世纪80年代建立的美国国际研究协会（ISA）和美国政治科学协会（APSA）"国际安全研究"和"国际安全与军备控制"部门的参与者。安全理论几乎只是在民用的、以大学为基础的部门发展，而不仅是智库的专利。这一点对理解安全理论的现状是重要的，这一领域如今已经密切地与大学的国际关系（次）学科联系在一起。

在这一学术化的发展过程中，美国智库角色逐渐演变为解决政策所面临的潜在问题。在早期，领军智库——最著名的是开拓性的兰德公司（在其社会科学部门）——开展了繁重的理论研究和大型创新性项目。如今，理论研究已经转移到了大学，智库面临着强大的竞争压力，需要提供快速有用的政策指导。某些智库已经政治化，不仅从政治视角运作，也成为了（新）保守主义者或者自由主义者政治战略之中的关键要素；其他人仍然与服务部门存在密切联系，然而仍然在追踪政策议程。如今明确讨论理论的智库作品越来越罕见，然而它们显然在使用理论。结果就形成了一个链条式的结构，其中学者、智库和政策决策者之间分工明确，分别发挥着更加专业化的作用。个人可能游走于不同类型之间，从智库到大学或者决策层，然而这些机构各不相同。在美国以外，这种分界并不清晰（很可能是因为知识市场面临的竞争性压力更弱）。

要探讨最初几十年美国与西欧研究的差异，应该将其置于对不同类型学术机构的结构观察的基础之上。之所以由此入手，是因为这一对比随着时间的推移而越来越重要。在欧洲甚至英国，智库最初扮演的角色正是其今天的主要作用：影响政策向某一具体方向发展，动员公众支持政策，以及最好地消化、传播并以对政策制定者更有用的方式应用于其他地区的研究。在外交和安全政策领域，"对外政策研究所"开展的大多是政策导向性研究，而很少从事理论化研究。伦敦国际战略研究所（IISS）是一个例外，其成立后最初几十年发表的《阿德尔菲研究报告》(Adelphi Papers)，通常是来自世界各地到研究所从事研究的访问学者的成果。然而总体上，在"冷战"时期，欧洲人时常在美国提出的理论的基础上发表反对美国政治和军事战略的主张。

在美国之外对战略研究做出的最重要贡献，可以说是赫德利·布尔（Hedley Bull）关于军控的基础研究，以及在经典军事战略领域逐渐突显出的美国社会科学研究与英国研究传统之间的互动。法国国际关系领军学者雷蒙·阿隆（Raymond Aron）对克劳塞维茨（Carl Von Clausewitz）多次做出的评论反映出了美欧之间的显著差异。这一差异也表现为法国对战后战略思想史的主要贡献就是两位将军提出的本国发展独立核力量的理由。这一点与在美国以现代社会科学为基础的战略占据中心地位、古典军事战略具有相对独立性形成对比。回顾历史，可以看出在整个"冷战"时期及此后，皮埃尔·哈斯内（Pierre Hassner）对安全的政策层面做出了一系列以政治理论为基础的独特分析，然而却并没有成为一种独特的安全风格或研究路径，在"冷战"时期，其大部分作品作为"法国章"（French Chapter）出现在关于当今挑战的政策导向的选集之中，其理论研究却很少得到认可。

欧洲战略研究的典型情况显然是引进了美国的研究专长。对这一不对称关系最赤裸裸的分析就是1963年沃尔施泰特夫妇关于欧洲战略研究现状极其傲慢的报告。他们给不同国家的研究共同体打了分（瑞典好、英国不怎么样、德国有希望等）。安全研究在这两个地方并不是同时诞生的，它们的发展也不是相互孤立的。它诞生于美国并出口到欧洲。因为欧洲的安全研究主要在20世纪60年代末70年代初成型，它成为一种后黄金时代、制度化及完成理论研究的状态，努力追踪最新的科技发展，以评估西方应对苏联的最佳军事政策。

欧洲防区之外的战略研究（日本、第三世界和以色列等地）基本上是政治评论加上一点事实和技术专业知识，而很难做出"基础概念分析"。与美国的情况并行的有意思的例子是苏联的研究，在这里，智库这类"研究所"获得了一席之地，可以开展与主流学术机构有不同理论倾向的研究。由于篇幅有限，笔者不能对这一发展进行详细分析，然而，与美国惊人地相似的是，现实世界的挑战成为了创新研究的基础，研究的制度环境体现了两种创造性的张力：一是与高层学术保持联系的同时也保持距离；二是与政策也同样保持联系和距离。这两种创造性张力之间又形成了密切的创造性关系，在欧洲却没有出现同样的发展趋势。

"兰德公司有能力从事长期、系统的'创造性'研究，而不仅是在短期内摆弄其他人的思想"，美国之外的其他地方的独立战略研究领域均没有出现类似发展。如果我们按照编年顺序，追溯两次世界大战之间安全研究的历史，将注意到当时的智库（也最先）从事政策导向的研究，这类研究在理论上具有创新性，同时也进入了国际关系理论的编年史。在"政府研究研究所"（随后成为布鲁金斯学会）、卡耐基基金会、外交学会、胡佛研究所及英国皇家国际事务研究所（Chatham House）等智库均出现了类似的发展。它们对两次世界大战之间国际秩序计划的形成做出了贡献，国际关系理论历史上大多数作为"理想主义"记录在案的思想都与之有联系。

因此，在两次世界大战之间以及"二战"刚刚结束之后，美国安全研究的特点在于大学与研究所独立完成的政策和理论研究同步发展，直到在20世纪60年代末发生了变化。"经济学家在威慑理论发展过程中发挥了中心作用，到20世纪70年代在军事事务学术研究中难以找到经济学家的踪影。兰德公司也已经演变成为既是智库，又是一个官僚化的契约研究组织，不再像20世纪50年代时那样成为理论热潮的温室。"

这一阶段的最后一个特点就是和平研究与安全研究并行的轨迹。这两条轨迹只是在20世纪80年代和90年代才开始汇合，尽管其主题有重合之处（军备竞赛、军控、战争），它们互相将对方视为政治对手，它们之间的分歧在于是否可以接受具体的核威慑架构，以及战争在人类历史上的主要作用。和平研究有时被视为安全研究的"左翼"，其他情况下则被视为（在很大程度上）不属于安全研究的范畴。和平研究经常受到这种待遇，认为自己当然不属于"安全研究"。早期和平研究具有讽刺意味地出现在战略研究的综述之中，成为主流国际关系的科学替代品。两次世界大战期间的国际关系大部分被建构为旨在制造和平，因此可以很容易把和平研究的历史追溯到两次世界大战之间以及"二战"刚结束时期的经典著作中，例如昆西·赖特（Quincy Wright）的《战争研究》（*A Study of War*）、路易斯·弗莱·理查德森（Lewis Fry Richardson）的《对外政治学概观》（*Generalized Foreign Politics*）、《军备与不安全》（*Arms and Insecurity*）和《致命争吵的数据》（*Statistics of Deadly Quarrels*）。

1945年以后，在联合国教科文组织的资助下，以社会科学为基础的战争研究得以创立。新兴的国际关系学科却拒绝接纳这一学科。因此，和平研究的形成主要源于社会学和心理学这类更"软"或者更人文主义的社会科学，赫伯特·凯尔曼（Herbert Kelman）和约翰·加尔通（Johan Galtung）成为该领域的先驱。其讽刺意义在于，这种建立"科学"分析路径的动力促使战略研究的发展主要以博弈论和经济学为基础。某些最"科学"的作品，例如定量事件数据与心理试验既属于和平研究，也属于安全研究和国际关系（例如战争相关性研究项目及《冲突解决杂志》）。特别是在欧洲，和平研究在20世纪60年代末70年代初经历了极端化过程，所谓批判和平研究在德国、荷兰和斯堪的纳维亚国家建立了桥头堡，并开始认为战略研究本身就是问题所在。

在迪特·森格哈斯（Dieter Senghaas）对威慑理论的批评分析与约翰·加尔通关于暴力的著作中，主流理论被理解为恐惧、两极体系、冷战军事化系统、超级大国主导地位及剥削第三世界的部分平衡。主流学者或批评家经常将和平研究视为战略研究甚至安全研究的一部分。批评家并不以安全的名义写作，更经常以和平的名义将"安全"描述成为一种破坏性诉求。和平与安全是"冷战"时期对立双方的代表。

许多观察家认为，从1965年到1980年这一时期安全研究所成果寥寥，鲍德温甚至称之为"衰落期"。然而，从20世纪70年代开始的某些新的发展到80年代已成为更清晰的关注焦点。传统路径的批评者开始呼吁应该探讨来自经济和环境领域的安全挑战。

四、学科的质疑与理论的重启

我们没有必要在这里重复20世纪70年代、特别是80年代关于拓宽还是缩小安全领域的辩论。在20世纪80年代和90年代，最有趣的现象就是在大西洋两岸同时出现并沿着不同轨迹发展的越来越抽象而且雄心勃勃的理论化趋势。美国主流安全研究关注进攻性现实主义和防御性现实主义的辩论，建构主义和民主和平论的某些讨论，以及构建帝国与秩序方面权力相对于制度的辩论——这一切都由追求经验证实的关于因果关系的总结所塑造。一种形式的知识在学科当中具有主导性地位：那就是在数据基础上归纳因果关系，或者更常见的是通过历史案例研究归纳因果关系。在欧洲，一系列或多或少带有批判性的理论之间展开了争论，包括批判安全研究、女性主义、哥本哈根学派、巴黎学派与后结构主义（poststructuralism）。

在欧洲，不同形式的知识与涉及政策关系的冲突性概念有关，不那么倾向于归纳因果关系，以协助政策制定者规划政策，更倾向于政治反思，也就是说，学者扮演的角色更像公共"知识分子"而非"专家"。然而，这一点是令人震惊的，与此同时，美国与欧洲的理论都发展了许多具体的"技术专业知识"，这些知识分歧不像理论那么鲜明。在这一实际经验知识之上，形成了两组不同的理论化。这一一般分裂一定程度上反映出美国社会科学与欧洲批判研究相比，具有一种更倾向于"解决问题"的传统，然而近期的发展比通常模式更加极端，大西洋两岸对"冷战"时期的安全研究在很大程度上具有同一性，只是在20世纪80年代才形成了深刻分歧，特别是在"冷战"结束之后。

尽管从政策需要角度解释这一差异很可能是错误的（这是一种形式主义的科学社会学），这一模式显然被21世纪初的世界权力模式所强化。当今世界格局可以说包括一个超级大国和四个大国；也可以说是一超多极的世界，其中美国以单极视角对待世界，而其他大国却按照多极逻辑行动。观察世界的不同角度导向不同形式的知识：美国决策者和学者认为美国是世界的缔造者，因此他们需要关于因果关系的知识，以理解如何处理其（在世界）行动的素材。

相比之下，欧洲人更倾向于认为安全领域的主流声音来自外部（美国），因此这一关系充满了张力。以安全名义提出的行动可以视为美国试图领导世界努力的一部分，特别是在最近全球反恐战争的口号之下。因此，欧洲采取的安全态度意味着什么构成安全议题的说法是成问题的（即非安全化），而应该坚持更宽泛的安全概念。例如，对恐怖主义与反恐的解释强调经济和政治机制。因此，关于什么应属于或不属于安全议题以及如何将安全概念化这样的整体问题更贴近欧洲而不是美国的政策议程。

这样的差异也表明了一个普遍的元理论（meta-theoretical）分歧，美国更加理性主义，而欧洲更加反思主义，然而这并不是问题的全部。至少还需要考虑其他两个因素：一是与安全概念的不同关系。在欧洲，这方面的辩论仍然属于这一领域。它被视为安全分析家持续实践的一部分，反思并将概念问题化，以理解并揭示实践者以安全名义采取的行动，以及学者在政治和道义上的自我反思。这些学者在以安全为名工作时，不可避免地在"实践安全"。在美国，安全概念的问题被视为至多是必要的"界定术语"的行动，以描绘什么属于安全、什么不属于安全，这一概念本身已经不再趣味横生了。

另一个要素是有价值的知识的具体形式。泛泛而言，美国国际关系研究特别在 20 世纪 90 年代由理性选择主导，随后又受到多案例定性研究的影响。相比之下，美国安全研究领域则完全不是以理性选择为核心的，或者只注重量化分析。领军安全理论杂志《国际安全》和《安全研究》极少发表正式的理性选择的文章，即使是运用经济学理论或者组织理论的柔性理性选择也得不到像《国际组织》或者《国际研究季刊》（*International Studies Quarterly*）那样的重视。《国际安全》发表的典型论文运用历史案例分析，可能是深度历史案例分析，来检验被表述为因果关系的假设。这些研究时常会陷入一般辩论，一方面追求无所不包的解释力，另一方面局限于衡量一个或几个变量，例如进攻性与防御性（国家是追求权力最大化还是安全最大化）动机、观念因素的重要性或者国际秩序的基础究竟是纯粹的权力还是也包括制度和合法性。尽管每一个这样的辩论都很容易被描述为宽泛的哲学议题（正如此前辩论中的议题那样）或者伦理的困境，但是美国安全文献还是将这些问题建构为严谨的因果关系机制的一部分，其中逻辑如何展开这一单一、关键的问题将由经验知识来解决。

最受关注也最持续的辩论很可能是进攻性现实主义与防御性现实主义之间的辩论（加上新古典自由主义），其中一系列著作试图运用历史案例分析来解决重大的因果关系问题。同样，建构主义的挑战在欧洲转向了主要关于学术条件和责任的自我反思性的辩论，因为在美国，安全研究主要涉及检验观念变量在更大因果关系架构中的影响力问题。在美国自我认定的单极秩序之下，关于美国大战略的最高层次辩论在学术上主要关注对其他人均势行为的合适预期，这一点再一次主要取决于来自进攻性与防御性现实主义的普遍问题，其次是制度的力量。后者导致了一场聚焦于这一问题的辩论，很容易被程式化为（或者在教学中称作）约翰·伊肯伯里（John Ikenberry）与威廉·沃尔弗斯（William Wohlforth）的辩论。现实主义的传统观点认为单极是不可能的，而最严格的新现实主义者沃尔兹实际上假设这种状况不可能持久。那些主张某种形式的优势地位可以持续下去的人需要面对解释其相对稳定性的挑战。一方面，主要竞争性解释强调美国独特的让人放心的自由霸权，它部分源于美国的国家性质，部分表现于美国的制度建构及自我约束政策；而另一方面，在纯粹以权力为基础的稳定局势下，美国是如此强大，意味着势力均衡是不可能的。

这一辩论明显对美国大战略的最优化产生了直接影响。然而这场辩论并不是一种未来导向的、有目的的并带有一定伦理色彩的关于追求何种未来的辩论，而基本上是一场关于什么理论可以解释过往历史的理论—经验辩论。在比尔·克林顿担任总统期间，关于民主和平的辩论也有同样的地位：似乎安全研究可以向政策制定者提供的最有用的知识，就是在民主与和平之间是否存在可靠的因果联系。在布什时代的全球"无所不能主义"（candoism）瓦解之后，美国学术研究开始纳入了更多关于恐怖主义运动及其内部动力与可以预测到的关于支持或反对美国衰落的大辩论的研究。

将这些欧洲与美国的差异联系到一起的共同特性是对安全研究作用及其政策功能的不同理解。在美国，这最清晰地被理解为关于世界政治运作的原因法则的理论，以便政策制定者就此做出正确抉择。这反过来反映出一个正在发挥能量的大国的情况，它必须决定如何塑造世界事务，并反映政治、政策建议与学术研究之间清晰的劳动分工。

在欧洲一方的圈子中，出现了发展不同类型批判理论的趋势，这些理论反映了政策实践并将缔造安全问题化。阿伯里斯特威斯风格的批判安全研究、围绕迪迪埃·比格（Didier Bigo）并受到布迪厄（Pierre Bourdieu）启发的作品以及哥本哈根学派、女性主义、狄伦（John M. Dillon）和詹姆斯·德·代元（James Der Derian）这些激进的后现代主义者都是如此。在这里，学者们仍然在探讨安全的概念，知识的形式不同于美国主流知识，而更接近公开反思其自身政治责任的批判知识分子——他们按照其政治影响来提出其分析和理论选择的主张。

这一沿革关系到和平研究的作用及其从20世纪80年代开始经历的变革。随着和平运动新的发展，和平研究突然获得了新的实践意义。哈坎·威伯格（Hakan Wiberg）提出，"新的和平研究运动"必须发挥其自然的知识顾问的职能。这导致大部分北欧和平研究转向了新"现实主义"。和平研究变得亲安全而又亲欧洲（此前它以和平的名义反对安全，以第三世界的名义反欧洲）。防务也被再定位为替代性防务（非进攻性防务）。在这一时期，安全成为了战略研究的集聚地，此前战略研究以"权力"作为指导概念，而和平研究显然以"和平"为关键概念。在20世纪80年代，安全成为了一个更具建构性的分析概念。国家关注权力思考，并认为无政府状态是不可避免的，而历史的结局是普世和平，并宣称要想实现任何的"善"，就必须消除无政府状态。相比之下，安全是一种关系概念（即在国家和世界主义之间），并将无政府状态视为一个谱系，这一谱系的状况可以朝着成熟无政府状态的方向得到改善。在这种意义上，安全成为中间地带，并越来越明显地成为20世纪80年代之后大部分国际关系研究的基础。

特别是在20世纪80年代，和平研究机构所处的地位时常类似于黄金时代的战略研究智库。它们与政策的联系极其不同,并不是政策制定者的官方顾问。欧洲安全研究获得了(更广泛的)政治意义,是因为在由和平运动、里根和戈尔巴乔夫界定的时代,安全议题得以政治化。这一背景与20世纪50年代一样,既是跨学科的,也与不同学科目前的理论发展联系在一起。与大学中的国际关系相比,和平研究受到了需要应对相关议题的压力,然而并没有人期望可以直接得出政策答案。在20世纪50年代的兰德公司,理论家被赋予极大空间,可以追求高度抽象、独辟蹊径的理论轨迹,但显然不能保证其成果能被传送给政策制定者。因此,准确地说,这些出版物时常以针对政策问题的创造性解决方案结尾。同样,和平研究是跨学科和政治导向的,然而与直接政策责任和学术系统的主要力量均保持距离。这样做是否有政策效果不太清晰,然而我们在这里主要讨论的是政治参与对理论的影响。正如贝茨在传统战略研究中精辟地指出:"具有讽刺意味的是,在过去四分之一个世纪,政策经验丰富了学术研究,而学术研究却没有为政策做出如此大的贡献。"对20世纪80年代批判性的欧洲理论的诞生的评价可能也是如此。动荡的政治局势、具备重要性和相关性意识与激烈的政治辩论,显然对这些理论的诞生做出了贡献,在寥寥无几的例子中,理论家所发挥的作用与和平运动、帕格沃什(Pugwash)这样的社会运动以及某些主要是反对派的政党相似,然而总体上看,实践对理论的影响很可能高于理论对实践的影响。

某些观察家(和观察家参与者)已经注意到安全研究新的批判学派之间的争论,在某种程度上被视为"欧洲"的发展——已经变得出人意料地成果丰硕并产生了对总体国际关系领域具有更广泛意义和启示的理论。在美国,安全研究主要在国际关系领域得到了发展,随后在安全研究之中通过安全案例研究而被检验和改善,如新现实主义和软建构主义等。对这一点影响最深远的阐释是建构主义在美国安全研究中的作用。其中的重要作品是卡赞斯坦(Peter Katzenstein)篇幅厚重的《国家安全文化》(*The Culture of National Security*)。该书主要由那些没有长期参与安全事务的学者写作。他们是在理论论战中站在建构主义一边的学者,似乎在当时采取的正确行动就是要在物质主义路径的基础上证明建构主义的正确性。很明显,这些国际关系理论家涉足安全研究是为了证明其在国际关系理论辩论中的观点。

相比之下,新的"欧洲"学派并不是从理论辩论之中指导性的象征立场中演绎地发展出来的(因此它们时常难以定位:哥本哈根学派究竟属于建构主义、新现实主义、后现代主义还是兼而有之呢?),它们随着其参与的独特安全情境而产生,理论创新成为了国际关系理论的一道风景线。例如,我们可以在一般的国际关系期刊中发现关于安全化理论的讨论,它们构成了主要利用普遍言论——行动理论来探索国际关系中的潜在可能性的方式。同样,学科内部关于研究者政治作用的辩论(至少在欧洲)主要在安全理论平台上展开。法兰克福式的国际关系"批判理论"的命运也取决于安全研究。在20世纪80年代的"第四次辩论"中,启动批判理论的努力在很大程度上流产了,后现代路径正在开始更有力地塑造元理论舞台。然而安全理论逐渐在一般国际关系舞台上博得一席之地,主要是因为肯·布思(Ken Booth)和其他人成功地在安全研究领域证明了其价值所在。

有人可能会问,在这些新学派内部及它们之间这些生动的辩论是否仍然还算得上"安全研究"。它们是否仅仅成为了国际关系研究而丧失了界定安全研究的桥梁地位?不同学派的第一代代表人物布思、比格、巴里·布赞(Barry Buzan)、奥利·维夫(Ole Waever)在参与政策问题以及与政策制定者和智库直接互动的时候发展了他们的论断,然而第二代学者可能有更清晰的学术定位,并且在一种更孤立的学术环境下发展其观点。然而,从定位上看,安全理论仍然居于这种国际关系学科与技术专家和实践者之间,只是与北美在方向上有所区别,安全专家的地位说明了欧洲和北美研究机构从事的许多研究非常类似:对流行性艾滋病、导弹技术扩散和各种反恐战略效果的细致研究。多数对外政策研究机构、欧洲国际战略研究所与美国智库均从事类似的研究,即满足政治家眼下的需求,对于昨天刚出现的问题迅速给出答案(可能主要差别在于这在美国更经常地表现为党派对具体政策的需求,而在欧洲看上去则需要中立的技术背景知识)。这里要说明的是,只要这一点反映在理论上——比如当欧洲对外政策研究机构或华盛顿智库中的技术专家与大学圈子通过某些既要在大学攻读博士学位又在研究机构工作的博士生进行互动时——理论背景就有所不同。这在美国总是反映在《国际安全》的讨论之中，而在欧洲某些地区，年轻学者关注欧洲研究机构的新理论并从中获得启示，这些理论如今主要在欧洲大学蓬勃发展。

安全理论一个很重要的特点是：存在一种独特类型的"政策知识"，其职能是支持政策的专业知识。美国的安全理论致力于增进这类知识，而欧洲安全理论则将这些知识视为批判分析的主要经验基础。美国当前政策的批评者将会在经验数据的基础上做出理论归纳，以科学地说明一种不同的政策更可能实现预期目标，并借此改变美国的政策。而传承欧洲传统的批评者更可能在政治上和伦理上批评目前政策的目标和效果，揭露政策制定之中的"政策知识"实际上采用了政策制定者的视角，而不会批评它是不科学而且需要修正的。

五、结论：理论的力量和未来的挑战

在 21 世纪第一个十年，安全研究处于强势发展的阶段。它刚经历了理论高产的第二个十年。尽管美国和欧洲的理论演进之间的联系极其有限，两套理论却出人意料地出现了同样的发展势头。如今这一领域已经由一套理论全副武装起来，人们普遍认为这些理论意义重大，因此该领域吸引了才华出众的学生和越来越多的资金。这种发展会造成什么影响呢？

新的"欧洲"安全研究很可能将不再由相互隔绝的"学派"构成。跨欧洲的博士生共同体非常活跃，人数也在迅速增长，他们倾向于游走于这些学派之间。因此，它们越来越被视为理论，我们必须要理解其独特性质——它们不会融合进一个综合性的欧洲安全理论，然而单个研究计划可以受到这些理论的启发，并以之作为分析工具。尽管仍然有些著述试图通过相互批评来培养一种竞争和理论构建的态势，显然新兴的一代学者更倾向于将整个"新欧洲安全理论"视为一场共同的辩论，其中不同理论在互动中得到发展和应用。例如，就风险和安全之间关系所展开的辩论很大程度上由 20 世纪 90 年代的理论和主要的社会风险理论共同设定的条件塑造。

应该换一种角度来看待美国安全理论的未来。这些理论不像欧洲理论那样关系到具体的安全内涵，而是更加紧密地融入国际关系理论的主流体系。因此，这些安全理论的未来与国际关系理论的总体发展前景密不可分。正如人们的一般印象那样，美国国际关系理论辩论倾向于阐释一般理论，这些框架可以解释一切，或者至少可以解释每个重要问题的主要部分。安全领域的主要理论以这种一般方式表达，如果得到证实，它们可以成为我们对国际关系一般理解的首要框架。

因此，它们作为安全理论的命运取决于其在国际关系学科一般性辩论中胜出的能力，而最终胜负目前还没有定论，甚至还有些散乱。一个可能形成某种霸权的强大理论将以理性选择作为元理论，然而即使在美国，理性选择仍然是一种弱势理论。因此，目前诸多理论中很难出现一个占据全面优势的理论，并塑造理论辩论的内部动力。

对于欧洲和美国每种理论的未来发展而言，最重要的应该是它将如何应对某些当今政治议程上的议题。这两套理论将会试图解决几套部分重合的问题。很可能欧洲理论将主要试图阐释环境安全、健康安全、认同和性别问题，而美国理论将会在大规模杀伤性武器扩散和全球军事稳定方面更具解释力。两套理论都在研究恐怖主义和反恐实践（欧洲人相比之下更关注国内实践，而美国人更关注国际行动）；同样，它们都将继续关注移民、安全与自由之间的联系，包括例外主义逻辑，尽管至少在目前这些理论在欧洲学派的辩论中发展得更完善，而这在美国主要是政策研究，除了某些显著的例外情况，它与主要理论联系不密切。双方都会致力于研究技术、全球化、风险社会和国际经济秩序的作用和性质。

概观这一领域，可见在目前相互断裂的理论领域之间实际上有很多相互联系的交汇点。因此，主要问题是它们会不会再次融合，是否仅可以达成共识，还能在辩论中融合，在不同研究环境下能否展开更多交流。这一发展趋势已经初见端倪，例如美国教科书在一定程度上拓宽了安全议程，而欧洲人则总是在研读美国所有主流的理论。乔治·W.布什政府（2001—2008）采取尤为强势的手法为其安全政策辩护，致使美国学者对欧洲理论越来越感兴趣，他们的兴趣不仅集中于安全化理论。随着国际关系"第四次辩论"极化（理性主义对反思主义）的逐渐减弱，某些欧洲批判学者也有志于再度整合关于权力和世界格局的主张，他们可能也受到了布什政府的启发。

理论在面对共同关切的问题时跨越大西洋而相遇，会发生什么情况呢？它们会不会试图从不同类型理论差异显著的深刻见解中得到启发呢？在 21 世纪的第一个十年，恐怖主义与秩序是首要的、最突出的共同问题，然而到目前为止，双方研究在很大程度上沿着不同的轨迹发展，尽管未来可能会有所改变，这些议题仍然没有淡出安全舞台。对环境和气候安全的关切迅速增长，这很容易成为另一个将二者联系在一起的宏大议题。中国崛起似乎也能发挥同样的作用。因为中国崛起威胁到了美国的单极地位，这已经成为美国安全研究的核心关切，美国人对这一问题的关注超过了欧洲。与后西方世界达成协议这一更宽泛的命题不太可能成为成果丰硕的理论挑战，即使在两种传统独立发展的情况下仍然如此。美国人坚持重复有关"衰落"（decline）的讨论（探讨美国的衰落，而不倾听新的声音）；而欧洲安全研究则主要与欧洲有关，因此这一挑战可能主要得靠非西方学者来承担。

不管这种大融合能否实现，这都将是一个理论成为安全研究核心的时代。笔者可以预见，安全理论联盟之间并不会出现新的重大辩论，不同的辩论将会再度重逢。理论在某种程度上代表了一种应对共同问题的劳动分工，20 世纪 90 年代的理论必须在双重挑战中证明自己。每一个理论面临的首要问题就是它是否具有可以形成能继续演化的动态研究计划的内在生命力？这一点在很大程度上取决于一系列关键问题：它们是否足够严谨以便操作？是否足够开放以产生难解之谜和研究难题？目前来看，这一前景是较为乐观的。第二个挑战就是能否以颇有趣味的方式探讨当今的政治挑战。在这方面，安全研究将继续努力克服沃尔兹多年以前早已点破的问题："与人一样，国家的不安全感与其自由成正比。如果想要自由，就必须接受不安全。"

第二部分 | 战争安全理论

正义战争理论[*]

[美] 威廉姆·H. 肖 著　　庄忠正 译[**]

一、引言

有些人认为,道德并不适用于战争,这种观点通常被称为现实主义。现实主义者认为,国家之间的战争没有对错之分,它完全不属于道德范畴;当涉及战争时,不仅道德观念和原则不适用,道德分析也毫不相关。至于现实主义者为什么持这种观点,原因尚不明确。道德似乎适用于人类行为的所有其他领域,但它为什么不适用于战争呢?也许正如现实主义者所言,战斗的残酷和非人道以及战争的致命性和毁灭性的特点使它超出了道德分析的范畴。毕竟战争似乎是对我们普通的道德价值观的一种嘲弄,又有何道德可言?

纵观历史,很多人认为,在许多不同的社会中,在某些情况下,国家在道德上缺乏足够的理由发动战争;比方说,某个特定的国家攻击某个和平的

---

[*] 原文标题: The Just War Theory, 见 *Utilitarianism and the Ethics of War*, Routledge, 2016。译文原载于《国外理论动态》2013 年第 6 期。

[**] 作者简介: 威廉姆·H. 肖 (William H. Shaw), 圣荷西州立大学哲学系教授。译者简介: 庄忠正, 中国人民大学马克思主义学院讲师。

邻国，不仅是不明智的或轻率的，而且是错误的。在当今世界，几乎所有具备道德常识的人都会谴责那些侵略战争，认为它们是邪恶的、不道德的；而认为那些保卫国家的战争在道德上是被允许的或者至少是必要的恶。此外，不同文化背景中的士兵常常承认他们的行为受到道德限制：某些武器、某些战略或某些作战方法被认为是不光彩的，甚至被禁止使用。这也符合今天的道德常识，即明确反对一些作战方法，例如将有组织的强奸行为视为恐怖主义的军事策略。

有些人倾向于现实主义，并不是因为他们认为战争的罪恶不在道德的范畴之内，而是基于这样的事实，即国家似乎总是出于利己的原因而开战或者在作战时采用任何有利于取得胜利的手段。现实主义者认为，通过道德棱镜来看战争或国家之间的关系似乎是天真的；国家做什么或者不做什么与道德无关。这个观点似乎令人怀疑，因为国家领导人经常不厌其烦地证明自己的行为在道德上是正当的。但是，即使事实如此，这也只是与国家或领导人的动机有关，它并不能证明战争超越道德范畴，也不意味着不能用道德评价战争。对此，一些现实主义者不仅提出国家往往只从国家利益的角度审视战争，而且认为这是审视战争的正确方法。在他们看来，国家如果以道德维度来思考国际事务，必然会走向歧途，进而发动宗教的、意识形态的或理想主义的战争，例如从专制政权手中解放其他国家的战争；然而，如果国家不发动这类战争，情况会更好。这些现实主义者还认为，事实上，如果国家只关注自己并且审慎地追求合法的国家利益，而不进行十字军东征或打着使世界变得更公正的旗号来发动战争，那么，整个世界会变得更好。但是，这种现实主义的观点似乎本身就表明了一种道德上的立场，而不是对道德的否定；它规定了国家应该怎么做，而不是描述了国家怎样做。

当然，许多人反对现实主义，他们明确地提出了一些问题：（1）在什么样的情况下，发动战争在道德上是被允许的？（2）如果战争爆发，人们应该如何作战？和平主义给出了这些问题的答案，它站在绝对主义的立场，认为战争是不道德的，因此无论是参战的国家还是个人永远是错的，在道德上是不正当的。但是，和平主义并不是反对现实主义并且试图将道德应用于战争的唯一理论。正义战争理论从道德的视角分析战争，虽然它赞同和平主义的发动战争要符合道德的观点，但是它与和平主义明显不同，它既规定了开战正义原则，也规定了交战正义原则。

正义战争理论起源于早期的罗马思想和基督教思想，它最初由阿奎那、维多利亚、苏亚雷斯、格劳秀斯以及其他前现代时期伟大的思想家所提出，它代表了理性传统，具有巨大的、当之无愧的影响。从广义上讲，大多数研究战争伦理的当代思想家的著作中都隐含着正义战争理论的思想，即使他们对其提出了一些异议或修改了它的一些戒律。虽然这一传统中的思想家的观点有所不同，但是他们的观点也存在很多的共同之处，由此我们可以从中确定一个标准的或主流版本的正义战争理论。在下文中，我将介绍其基本思路和原则。

正义战争理论分为两部分。第一部分是关于开战正义的，它明确规定了那些用来判断在什么情况下发动战争才是道德上合法的原则。此外，正义战争理论的第二部分规定了战斗人员应当如何作战的道德原则，这部分的理论是关于交战正义的。正义战争理论分两部分反映了一种貌似合理的思想，即士兵作战时的行为是否合乎道德与开战原因是否合理是两个截然不同的问题（例如，一个为正义事业而战的士兵在战时屠杀敌人的孩子，这种行为就是不道德的）。

二、开战正义原则

标准的正义战争理论明确规定，正义的战争必须满足六个条件：（1）合法权威；（2）正当理由；（3）正当目的；（4）最后手段；（5）相称性；（6）合理的成功可能性。当且仅当某次战争满足这些条件时，正义战争理论才认为该战争是正义的，此时的"正义"一词的意思比人们有时使用这个词的意思更广泛。正义战争理论的"正义"是指"道德上正当的""道德上允许的"或"道德上合法的"。如果一次战争因为它满足上述六个条件，因而在道德上是正当的，那么，根据正义战争理论，一个国家开战就是被允许的（根据交战正义原则该国必须这样做，该内容将在下文中讨论）。然而，满足这些标准并不意味着一个国家必须发动战争，也就是说，只有当一个国家被允许这样做时，发动战争才是道德上需要的。很显然，正义战争理论提倡国家拒绝战争，即使这些战争在道德上是合法的。

如果六项开战正义条件得到满足，那么一个国家发动战争在道德上就是正当的；如果没有满足这六项条件，那么战争就是不正义的，国家就不应该发动战争。如果一方打的是一场正义战争，那么对方打的就是一场非正义战争。然而，事实上，一方打的是一场非正义的战争并不意味着另一方打的就是一场正义战争。交战双方有可能都陷入一场非正义战争，即双方的行为都是错误的。例如，如果两个国家因为争夺一块均不属于双方合法所有的土地而开战，那么，双方的行为都是错误的。另一些正义战争理论家并不同意这两种观点，他们认为，如果战争符合大多数开战正义标准，那么，即使不完全是正义的，一个国家诉诸武力可能总体上也是正义的，与此相应的是，交战双方可能各自具有某种程度的正义性。然而，认为一个国家即使并未满足开战正义的所有标准但该国发动战争可能在道德上是正当的观点，偏离了主流的正义战争理论；同样，认为交战双方可能具有部分的正义性的想法也违背了主流的正义战争理论。

判断某个特定的案例是否满足这六项开战正义标准并不总是那么容易。尽管这六项标准显得比较简单，但把它们应用到具体的案例中却很困难，因为国家之间的纠纷通常很复杂，涉及双方的历史分歧和各种各样的现实问题。所以，以合理、准确、公正的方式运用这些标准往往需要仔细的分析和良好的判断力。在复杂的情况下，人们可能就这六项标准是否得到满足而意见相左，进而就一个国家发动战争的合理性产生分歧。开战正义标准只是提供了一个道德分析的框架，并不给我们提供快速、明确的答案。

下面我们来探讨正义战争理论所规定的一个道德上正当的战争必须满足的六项条件。

1. 合法权威

只有有能力的、正式组建或合法指定的、能够代表人民行使发言权和行动权的政治实体可以发动战争。这种情况排除了仇杀和私人争斗。正义战争理论认为,战争的目的是追求由政治集团公开确认的政治目标。换句话说,战争是国家之间的事情,而不是个人群体之间的斗争。合法权威原则意味着国家分裂之后,掌握中央政权的军阀与其他军阀之间围绕权力展开的斗争并不是一场正义战争。军阀可能拥有军队,但没有合法权威。合法权威原则也意味着由一个正式组建的国家发动的战争必须已经由特定公众人物经过法律或政治预先规定的途径授权或发起。例如,在美国,如果总统发动战争违背了国会的意愿,他的行为就是违反宪法的,这场战争就是非正义的,因为总统没有发动战争的合法权威。

早期的正义战争理论家认为,只有主权国家才有发动战争的合法权威。然而,当代正义战争理论家更加灵活,例如,他们指出,一个分裂主义者或民族解放运动如果可以称得上代表一个国家或人民,就可能有发动战争的合法权威。因此,为了赢得13个殖民地的独立,1776年的大陆会议就被认为拥有对大英帝国发动战争的合法权威。相反,许多游击队组织或恐怖组织(比如德国巴德尔—迈因霍夫团伙或美国的共生解放军)显然不符合发动战争的合法权威原则。

2. 正当理由

由于战争是如此可怕,因此一个国家发动战争的原因、目标或目的必须在道德上具有说服力。一个国家站在自己的立场上宣布它有权发动战争是不够的,它必须有一个发动战争的理由,而且是对任何中立的人来说正当的理由。战争必须有正当理由。

具体来说,什么构成正当理由呢?现在唯一普遍公认的正当理由的例子是抵抗武装入侵。例如,《联合国宪章》禁止任何国家使用武力侵犯别国的领土完整或政治独立(第2条),但它允许个人或集体自卫反抗武装攻击,《联合国宪章》称之为"一种固有的权利"（第51条）。《联合国宪章》中提到的"集体"自卫表明，国防权不仅包括一个国家对武装攻击的回击，例如，波兰在1939年抵抗德国入侵；而且包括其他国家对受害国家提供的武力援助。此外，它还包括收复遭非法窃取的领土（例如，1982年的马尔维纳斯群岛战争），或者将占领他国的侵略者赶出受害国（例如，1991年的海湾战争，从伊拉克手中解放科威特）。更有争议的是，一些正义战争理论家认为，在某些情况下，国防权也包括先发制人的攻击，甚至是预防性战争。

今天，许多正义战争思想家认为，人道主义干预也可以构成战争的正当理由，尤其是，其他国家发动战争阻止一个国家对其人口实行种族灭绝，如阻止1994年的卢旺达内战。虽然将人道主义干预作为正当理由通常是基于现代的人权呼吁，但这也与传统的、前现代的观点一致，这种观点认为正当理由不仅包括击退外敌入侵，也包括保护无辜者、恢复被错误否决的权利或纠正其他不公正行为和惩治不法行为。

3. 正当目的

发动战争仅有正当的理由是不够的，必须要有发动战争的真实原因、根本意图或动机目的；也就是说，正当的理由不能仅仅是一个借口。正当目的还包括诉诸战争的时间，一个国家必须将恢复和平作为其最终目的。

一些道德理论家认为，一项行为的对错与行为者动机的好坏有区别。人们有时因为自私或不光彩的原因做了好事；人们有时尽管具有良好的目的却做了错事。但是，即使这些理论是正确的，正义战争理论也有很好的理由坚持正当目的原则。之所以如此，是因为在现实世界中，如果一个国家缺乏正当目的，就不可能试图以道德原则为基础采取行动，最终发动战争，而这个战争却不可能满足开战正义的其他原则。正当目的原则也强调了道德观点，即一个国家发动战争的目标必须受到正当理由的限制；当且仅当发动战争是为了实现正当理由时，发动战争及其所造成的破坏才是正当的。

但是，确定诸如国家等集体行动者的目的异常困难，国家机器中的各种机构可以有不同的和互不兼容的目的和动机，哪个才重要呢？实际上，集体的目的仅仅是一个虚构的东西（如法官会试图推测国会通过某项法律的目的，尽管国会议员对该法律的意义和可能的结果有不同的理解，投票支持该项法律的原因也各不相同）。与寻找一个国家的真正目的和真实动机相反，正义战争理论认为，一个国家的行为应当仅出于正当理由。换句话说，如果一个国家说的或做的不符合道德原则或者不是基于正当理由，那么这个国家发动的战争就是非正义的。事实上，如果可以从一个国家的行动中清楚地看出它的动机并非出于正当理由，那么这个国家是否真的具有正义理由也就无关紧要了。

4. 最后手段

战争是邪恶的，国家必须采取措施避免它，例如，通过谈判、外交或联合抵制。即使有正当理由，国家也应该避免战争，除非所有其他手段都已用尽。

这一原则的理由是显而易见的：除非绝对必要，国家不应该发动战争。这个原则在国际争端中特别重要，因为双方通常认为自己是正确的。例如，假设一个国家扩大其领海后，击沉了进入该水域的其他国家的渔船，那么这些国家可能都会认为它们有正当理由发动战争，而第一个国家也认为其有权击沉渔船。尽管一些国家确实曾因为这样的争端发动过战争，但是任何一方都没有这样做的正当理由，除非通过外交、谈判和国际法无法解决这些争端，而且也没有解决这些争端的可能性（即使是这样，任何一方发动战争是否正义还取决于其他开战正义条件是否得到满足）。

但是，正义战争理论家认为，"最后手段"不应该凭字面意思理解，因为一个国家甚至在被入侵后，也会有战争以外的其他措施可以采取。但是，最起码，战争应该是一个国家最不喜欢的选择。虽然"最后手段"听起来很简单，但将其应用于实践往往是一个判断问题，涉及多方面的考虑（例如，拖延可能最终引起战争，当它不可避免地发生时，其破坏性可能会更大）。

5. 相称性

即使一个国家发动战争的原因是正义的，也要衡量清楚其中的利害关系。战争的收益必须要超过战争给各方、战斗人员和非战斗人员带来的伤害。

这个原则预示了这样一种可能性，即使一个国家有很好的道德理由发动战争，它也可能是错误的，因为战争带来的伤害将与被纠正的不公平不相称。例如，北约有理由抵抗苏联在1956年对匈牙利的入侵或1968年对捷克斯洛伐克的入侵，但这样做很容易引起世界范围的核战争；那时北约没有与苏联交战是正确的，即使它有这样做的理由。

在决定发动战争是否正确时，一个国家必须权衡和比较这样做的利弊。这些不仅包括生命丧失、基础设施遭到破坏、收复失地或海上的行动自由，还包括无形的价值观等。相称性原则要求，在正当理由的前提下，战争的利要远大于其弊（少数正义战争理论家认为，相称性原则要求战争的弊不需要远大于其利）。

6. 合理的成功可能性

即使一个国家发动战争的理由是正义的，并且满足其他条件，它也不应该这样做，除非它有十足的胜算。

由于战争的恐怖，当胜算的机会渺茫时最好不要开战。例如，一个小国可能有正义的理由抵抗一个面积辽阔、极其强大的国家，因为大国侵占了小国的一个岛屿。然而，根据这个原则，如果战争只会给小国带来徒劳的或毫无意义的伤亡、破坏，那么它发动战争就是不正当的。对一些爱国人士来说，这可能听起来是懦弱的，但是一个国家的领导人有责任不浪费自己国家的资源或同胞的生命。

但是，成功的定义必须参照一个国家的战争目标，而这些战争目标可能比全面胜利或对方无条件投降这样的目标更适中。例如，一个国家可能会反击一个更强大的对手，而这个对手有足够的能力最终战胜它；该国之所以这样做是为了迫使对方通过谈判解决问题，或者为其盟友争取时间集结自己的军队。从这些战争目标来判断，该国可能有合理的成功可能性。更有争议的是，如果小国的战争目标是使侵略者付出一定的代价或维护其民族的自豪感，那么发动战争是否满足合理的成功可能性原则，就需要把最后手段和相称性原则结合起来分析。

三、交战正义原则

正如我们前面所说，正义战争理论将一个国家在什么情况下发动战争才是道德上正当的问题（开战正义）与战时应当如何作战的问题（交战正义）区别开来。正义战争理论认为，交战正义原则适用于冲突双方的士兵，无论双方是否在进行正义战争。换句话说，即使一方是因为正义的理由而进行正义战争，它在战争中采取的一些方法仍然是非正义的；而如果开战时非正义的一方尊重交战正义原则，那么它在战争中采取的方法就是道德上允许的。区分这两个问题是很重要的，因为冲突双方的战斗人员通常认为自己的一方是正确的。如果这些战斗人员也认为，发动正义战争的一方的行为没有道德限制，也就是说，如果他们认为发动正义战争的一方绝对有权做任何事情以取得胜利，那么在实践中双方都不会承认战争中有任何道德约束，这样的话，战争会比现在更可怕。大多数正义战争理论家还认为，虽然士兵个人有责任服从战时规则，如果他们不这样做就会行为失当，但是，如果事实证明他们这边发动的是非正义战争，这些士兵的错误行为将不会受到谴责。士兵们在战争中应该为自己的行为负责，而不应该首先考虑自己一方是否正义。可以说，交战正义问题超过了他们的薪酬等级。"士兵道德上平等"（moral equality of combatants）这个观点有很长的历史（莎士比亚在亨利五世时期明确提出），但它是有争议的，一些哲学家并不赞成这个观点。

然而，对于什么是交战正义，正义战争理论家之间达成了共识，他们明确规定了战时正义行为的三个规范性原则：（1）必要性原则；（2）相称性原则；（3）区别和不伤害平民原则。

1. 必要性原则

该原则禁止那些不涉及合法军事目的的武力或暴力。

根据这个原则,在战争中,如果一国军队是出于非军事目的或者与战胜敌人的军事目标无关的目的而使用武力或暴力,那么它这样做是错误的。例如,掠夺民宅或强奸妇女与军事无关,是被禁止的。事实上,做这些事情的人,即使他们是士兵,即使他们是在执行命令,也应该受到谴责或惩罚;他们所做的事情与他们所为之战斗的正义理由毫无关系。因此,这项原则禁止屠杀和破坏,由于缺乏军事目的,它们都是不必要的。战斗人员不可以杀戮、破坏或实施任何其他暴行,除非存在某种军事上的必要。海湾战争结束时,伊拉克军队溃败,美国最终取消了对从科威特逃回伊拉克的士兵的攻击,这符合必要性原则(尽管这种攻击应该提早被取消)。在这一点上,伊拉克士兵不再构成作战部队,继续屠杀他们没有合理的军事目的。

2. 相称性原则

武力或暴力的使用必须与军事目标所寻求的价值相称。

我们不应该把交战正义的相称性原则与开战正义的相称性原则混淆在一起。开战正义中的相称性原则要求战争的利大于其弊;而交战正义的相称性原则关注具体的军事行动,它提倡适度使用暴力来实现军事目标,反对滥用暴力。虽然大多数现代军事指挥员在决定是否执行某项军事行动前都会考虑自己军队的代价,尽量不浪费士兵的生命,但是,相称性原则要求他们在一定程度上也要考虑敌方的代价。例如,在其他条件一定的情况下,一方本可以轻易俘虏敌方士兵,却将其杀戮,或者为了占领一个战略位置而杀死过多的敌方士兵,以上做法都是错误的。这一原则也不赞成为了实现一些琐碎的或与军事无关的目标屠杀大量敌军士兵。

交战正义的相称性原则不要求交战双方在实现军事目标时采取最小的军事规模或使用最少的军事力量,战争中投入压倒敌人的战斗力可以加快实现军事目标,从而减少伤亡。此外,为减少对敌作战伤亡人数,交战双方无须接受更大的伤亡；相反，相称性原则只要求采用的暴力行为与军事目标之间不出现严重的比例失衡。

3. 区别和不伤害平民原则

交战双方必须区别合法的和非法的目标，军队不能把非战斗人员作为攻击对象，必须做出应有的努力避免伤害平民。

战斗人员是合法的攻击目标，虽然一个士兵可能不支持战争，但他既然已经被挑选入伍，他穿上军装就成为了一个合法的攻击目标，敌方的士兵试图杀死他就没有错。指挥国家战斗的文职领导人也是合法的攻击目标，因为他们发挥着军事作用，即使他们不穿制服或携带武器，也被认为是战斗人员。相反，那些不直接或没有立即卷入战争的平民百姓是非战斗人员，他们不参与作战行动，只是平常度日，有权利不受到伤害。与士兵或文职领导人不同，非战斗人员是无辜的，在道德上不应该受到攻击。

区别和不伤害平民原则并不意味着战争中绝不能杀害平民。相反，该原则禁止以平民为直接攻击目标或故意杀害他们，但接受在攻击合法军事目标时连带伤害或杀死平民。然而，故意攻击非战斗人员是错误的，交战各方必须做出真诚的努力去避免伤害他们，必须把为实现军事目的而对平民造成的连带或意外伤害控制在最低限度。因此，为分化瓦解敌人而轰炸一个平民区域是错误的行为，但是，如果轰炸一个兵工厂的确有军事上的必要，并且不能通过其他途径（如破坏）达到相同的目的而又不危及平民，那么即使预见到将危及平民生命，轰炸兵工厂的行为也并不一定错误。区别和不伤害平民原则要求战斗人员自己承担一定的风险，减少对非战斗人员造成的危害。例如，如果敌军士兵以民宅为掩护，另一方与其周旋时就不能轰炸整个居民楼，尽管炸弹袭击比近身搏斗的危险性小，但炸弹袭击会杀害无辜妇女和儿童。

除了三项交战正义原则，各种更具体的规则也规范着国与国之间的战争。例如，禁止使用特定武器（如毒气）规则、对待生病和受伤敌人的规则、对待战俘和被占领国家人民的规则、禁止劫持人质规则、禁止宣称不纳降、禁止滥用休战旗或红十字标志以及禁止战斗中穿平民服装。根据世界各国在过去 150 年批准的各种条约和协定，国际的武装冲突法认为以上行为皆不合法；其中最有名的是《日内瓦公约》，它汲取了几十年国际协定的精华发展而成。一些战争法制定的规则也可以被看作是交战正义三原则的延续，其他规则之所以具备道德权威，是因为它们倾向于减少战争屠杀，或它们被世界各国承认和接受。

与开战正义原则一样，交战正义原则没有对战争伦理问题做出简单和确切的回答。但与开战正义原则一样，这些原则为解决那些问题提供了重要的标准框架。正义战争理论不仅为开战正义和交战正义提供了宝贵的指导思想，最重要的是，它挑战了现实主义，认为战争并没有超出道德范畴；相反，战争总是要受到最审慎的道德审查。相比较于以上各项具体原则，这个观点可能是正义战争理论最持久和最有价值的成就。

关于战争与帝国的政治经济学思考[*]

[美] 米歇尔·佩雷尔曼 著　　王宏伟 译[**]

本文从政治经济学的视角出发,对战争与帝国问题做出了六点思考,认为美帝国主义面临一系列问题,如美国变成一个收取贡税的食利国家,这将削弱其实体经济;工作外包使国内好工作减少,削弱了其国内政治基础;世界资源日益减少;美国社会经济结构的易受攻击性;过度的军事开支浪费人力物力,等等。文章主要内容如下。

一、美利坚帝国在衰落的经济背景之下出现

新美利坚帝国可能是独一无二的。美国快速膨胀的野心并非代表着胜利,而是与其衰落的经济相适应。实际上,美国霸权的加强,与抵御潜在的资本主义对手有着很大的关系,旨在向它们显示:挑战现有的美国霸权是一种愚蠢行为。鉴于经济的衰退,美国做出这种姿态似乎是迫在眉睫的。如果大卫·

---

[*] 原文标题:Speculations on the Political Economy of War and Empire,载 *Review of Radical Political Economics*,2004,Vol. 36(3)。译文原载于《国外理论动态》2004 年第 12 期。

[**] 作者简介:米歇尔·佩雷尔曼(Michael Perelman),加利福尼亚州立大学经济学系教授。译者简介:王宏伟,中国人民大学公共管理学院副教授。

戈登所说的积累的社会结构不发生巨变，那么，随着黄金时代让位于滞胀时期而来的利润率下降还将会持续下去。

举例来说，劳工权利、环境管制和反托拉斯法已经遭到了极大的削弱。大规模私有化、降低税收、有限责任和日益提高的公司福利都是对利润率提高的支持因素。松弛的管制结构促使安然等美国大公司造假。不仅如此，知识产权的强化使得少数几个部门享有高额利润，而有竞争能力的经济部门却在变得衰弱。所有那些想要抬高利润率的措施，将最终降低生产力。

即便这种具有侵略性的新机制今天会提高利润率，但它也将释放出威胁未来利润的破坏性力量。比如，对于利润的渴求导致资本家肆意地毁坏自然环境，特别是在缺少保护性管制的情况下尤其如此。由于石油储藏充足的国家具有资本主义最恶劣的特征，人们由此诅咒石油，但这个体系的运行仍是依赖廉价的原料，不仅仅是石油。

尽管石油战争成为目前媒体关注的焦点，未来水资源之争将会成为更加常见的事情。现代帝国主义成为了获取包括石油和水在内的资源的野蛮工具，因为军事本身对于资源有着贪婪的欲望。另外，现代战争毒化环境，污染资源。当然，美国持续的非工业化将最终毁灭其经济力量。世界将不会无限期地接受美国的巨大贸易赤字。美国的非工业化已经发展到了这样一种地步：对中国的最大宗出口的三分之一都是旧报纸、旧塑料品等废品。

但是，非工业化还在肆意发展。那些过去将工作岗位提供给墨西哥的制造商现在又在亚洲寻求更加廉价的劳动力。从长远来看，这种向底线竞跑即"海地式的发展道路"，可能会导致劳工灾难。

归根结底，这种通过外包获取眼前利润的嗜好将被证明不利于生产力发展。从国家经济的角度来看，尽管美国在疯狂地压低工人的工资，但就长远来说，培育高收入、训练有素的工人可能是资本主义通往繁荣的最佳途径。初级微观经济学告诉人们，高工资将会诱导资本家引进现代的、节省劳动力的技术。通常，以强有力的技术回应高工资将导致全面成本的最终下降。源于高工资的这种技术推动将会为国内制造部门止血，并支撑美国经济。

没有一个强大的国内经济，美帝国主义的长期前景将不会特别乐观。但是，美国领导人似乎相信，他们可以让资本外包大部分生产商品的劳动，而让大公司集中于收集来自营销、分销、知识产权的利润。

被压低的工资也会导致世界范围内的生产过剩问题。最终，资本将会认识到自己的愚蠢行为。但是，资本主义制度与寻求快速攫取利润之间的关系非常密切，以至于在陷入另一场危机之前，资本家是不会考虑替代方式的。

外包和非工业化也将会面临不可逾越的政治障碍。正如媒体所描述的那样，非工业化首先似乎是获取全球化预想硕果的必要成本，只要这个过程的受害者是发不出来什么声音的低工资工人。即使当非工业化开始影响到收入更高的工会工人的职位，其成本也是可以为广大公众接受的。但是现在，外包正在开始影响高薪的白领和技术职位，抗议的呼声将会很高。加强知识产权的侵略性战略的确增加了短期利润，但从长远来看，它对于国内经济来说，将会是毁灭性的。

比尔·盖茨是这种新经济战略的象征。这种经济以开账单和设立门槛来取代货物与服务的生产。我用"门槛"一词来指阻止人民获取知识产权的障碍。就长远来说，一个只收取贡税以换取大规模货物的进口的纯粹食利社会，其经济繁荣是不可能的。当年的英国也试图采取同样的方式，这使其实体经济萎缩。最初，英国的银行占据主导地位。但是，随着其工业的萎缩，它的银行也落后于先进的生产中心附近的金融机构。更加糟糕的是，美国似乎对建立经济的支柱无动于衷。一个国家怎能忽视自身的实体经济和教育体系而不为此最终面临严峻的后果呢？我们在没有信息的情况下又怎能有信息经济呢？

总之，正如一棵受伤的树结出比平常更多的种子一样，正在出现的帝国的军事胜利主义反映了其基本经济制度的衰落而非成功。

二、资本正在面临其扩张的障碍

资本依赖于自身的持续扩张来获得繁荣。资本的范围已经扩展得如此之大，以致未来扩张的机会正在减少。私有化已经将商品生产的机会扩展到了几乎每一个公共领域，包括教育、监狱甚至军事。此外，商品化已经渗透到一度由人们彼此提供的个人生活服务方面。快餐取代了家庭烹饪可能是最为明显的例子。

资本在其时间维度也在扩张。在狭义的流通周转过程中，资本出售商品以平衡经常项目收益。但是，信用却允许资本以今天的商品和未来的支付交换。这种开发远期收益的能力开启了巨大的市场机遇，这可能开始于20世纪20年代的汽车工业。后来的大萧条和"二战"使这种潜在的、以信用为基础的市场维持了几十年。但是，现在日益膨胀的债务负荷再一次威胁着未来的市场。从这个意义上说，资本的范围似乎在缩小，而不是在扩展。

最近，资本范围最为明显的扩张是在地理上的扩张。利润机制已经在苏联、中国和东欧落脚。甚至是古巴和朝鲜也在微微地向市场开放。这种地理上的扩张正在使资本逼近自己的极限。资本缺少崭新的、庞大的地域空间，这意味着对利润率最重要的支撑之一不复存在。的确，资本可以渗透到这些新市场的腹地，但那里的贫穷使得资本暂时还不能获得赢利的机会。最后，开放市场所引起的愤懑情绪的积累将会导致一定的成本，因为它使美国要卷入无数次的军事干涉。借用保罗·肯尼迪的话说，就是："新的军事采购将带来新的不安全的边界。"

三、战争对资本的矛盾有着不确定的影响

因为先前的战争时常需要社会做出牺牲，领导人必须要关注"健康、效率和士气的必要性"。结果，大战往往导致更加呼唤平等主义的社会运动。

在两次世界大战结束之后，威胁还没有消失之前，政治领袖们继续关注有利于社会团结和使工人阶级更加健康的政策。战争期间发展起来的社会措施围绕着全体国民的基本需要，不论阶级、信仰和军事归属如何。

当然，也出现了一种对持不同政见者的敌对氛围。查利斯·E. 威尔逊曾经担任通用电气公司的总裁，后任战时生产委员会的副主席。他在1946年宣称："美国的问题可以总结为两点：国外的俄罗斯和国内的劳工。"实际上，

他是在呼吁向美国资本的两大敌人发起进攻。还有,我们也不能无视"二战"结束之后兴起的麦卡锡主义。

尽管今天的帝国主义运动与麦卡锡主义有着许多相同之处,但与先前不同的是,当代帝国主义更反动,它对改善社会福利普遍蔑视,转而依赖公关运动来创造"富有同情心的保守主义"的幻象。政府不仅不为大多数人提供本来就很少的利益,还呼吁为富人进行更大规模的减税。

四、军费开支不能挽救美国经济

传统意义上,战争是拯救利润下降的短期方法。它能增加需求,而不增加已充斥的待销售的产品。但是,像其他对于利润率的支撑因素一样,战争也似乎对于资本有着严重的消极影响。战时景气过后几乎不可避免地接着衰退。这种模式符合市场经常性波动的症状。同样,与全面战争相联系的大规模迁徙也需要战后和平时期的重新安置。市场不能以理性的方式进行这样的交易。结果,市场需要等待,直到危机迫使生产体系完成重组。

无论如何,军费开支创造需求的经济利好不像从前那样强大。第二次世界大战可能是典型的需求扩大型的战争。当时,生产汽车、卡车等产品的劳动密集型工厂轻而易举地就转型为飞机和其他军用品的生产厂。即便是技术没有变化,军事也难以挽救利润率。我们设定利润在 8000 亿美元,如果不考虑围绕联邦预算而产生的其他类型的军事开支,这大约是美国报道的军费开支的 2 倍。以 25% 的幅度增加军事预算,这将额外地创造 1000 亿美元的需求。假如利润率是 10%,这额外增加的军事开支将会使总利润提高不足 2%。但是,创造这些利润要使民用经济付出沉重的代价。用来杀人、创造需求的机器的生产挥霍着重要的资源,包括许多美国主要科研人员的才智。结果,将过多的科技资源投入到军事之中,这将会使民用工业更加缺少竞争力,因而也使利润削减。

五、帝国主义的律令

帝国主义并非熊彼特所说,是闲荡的贵族子弟所痴迷的小把戏。战争也不是生物动机驱使的自然结果。列宁从资本的本质中找到了帝国主义的根源,但他将帝国主义作为最高阶段。

收益与生产规模成正比例地增加,这一现象是过去一个半世纪中帝国主义的重要驱动力量,特别是在19世纪晚期,生产率的提高是空前的。以每个工厂的雇佣工人的数量计算,美国工厂的规模平均增加了一倍。从19世纪70年代初期到80年代末,美国的钢轨价格下降了88%,电解加工使铝的价格下降了96%。

制造业中收益与生产规模成正比例增加,竞争创造了超过需求的产量的快速增长,特别是当这种形势与压低工资结合在一起的时候。那时,帝国主义可以为资本开辟新的市场。今天,美国的军事力量可以恐吓弱小国家接纳美国的产品,也可以胁迫美国的竞争对手提高自己的货币与美元之间的比价。

非工业化帝国主义代表了一种不同寻常的现象。美国公司只向国外销售在国外生产的货物,这可能会增加公司的利润,对国内却几乎没有利益。

现在,对帝国主义来说,资源比从前是一个更大的考虑因素。尽管在20世纪初期获取石油、特别是在波斯湾获取石油在帝国主义冒险中占据了重要的地位,但资源需求在现代帝国主义中起的作用更大。甚至主流媒体也认识到,现代社会惊人的生产收益的获得依赖于大量的资源。

由于资源基地相对于巨大需求越来越少,生产率加大了军事破坏的能力,帝国主义变得更加危险。现代军事以高技术来代替工业品,但它不能成功地保护自然资源。为一架超音速飞机或一艘航空母舰加油所导致的资源成本是非常之大的。

现代经济具有极端的脆弱性。当美国轰炸北越时,越南毕竟打败了美国,虽然付出了惨重的人员牺牲的代价。轰炸今天较为现代化的国家如塞尔维亚和伊拉克，其损失是不可估量的。后者在失去电和现代化的卫生设施的情况下，公共健康就会受到威胁，现代经济也不能运行。

对于一个更为复杂的经济社会来说，这个问题将更加严重，比如美国就是如此。的确，美国拥有着欠发达国家所不可企及的繁复的结构。但是，组织的复杂性也导致了组织的脆弱性。在现代工业社会中即使一个小单元被破坏，整个社会为此付出的代价也是巨大的。

六、美国现代帝国主义是怎样的？

在早期，市场被看作实现改善生活或技术领先这个目的的手段。今天，市场成为每个人、每个事物必须去适应的目的本身。对于民族国家来说，完全就业是一个重要的、时常是至高无上的目标。而对于市场国家来说，如果因为对人们进行培训、使其从事几乎没有市场需求的工作要花费更多的钱，即与大量人口失业比将更有效率，那么，社会就不得不去接受大量的失业人口。

现代美国帝国主义最为显著的特征就是它声明准备打击任何胆敢发展强大军事能力的国家，并有这种打击能力。这种战略能使美国即使处于严重经济衰落的情形下也能维持军事优势吗？国内的挑战从长远意义上看是难以应对的。因为总部在美国的大公司在全球寻求更高的利润，它们会越发地将美国民众抛下不管。就像出口非熟练职位损害了低工资工人的收入一样，信息密集型活动的外包现在威胁着许多本来可以过上丰裕生活的人。

这种对低工资劳动力的寻求将会导致经济的下滑，而经济的下滑又会导致美国阶级结构的固定化。尽管这种趋势无疑在短期会增加利润，但它肯定会破坏对于资本的政治支持。在创造有利的政治环境方面，公司至上在未来会有更多的困难。如果这个推想是正确的，资本将会诉诸更为公开的胁迫以维持其控制权。但是压迫性的环境与美国经济为保有竞争力所需要的创造性是不协调的。

获取国际资源的需要、在国外寻求更加廉价劳动力的需要，将使大跨国公司在美国国境之外扩大自身的支持基础。这种转变意味着：帝国将不是一个民族国家的帝国，而是一个全球资本的帝国。但是，它要通过哪一个实体来强加自身的需要？美国政府？联合国？

七、结论

资本主义表现出了很大的弹性。尽管美利坚新帝国主义有着众多的矛盾，但是，预言其马上灭亡还为时过早。我们只是期盼着，反对帝国主义与战争的斗争有着更多的热情和创造力。

全球通讯如何正在改变战争的特征*

[美] 奥德丽·库尔特·克罗宁 著 徐 进 译**

人们日常所用的通讯技术正在改变战争的特征,并促成一种新的大众动员方式,这种方式是基于我们对冲突将如何在21世纪演化的预测。克劳塞维茨《战争论》的研究者都知道,战争的有些特征是变化的,有些特征是不变的。战争的本质从未改变,战争的暴力、机遇、风险、摩擦和内在的不可预测性不随时间的流逝而变化。然而,战争中涉及人们如何打仗和为何打仗的特征的确会发生很大的变化,现在我们正面临战争的范式变化,就像18世纪末战争范式的变化一样。当前社会、经济和政治转型的动力是理解当前和未来战争的重要因素,正如克劳塞维茨所观察的法国大革命是理解那时战争的重要因素一样。21世纪的人民战争(levee en masse)将以大众网络化的动员形式出现,动员在虚拟空间完成,然后在现实空间引爆战争。然后,人们误判和低估了互联方式和冲突的结构性变化程度,错误地以为它与一般的军事计划相比仍然是次要的,结果使美国及其盟国处于被动应对其效应的境地。

---

* 原文标题: How Global Communications Are Changing the Character of War, 载 *Journal of Diplomacy and International Relations*, 2013, Vol. 14, No. 1, pp. 24 – 40。

** 作者简介:奥德丽·库尔特·克罗宁(Audrey Kurth Cronin),乔治·梅森大学终身教授,美利坚大学国际事务学院教授。译者简介:徐进,中国社会科学院世界政治与经济研究所研究员。

通信技术是影响现代战争原因和进行的驱动力量。工业化时代的大型战争要进行广泛的社会动员，利用国家的潜力来部署传统的常规军事力量在各国领土上作战。虽然叛乱和小型战争也在扩散，但应对它们的最有力方式是隔离某个地区，并逐渐使该区域内的民众难以成为叛乱行动的诱因和对象。[①] 在以前，战争主要涉及领土、经济资源、政权类型、本土民众的集体意愿（人心向背）和民族自决。电话、电视、电报和广播都在达成战争目标方面发挥着重要作用，而这些技术又得到由卫星、发报机、广播站和国家对通信技术的管理所构成的超级结构的支撑。在20世纪，通信技术塑造和反映了国家关注的重点事项，强化了国家进行统治、动员、执法和赢得战争的能力。

虽然国家权力的传统利害关系没变，但当前国家长期进行动员和鼓舞人民的方式因个人可以获得通信工具（电脑、DVD、平板电脑和手机）而受到严重冲击。互联网既是一种扩展社会和传播民主理念的有效工具，也提供了扩散暴力意识形态、协调犯罪行动、分享战术经验、研究有威力的武器和削弱维持秩序的传统工具的手段。由于其绝妙的技术特性，包括可以促使技术、互联性和商业的扩散，所以这些新媒体也对很多事情（从知识话语到大众运动和暴民心理学的发展）产生了意想不到的影响。它们正在改变美国国内和国际暴力的形态。从恐怖袭击的全球扩散，到对美国驻主要伊斯兰国家大使馆的暴力攻击，再到伊拉克和阿富汗国内叛乱战术的快速演变，而且不止于此，信息时代的全球无领土本质特征正对冲突的演化产生影响。

转型正在以新的形式出现。非传统行为体使用廉价的现代技术（比如互联网、手机、CD和DVD）通过脸书、Youtube、推特、网页、电子邮件、博客、短信和手机照相来传播特定的信息，而这正是转型的驱动力。包括国家和军事组织在内的许多人受益于这些技术。美国非常关注可能由中国、俄罗斯、伊朗等国发动的网络攻击的威胁，虽然这些国家的反美情

---

① 20世纪反叛乱作战的文献相当丰富。经典文献包括 David Galula, *Counterinsurgency Warfare: Theory and Practice*, New York: Frederick A. Praeger, 1964; and Roger Trinquier, *Modem Warfare: A French View of Counterinsurgency*, Fort Leavenworth, Kansas: U. S. Army Command and Staff College, January 1985.

报搜集是更直接的危险。① 然而，非传统行为体虽然规模小，但受益程度要大于国家。它们行走在技术、恐怖主义、犯罪和战争的交叉点上，利用通信技术的互联性来从侧翼包围技术上更加先进的传统大国。为什么会是这种情况还找不到原因，因为目标国有反制措施；但如果美国不放弃老旧的观点，不直面现象背后的文化现实性，那就无法更有效地适应现状并重新夺回主动权了。

一、变化的三重性

因 21 世纪互联程度而导致的范式变化有三种可以影响战争的关键特征。首先，个人变得更有权力，这里的个人是指传统的战士、承包商、走私犯、叛乱分子、恐怖分子、宗教极端分子、各类麻烦制造者。这些普通的个人现在有造成大破坏的潜力。一段时间以来，美军一直在关注所谓的超级授权（super-empowered）战士，但个人优势的增加也影响了一大批非传统行为体。② 其次，观众发挥了更大的作用。有人会突然地向旁观者逐个提供数据或影像，而这些东西通常是未经精明的领导人或专家审查、把关或解释的。与以前的时代不同的是，普通观众现在可以既接收信息又反馈观点，这样他们就能影响冲突的进程，甚至在冲突正要展开之时加以影响。最后，最重要的是大众动员的手段和目的正在发生变化，不再需要政府的参与或鼓动，而政府的参与或鼓动正是处于现代史起点之时的法国大革命的标志。当代的冲突更频繁地涉及个人，他们动员起来，以单个或团体的方式攻击目标，这类冲突是新型冲突，意料之外而且少有分析。虽然我们可以根据上述三类变化来设计国家有效的应对措施，但首先要做的是深入探索它们的历史情境。

---

① James Adams, "Virtual Defense", *Foreign Affairs*, May/June 2001, pp. 98 – 113.
② Charles C. Krulak, "The Strategic Corporal: leadership in the Three Block War", *Marine Magazine*, January 1999, http://www.au.afmil/au/awc/awcga te/usmc/strategic _ corporal.htm; and Thomas X. Hammes, *The Sling and the Stone: On War in the 21st Century*, New York: Zenith Press, 2004.

二、历史情境：通信、技术变化与战争

只要有人类存在，战争与技术进步之间就有盘根错节的关系。军事技术的各种变化有相似性：军事历史学和战略学家总是在分析马镫、火药、机枪、坦克、核武器等对战争的影响。然而，通信技术的变化同样具有转型的力量，不仅决定交战双方的相对优势，而且影响冲突本身的形态。① 比如，在第一次世界大战期间，电话网与军队的关系有助于堑壕战所形成的僵局。② 把电话线沿堑壕铺设不仅可以确保各作战单位的协调，而且还有助于战役僵局的形成。第二次世界大战是第一场使用无线电的战争，见证了对无线电台和雷达的创新性使用，再加上破译恩尼格玛密码机之类的应对措施所造成的巨大优势，据说决定了战争的结果。战争形态在向机动战（maneuver warfare）转型过程中伴随着无线电波的军事应用绝非偶然。但这是属于陆军和海军的通信资产，还不具有真正的革命性，因为它尚不具有颠覆既有秩序的意义。无线电技术可以使优势从一方转移到另一方，但主要是对政府及其军事部门的官僚结构起补充作用。

到了冷战年代，人们逐渐开始分析"通信"更广泛的社会概念及其战略含义，比如，西方集团针对苏东集团开展了广泛的"信息战"，人们分析电视对越南战争的影响，所谓CNN效应对1991年伊拉克战争的影响，等等。但有意思的是，大多数在20世纪末研究战争与通信的关系的美国军事分析家转而以狭隘的眼光来分析技术上更先进的一方所具有的战术优势或劣势，而误读了通信的民主化（democratization of communications）所带来的广泛意义。

在20世纪90年代，美国军事领导人日益认识到信息技术的突飞猛进，

---

① Emily O. Goldman (ed.), *Information and Revolutions in Military Affairs*, London: Routledge, 2005.

② Martin Van Creveld, *Technology and War: From 2000 B. C. to the Present*, New York: The Free Press, 1989.

并因此开始关注军队的转型,以及所谓的"军事事务革命"(Revolution in Military Affairs)。这个名词的定义不一,但基本意思是使用先进通信技术来执行高技术的网络中心战,以使战争更"干净"、更精准、更有效。根据全球市场的重大变化带来的暗示,以网络为中心的作战行动旨在把各类军事行动融合在一起,使各级指挥官乃至普通士兵都能知道战场情况。① 变革的目标是避免与敌直接交战,并在远程平台使用高技术武器,在敌人知道自己成为被攻击目标之前通过先进手段传送打击效能。这种战争形态更人道,可以减少伤亡,可以仔细区分各类武力和目标。从某种意义上说,这是正义战争中的战时法原则在现代的最佳运用,因为精准区分成为取得快速、有效甚至"干净"的胜利的关键特征。无人机在当代的广泛使用回应了上述见解。

但是把信息时代的冲突的本质当成主要是个军事或技术问题就太狭隘了。军事领导人重点关注使用高技术工具来实现战术互联就过分了,而且不得要领。实际上,展示在我们面前的是通信技术中普遍采取的平等主义原则,这很像18世纪对印刷术业的解除管制,而不是更像20世纪末自动导弹技术的进步。② 这对战争具有重要的实际意义。

虽然这些技术旨在令大国传统的武装力量发生转型,但实际上只是使通讯的类型和大量普通民众的动员方式发生无奈的转型。由于没有敌对大国的威胁并且得益于全球市场的商业机会,美国及其盟国把精力集中在对小型战争和冲突的必要干预上,同时利用日益连接在一起的世界经济所带来的机遇。然而,经济视角广泛弥漫在军事思维当中,比如,军事事务革命的驱动力就来自于有人想把电子商务惊人的成功转移到战争当中。③

21世纪初那种经济学上的自由市场思维导致美国战略出现了一些严重的扭曲。此外,它只关注供给侧,忘记了军事组织不能像旨在赢利的商业机构

---

① U. S. Department of Defense, *Network Centric Warfare*, Report to Congress, Washington DC: Government Printing Office, 2001, http://www.dodccrp.org/riles/ncw_report/report/ncw_main.pdf.

② Audrey Kurth Cronin, "Cybermobilization: The New Levee en Masse", *Parameters* (Summer 2006), pp. 77–87.

③ Ibid.

那样运作。它假定买卖双方存在共同利益，而这完全不适用于战争。结果是出现了一些奇怪的概念，比如"以能力为基础的规划"。根据这个概念，装备购置决定将在一个闭合的论证环中做出，而不考虑威胁因素。由于缺少反对力量，美国的军事领导人就像突然在真空里决策一样，只能对在自己文化和制度环境下观察到的变化做出反应，忘掉了敌人也有适应能力和活力。

公平地说，出现这种狭窄的视野也有道理。互联网最初的目的是防止"斩首"行动，防止美国的通信设施在遭到核打击时失效。互联网这个概念真是才华横溢，实现去中心化、冗余设计、持续性和可生存性是互联网技术的目标。苏联解体之后，美国国防部高级研究计划局创建了万维网联盟，目的是促进互联网的互联程度。无论幸运与否，苏联解体以及随后大众可以上网使普通人、公司、非政府组织和游说团体有了这些优势，但同时也显然使犯罪网络成员、恐怖组织、走私分子和叛乱分子掌握了这些优势。苏联威胁消除使美国政府放松了对互联程度的控制，并在后来间接导致网站的繁荣。因此，美国政府把关注点转移到保护本国的技术能力和防止可能削弱本国经济的网络攻击就毫不令人惊讶了。

然而，在整个20世纪90年代，全球环境发生了快速而微妙的变化，由此产生了广泛而直接的影响。前苏东国家解除信息控制使个人可以通过互联网接触到大量知识，当越来越多的人利用丰富而混乱的网络空间时，言论自由和思想自由黑暗的一面开始显现。什么才在网上具有真正的权威呢？谁的观点具有合法性呢？什么才是值得奋斗的呢？当各种信息对未受训练的、不具分析能力的或无扎实基础的人同等有效时，什么才具有决定性呢？

因此，除了冲突怎么展开这一点正在发生变化外，技术和通信的变化开始改变参与的方式和冲突产生的原因。这包括极端观念、迷思和破坏性技术的扩散。通信过去通常会影响冲突的进程，现在有助于塑造战争的原因，因为通信技术广泛应用于大众动员当中。展现在我们面前的不是军事事务的革命而是人类事务的革命。它影响范围极广，从人类如何交流，到人类如何传播和分析知识，到人类如何动员和打仗，当然最后一点对本文来说是最重要的。个人根据这些变化行事的能力也得到极大的提高，这是本文考察的三项创新中的第一项。

三、得到超级赋权的个人

全球市场的开放在许多方面加强了个人的作用与权力。在商界，这种现象已经广泛为人所知，但它同时也直接与战争相关。① 国家使用经全面动员后组织起来的大规模军队的现象一段时间以来已经减少了，但变化中的社会、政治和经济环境加速了这种现象的减少。随着边界的打通、合法或非法贸易以惊人的速度增长；手机、DVD 和 CD 使互联程度日益增加，而互联网增强了个人或者说小型个人网络在国内或国际控制和动武的能力。营利、移动物品、规避管制、不受监督地转移大量人员商品和服务的种种能力正在对行为体、冲突的手段甚至原因和目标产生影响。

对先进军事技术日益增多的买卖和使用已经大大加强了个人参与冲突的能力，而且个人还掌握有致命的武器。个人掌握有威力更大的手段，降低了他们参与战争的门槛，获胜看似变得更廉价和更容易。而且普通的通信体系，再加上有高技术计算机支持的技术，使敌人可以利用胜利，传播观念，发现追随者，并再次让权力关系向个人一方转移，并让这一循环永久存在下去。

个人在战斗中的有效性趋势在美国已经显而易见和长期存在，是 20 世纪以来美国主导的技术进步的自然顶点。美军的征兵口号"全军合一"（An Army of One）并不是偶然提出的。美军士兵是世界有史以来技术最先进的战士。从夜视镜、激光训练头盔到平视显示系统，单兵在狭义的技术意义上比任何历史上的单兵都更能感知其战场空间。他不仅知道得更多，而且还有惊人的能力去做得更多：单兵或小单位的致命程度大大增加了，现在的杀戮能力可以和以前更大单位的能力相媲美。士兵眼前的景象可以同时展现在指挥官眼前。温压弹和激光致盲武器与传统的大口径狙击步枪、火箭推进榴弹发射器，热像仪和热增强仪、高致命性炸药一起进一步增强了士兵的能力。今

---

① Thomas Friedman, *The Lexus and the Olive Tree*, New York: Farrar, Straus, and Giroux, 1999.

天，美军士兵可以说比历史上的勇士互联程度更高，保护性更强，技术更聪明，得到的支援更多。

但战争有正反两面性。被超级赋权的美军官兵的对手是以单个形式存在的恐怖分子、叛乱分子、走私犯和罪犯，他们的致命性也更大了，隐藏其武器的能力也更强了。举个众所周知的例子，恐怖分子和所谓大规模杀伤性武器（特别是核武器）的潜在交叉被普遍认为是对国际安全最严重的直接威胁。个人的潜在致命程度涉及化学、生物和核武器的走私是显而易见的。①

个人接触到更致命的常规武器，同时有更大的能力去发动或改变冲突的进程。据说冷战结束后地下武器交易猖獗，现在武器公开可得，简直没必要把市场称为"黑市"了。这个复杂的市场在一个令人迷惑的灰色地带运作，只有少数交易是合法的。高致命性炸药、火箭推进榴弹发射器、库存过剩的地雷、突击步枪、导弹发射装置，还有更多的精密武器一般都可以买到。武器市场一片繁荣，充斥着普通的小型武器和便携式武器，交易量之大难以衡量。繁荣的市场有助于利比亚、索马里、苏丹、阿富汗和车臣等地的军阀、叛乱分子和一般犯罪分子维持其鼓舞和装备自己的能力。② 20世纪90年代的趋势表明，个人使用日益可得的武器来点燃地方冲突、发动叛乱、挑起内战的故事不绝于耳，他们不仅使用各式武器，而且还采用各类暴力形式，诸如暴乱、恐怖活动、暗杀、内战，以及一连串令人眼花缭乱的犯罪行为。

不仅是武器，而且战术也有利于被赋权的个人。具体到恐怖主义而言，越来越多的自杀式攻击是冲突个人化的自然结果。平均每起自杀式攻击造成

---

① 讨论这一威胁的材料很多。Graham Allison, *Nuclear Terrorism: The Ultimate Preventable Catastrophe*, New York: Henry Holt and Company, 2004; Charles D. Ferguson and William C. Potter, *The Four Faces of Nuclear Terrorism*, Monterey, California: Center for Nonproliferation Studies, Monterey Institute of International Studies, 2004; Michael Levi, *On Nuclear Terrorism*, Cambridge, MA: Harvard University Press, 2007. 关于不同的观点，请参见 John Mueller, *Atomic Obsession: Nuclear Alarmism from Hiroshima to Al-Qaeda*, Oxford, UK: Oxford University Press, 2010。

② Moises Naim, *Illicit: How Smugglers, Traffickers and Copycats are Hijacking the Global Economy*, New York: Doubleday, 2006, pp. 41 – 42; Virginia Hart Ezell, "Small Arms: Dominating Conflict in the Early Twenty first Century", *The Brown Journal of World Affairs*, IX, No. 1 (Spring 2002), pp. 305 – 331.

的死伤人数要多于其他形式的攻击。比如，从 2000 年到 2002 年，以色列遭到的自杀式攻击只占其受到的攻击总数的 1%，但造成的伤亡人数占 44%，这简直是力量倍增器。① 在 21 世纪充满活力的战争本质中，这种方法符合逻辑，虽然令人痛苦和富有悲剧性。从某种意义上来说，自杀式攻击体现了得到超级赋权的高技术战士的另一面，即最大限度地利用"个人的权力"来达到最大的效果。政治学家和军人长期关注战役层次的攻防变化的确是搞错了。我们见证的是个人层次上的攻防变化，它决定了战争中谁具备相对优势。

国家间的战争没有过时。但各国也发现它们参与战争的力量与更有力量的个人或小团体要么站在一起，要么成为敌人，因为个人能够从一个互联程度更高的世界汲取资源。有了日常通信工具的威力，每场冲突不仅要造成局部效应，而且更重要的是要吸引分布广泛的观察者。范围扩大的观众在变化中的环境是第二个关键要素。

四、无处不在的观众

正如战士、恐怖分子、军阀或罪犯在新的国际环境中得到赋权一样，观众的作用在许多情况下也更重要了，因为他们对战争有无法预料的和不可预测的影响。由于全球环境的变化，观众比以前更像一个直接的战略行为体了。

当一个民主国家参战时候，战争效应对国内观众的影响是关键性的，这一点绝非新闻。西方国家的武装力量惯于应对新闻界，并会思考他们的行动特征会如何出现在回国后的新闻故事中。那些曾在反叛乱战术中有过经历、训练和教育的人也关注军事行动对当地民众的影响，比如，近期的伊拉克战争和阿富汗战争就是如此。在马来西亚、北爱尔兰、阿尔及利亚和越南，此类情况亦大量存在。重点在于对民众的控制和赢得人心，这是经典的反叛乱概念。

---

① Assaf Moghadam, "Palestinian Suicide Terrorism in the Second Intifada: Motivations and Organizational Aspects", *Studies in Conflict & Terrorism*, Vol. 26, No. 2, March – April 2003.

但这里的问题有点不同。由于当今世界的互联程度日益增加和观众的扩散，上述现象变得比历史先例更加分散化和无处不在了。数字摄像机、照相机、高质量录音机、手机、电子邮件和卫星网络，这一切使媒体比以前更加无政府化。① 对于像 CBS、CNN、半岛电视台或自由之声电视台这样的广播机构播出的影像很难被屏蔽，因为它们不受政府控制，也不会轻易地受到政府的影响。今天的观众通常通过数百万计的个人渠道来获得信息，这些信息是直接的、难以监控的和扭曲的，与事实的关系不大。信息可能（或不可能）是即刻发出的，就像 20 世纪后期 CNN 的新闻那样，但变得更加有威力了，因为它是特制的、自愿的、自选的、特定的，而且是自我加强的。

正如在伊拉克战争和阿富汗战争中反复展示的那样，如果观众有接受能力，那么个人就可以比较容易地影响冲突的进程或催化一场暴力事件。阿富汗当地人制作的美军士兵焚烧死尸的录像②，英军士兵自录的殴打伊拉克平民的录像③，通过个人电邮发回家的阿布·格里布监狱的虐囚照片④，这些东西都产生了持续的战略效应。暴力的影像总是发布在观众可以将它们传送出去的地方，而且观众还一次次地自选他们希望别人看见的"事实"。像这样虚构的作品会强化本身的偏见或干脆点燃其他观看人的怒火。这些变数让各国政府震惊不已：官员们甚至不知道这些事，或者把正在发生的事情和它们的原因分开来看，结果拖到最后就没法控制后果了。

公共外交、传播力、媒体管理这些概念，还有编织或塑造一个故事这种做法都落伍了，因为敌人可以向特定目标观众直接传送一条消息或一个影

---

① James Stavridis, "Deconstructing War", *Proceedings Magazine*, Vol. 161, No. 12, December 2005.

② Richard A. Serrano and John Hendren, "U. S. Fears Fallout Over Reported Abuse of Bodies", *Los Angeles Times*, October 21, 2005, http：//articles. latimes. com/2005/oct/21/world/fg-desecrate21.

③ "Blair Promises Iraq 'Abuse' Probe", BBC News, February 12, 2006, http：//news. bbc. co. uk/l/hi/uk/4705482. stm.

④ Reuters, "Iraq Abuse Images Aggravate Arab Hostility to West", February 17, 2006, http：//www. hurriyetdailynews. com/default. aspx? pageid = 438&n = iraq-abuse-images-aggravate-atab-hosdlityto-west-2006 - 02 - 17.

像。近十年以来,叛乱分子和恐怖组织已经有效地运用互联网来支持其行动。全球信息时代的工具帮助他们进行管理、协调行动、招兵买马、内部交流。

个人和小团体可以轻易地穿越边境,收集信息,移动物品和建立基层组织,因为军事组织和政府受阻于法律和领土限制。资金筹集问题得到了很好的解决:诸如哥伦比亚革命武装力量、真主党和车臣武装之类的武装团体在通过网络筹集资金方面很出名。① 使用互联网、卫星、手机、DVD 和社交媒体来给特定目标群传递信息或影像的能力已经远远超出了国家的控制能力,国家甚至连跟上其步伐的能力都没有。当前发展中国家互联程度的增加代表了全球互联网扩张背后的关键性力量,因为发展中国家的个人上网用户从 2006 年的 9.4% 上升到 2011 年的 26.3%。② 手机在固定电话设施非常差的国家里日益流行是个引人注目的现象,因为无线网络可以使用户相互联系,尽管国家的服务设施很差。手机用户总数在 2002 年超过了固定电话用户。③ 另外,虽然不是每个人都有一台电脑、一台有线电视或一部手机,但有足够的人(包括他们的朋友)真的可以在学校或清真寺中使用这些设备,或者付点钱就能在拥有互联网的咖啡馆里使用它们。

通过互联网交流不但容易,而且在智识上平等,比如网上交流使人们相信对《古兰经》的各种诠释,尽管这些诠释无视或者否定几个世纪以来的神学辩论,同时也让人们信任那些久负盛名、德高望重的教士。今天许多登录、调频、发短信或写博客的人正在寻求道德真相,以求在一个动荡的世界上找到一个停泊的港湾。新媒体提供了一个前所未有的机遇来延长这些迷思。根据一项统计,法国 1000 家清真寺中过半数的阿訇缺乏宗教训练,在每周五布

---

① Audrey Kurth Cronin, "Behind the Curve: Globalizadon and Internadonal Terrorism", *Intemational Security* Vol. 27, No. 3, Winter 2002/2003, pp. 30 – 58.

② "Key ICT Indicators for Developed and Developing Countries", Internadonal Telecommunicadons Union, 16 November, 2011; http://www.itu.int/ITU-D/ict/stadsdcs/at_glance/KeyTelecom.html.

③ A. T. Kearney, "Measuring Globalizadon: Economic Reversals, Forward Momentum", *Foreign Policy*, March/April 2004.

道前就从宗教激进主义网站下载布道词。① 暴力图像或影像散播极端信仰,使潜在参与者社会化,而且还使暴力行为正常化,不管暴力行为是宗教激进主义分子所为还是白人至上主义者所为。② 这绝不是第一次出现媒体模糊事实与虚构之间的区别,但信息的个人化使结果更有威力,更猝发,更有效,更难控制。

即使在互联网普及程度较低的国家,宣传效果亦因像复印机、音频和视频设备等传统技术的使用而得以提升。新鲜的是各种通信技术的混用而不是以互联网为基础的通信工具的使用。来自巴勒斯坦、车臣和伊拉克的图像在使穆斯林青年极端化方面非常有影响,起到了鼓动他们的效果,有助于形成"西方是反穆斯林的"这么一种认识,同时建构一种世界范围的前所未有的穆斯林身份认同和团结一致。③ 今天没有什么能够妨碍互联程度的增加,而且互联网绕过了大多数国家的监管,并且具有猝发效应,这些都使个人观众可以直接与各类影像接触,而这些影像可以影响当今冲突的本质、方向和结果。④

五、网络动员:一种新型人民战争?

大众动员的方式和本质正在发生变化,绕过了国家的作用,而国家的作用是法国大革命的标志。这是最重要的变化。变化的结果是出现了大众动员的社会学,因为现在的动员是通过新的通信工具来进行,而新通信工具可以影响未来的战争如何进行、在哪里发生和为什么发生。

---

① Arnaud de Borcbgrave, "European Disaster Zone", *The Washington Times*, November 24, 2005, http: //www. washingtondmes. com/news/2005/nov/23/20051123 - 100556 - 8420r/? page = all.

② Institute for Strategic Dialogue, "Radicalisation: The Role of the Internet", A PPN Working Paper, http: //www. strategicdialogue. org/allnewmats/idandsc2011 /StockholniPPN201 1_ BackgroundPaper _ FINAL. pdf.

③ Adam Ward and James Hackett (eds.), "The Jihad: Change and Continuation", *IISS Strategic Comments*, Vol. 11, No. 7, London: International Institute for Strategic Studies, September 2005.

④ Audrey Kurth Cronin, *Ending Terrorism: Lessons for Defeating Al-Qaeda*, London: International Institute for Strategic Studies, 2008, pp. 11 - 22.

美国的观点太狭隘了:这场战役不是军事专家在上世纪末预测的那种有网络计划或网络恐怖主义的科幻网络战。对信息技术的痴迷已经掩盖了正在发生的人类冲突的要素。新媒体可以针对大批个人来逐个招聘、训练、说服、编组和鼓动,其方式不可预测,其关联不可预测,其信息不可靠且未经审查。更广泛的冲击超越了网络攻击阶段而走向动员,而网络动员有时候会转化为现实世界中的暴力。①

互联网时代的大众通信技术可以影响武装冲突的原因、客体和目标。今天的通信技术威力持续、成本低廉、效果持久。通过使用电脑、手机、录像机和互联网,以前分散的个人的不满、屈辱和愤怒现在可以产生更大的声音,可以有更多的工具来让他们进行协调以采取更有效的集体行动。愤怒总在那里吗?可能是的,也可能不是。总有客观原因让它存在。但在国际上投放挑衅性的图像就能在那些准备做出反应的人当中产生有威力的团体反应,而且这么做的成本很低。新技术,或者新技术的混合能使个人的挫折被迅速地塑造、利用、成形和动员,最终在领土互不相邻的国家中同时出现团体暴力事件。

这种动员民众和资源的新形式在许多方面产生了影响,不管其目标是针对平民的恐怖袭击,伊拉克的叛乱行动,还是平民的骚动和犯罪。新时代最早的一次事件是2005年秋季发生在法国的多起骚乱。这些骚乱以自发的形式出现在移民聚居的巴黎郊区,起因是人们对两名因躲避警察盘查而触电身亡的非洲裔移民少年之死的愤怒。法国官方对这次暴力事件的不可预测性和分散性深感沮丧。这次骚乱由博客和短信的怂恿而形成。手机还被用于躲避警察的追捕。这次骚乱波及全国,由巴黎向法国南部的图卢兹、马赛、里维埃拉地区的戛纳、尼斯和东部的斯特拉斯堡扩散。②

---

① Timothy L. Thomas, "Al Qaeda and the Internet: The Danger of 'Cyberplanning'", *Parameters*, Spring 2003, pp. 112 – 123.

② Craig S. Smith, "As Riodng Spreads, France Maps Tacdcs", *The International Herald Tribune*, November 6, 2005, http://www.nydmes.eom/2005/11/06/wodd/europe/06ibt-france.html?pagewanted=all&_r=0; Mary Papenfuss, "Rioters use cell phones, Net to fuel flames", *New York Daily News*, November 9, 2005, http://www.nydailynews.com/archives/news/rioters-cell-phones-net-fuel-flames-article-l.610150.

这些都不算新技术或新技巧，创新之处在于运用这些手段时的目的。使用手机是模仿以前发生的一些事情，比如 2003 年格鲁吉亚的玫瑰花革命、2004—2005 年乌克兰的橙色革命、反全球化组织的抗议运动，以及其他形式的草根运动。反对伊拉克战争的和平运动使用邮件列表来迅速动员民众参加示威游行。在 2003 年 2 月，名为 Move On. Org 和 International Answer 的两个组织在六周内帮助协调了多次反战游行，而这件事在越南战争期间得花数年才能完成。① 这些新的交流手段可以让人们在几年内聚集在一起，并制造一种斗争的话语，不管其目标是正义、民主、愤怒、仇恨还是内战。

交流的民主化已经产生了许多实践上的意义，有的好有的坏，但都很重要。关键是要领会这些普通工具中令人惊叹的组织和意识形态威力，并抓住它们对于所有人类政治行动（包括战争）的战略意义。把这看成是国家与非国家行为体之间的交流现象就错了，这是一种影响双方的范式转移。作为到目前为止国际最强大的行为体，国家应迅速赶上，学习如何更有效地监督和思考这些动员手段，如何攻击性地或防御性地使用它们。然而，有些国家正在比其他国家更迅速地驾驭和利用这些手段，并且正在获得相对优势，不管其目的是好是坏。

六、实践意义和政策建议

如果这种新的战争环境正在改变人们参战的理由，更不用说正在改变人们如何让一场已经开始的战役长期存在下去，那么把所谓"信息作战"（information operations）当成传统军事战役的附属部分就错了。互联程度是进攻与防御战役的核心要素，对于未来战争的结果十分关键，就像以前征兵、产业能力、后勤、作战艺术和技术水平对战争的重要性一样。适应互联程度

---

① Dan Frost and Carrie Kirby, "Aftermath of War: Internet Changes the Way United States Experience [sic] War", *San Francisco Chronicle*, May 12, 2003, http://www.sfgate.com/business/ardcle/AFTERMATH-OFWAR-Internet-changes-the-way-2617157.php.

的挑战来自两方面：一是发展短期的实用防御体系和反制措施；二是对敌方更有威力的选择性话语做出反应，并将此作为第一点的引擎。但这一点带来的挑战更大。第一点要花费人力物力，而第二点要具备合法性，而且在长期意义上极其重要。这两点都要通过同样的基本方法来实现。

不幸的是，对交流的民主化兴高采烈的时代已经结束了。现在要承认，对网络空间无政府性的暴力利用迫使我们要找到更好的工具和应对手段。以前跨境通信技术的飞跃，比如，电报、电话和无线电，促使一系列的反制技术发展起来，包括解码、监听、截获和窃听。由于种种原因，21世纪针对使用先进通信技术的暴力的反制手段还很落后。最重要的是，在开放性的价值和针对新技术采取的措施之间存在冲突，这是我们面临的挑战。我们陷入了关于要自由还是要安全、坚持言论自由权还是容忍极端意识形态和自杀技巧的扩散，以及美国与其他大国控制互联网的小小争斗等老套争论当中。这些争论都无关紧要。威胁在我们价值体系的裂口处茁壮成长，这些有道德模糊性的地带让我们很不舒服。依靠国家管制和含糊其辞的国际条约远远不够。这一演变需要更机敏和更有创造力的思维来设计新的解决思路或反攻方式。

第一，我们必须建立一整套聪明的反制信息，针对在网上存在感很强的特定目标观众量身定做。我们必须知道这些观众是谁，他们正在看什么，这样就可以向他们展示精致的、高品质的、合法的、文化上合适的和有趣的影像和网站。过时而呆板的政府网站和官方声明应当被高雅时髦的网站和吸引新一代的影像所代替。美国已经愚钝地忽视了世界上的许多观众，只对国内选民投以最大的关注。

第二，我们必须通过学习语言、浏览网站和熟悉敌人所犯各种错误的方式来利用和扩大不同派别和不同动机之间的差异。民族主义组织和"圣战"组织（或者只在最近才采用"圣战"口号的组织）的区别应当特定加以区分和突出出来。这不只是支持武装派别互相攻击。对长期来说更重要的是，要把争论中的矛盾之处散发给网上易受影响的观众。

第三，暴力极端组织的错误必须被毫无畏惧地予以宣扬。当恐怖分子、犯罪分子或叛乱分子杀害儿童时候，他们的行动必须在网上被报道出来。我们应当采访受害者的亲属,并公布受害者的照片,以便把残酷战术(自杀式袭击、斩首和汽车炸弹)的传奇色彩剔除出去。一种经过验证的结束恐怖主义的方式是通过生动地展示以人民的名义执行的恐怖行动,来把人民与恐怖活动的原因区分开来。① 不但美国没能做到这一点,对这场辩论之严肃介入的缺乏也正在产生至关重要的基础。

第四,美国的价值观和文化不是重点,应当把重点放在当地社区环境下的反动员、角色模式和希望的根源上面。美国必须把新通信技术的应用转回到本地所关注的事务上面,把恐怖主义、犯罪和叛乱送回到它们传统发生的地方,把它们当成地方事务,首先通过当地社区来解决这些问题。

第五,美国应当利用自己的实力来加强国际规范,反对非法使用武力,包括恐怖主义和以任何理由蓄意杀害非战斗人员。禁止恐怖主义、叛乱、犯罪、海盗和其他形式的暴力行为,无论其动机如何,因为这些行为主要针对非战争人员。对这些行为的禁止是一个共同的全球公约数,一种合法性的根源,可以回答道德相对主义指责西方政府应为此负责的论调,亦将把话语转移到更坚实的防御基础上来。

七、结论

在过去的十年里,美国提升了通信技术的互联程度并延长了其使用时间,可惜现在却未能全面理解其意义。互联网和其他通信手段对于 21 世纪冲突的演变至关重要,而且美军愚蠢地对待自己的网络存在,简直是在放马后炮。对于武力使用合法性的严肃辩论正在通过有选择地展示影像、观点和论据来进行。各种通信手段以前所未有的方式使展示活动直接为观众所知。美国及其盟国在指导话语方面已经落后,因此在网络话语战方面打了败仗。

在变化的历史环境中得到超级赋权的个人、分散化的观众,以及网络动

---

① Audrey Kurth Cronin, *How Terrorism Ends: Understanding the Decline and Demise of Terrorist Campaigns*, Princeton, N. J.: Princeton University Press, 2009.

员是当前冲突的三大特点。冲突的演变不但会影响过去十年我们所见证的非正规战争,而且将影响随之而来的任何国家间的暴力行动的形态与结果。当然,上述三种现象亦有其历史先例。个人控制高致命性武器并非是完全的新鲜事物,比如苏联、法国、英国、美国等有核国家的领导人比本文描述的任何个人的权力都大。但这些个人是国家领导人。20世纪的威权国家因可以直接接触观众而比基地组织或真主党之类相对较小的行为体所达到的网络互联程度更强大。传统工业化大国矮化任何通过互联网、手机或录像机进行鼓动的方式。但历史也表明,框定包含大众情感的意识形态话语和故事的权力将随时间的流逝而侵蚀军队的物质性权力。国家忽视冲突的这一维度的话将咎由自取。

在当前正在演变的环境中,本文描述的草根互联更有可能影响甚至催化国家的行为。现代世俗国家动员和鼓舞人民的能力因个人可以获得通信手段而被大大地削弱了,因为这些手段代表了一种强大的替代性话语。因此,在20世纪晚期对个人赋权而产生的意料不到的后果到21世纪一直伴随着冲突的分散化现象。这种结构性的变化对战争来说并非无关紧要之事,而是核心因素,并应当成为美国未来任何大战略的组成部分。

冲突转型理论面面观[*]

[美] 玛丽莎·O. 恩索尔 著　徐　进 译[**]

一、导论

非洲的建设和平（以下简称建和——译注）努力，一方面面临如何处理冲突往事的记忆问题，另一方面涵盖了方方面面的内容，包括从公开的和平教育课题交流，到国家和国际资助的正义转型过程，到广泛使用戏剧、诗歌、歌曲、绘画以及各种形式的艺术表现形式。在这片广袤而多样的大陆上，现实情况表明人们对教育、纪念与和解的兴趣正在增加，而这三个领域被认为是与建和过程高度相关、相互交织的，并在本质上是建和过程的组成部分。

关于在非洲建和的文献非常丰富，来自于各个学科领域。希兹基亚斯·阿塞法（Hizkias Assefa）的书是一部关于非洲建和问题近期发展趋势的著作，

---

[*]　原文标题：Contemporary Perspetives on Conflict Transformation，载 *African Conflict & Peacebuiding Review*，2013，Vol. 3，No. 1，pp. 1–23。

[**]　作者简介：玛丽莎·O. 恩索尔（Marisa O. Ensor），美国乔治城大学外交事务学院高级研究员。译者简价：徐进，中国社会科学院世界政治与经济研究所研究员。

经常被学界同仁引用。① 他在书中总结了三种和平：一是被动的和平（negative peace），意思是没有暴力；二是和谐的和平（harmonious peace），意思是一种没有异议与不和的社会环境；三是建设性的和平（constructive peace），意思是冲突的主动转型。早期关于非洲冲突与和平问题的研究主要采取被动的和平这一路径。被动的和平，正如阿塞法警告的那样，会导致结构性暴力，即"社会和个人的暴力，它们源于不公正、压迫和压抑的国内或国际政治和社会结构"。② 而现在的研究路径反映出人们更关注可持续的和平，以及通过各种倡议来实现冲突的主动转型。

一般来说，和平教育目前被认为是最重要的建和战略之一。各类国际组织都在探索教育、冲突与和平之间的关联，包括联合国教科文组织的国际教育署③和联合国儿童基金会的无辜者研究中心④，它们的努力清楚地反映在"教育为了所有人"（Education for All, EFA）这一框架当中。对这些问题的全球关注起源于人们认为社会服务和地方基础设施建设在战时要服从于军事目标，这就导致社会被战争所撕裂，并进入永不休止的代际暴

---

① Assefa, Hizkias, *Peace and Reconciliation as a Paradigm: A Philosophy of Peace and Its Implications on Conflict, Governance, and Economic Growth in Africa*, NPI Monograph Series, Nairobi, Kenya: Nairobi Peace Initiative, 1993, pp. 2 – 4.

② Assefa, Hizkias, *Peace and Reconciliation as a Paradigm: A Philosophy of Peace and Its Implications on Conflict, Governance, and Economic Growth in Africa*, NPI Monograph Series, Nairobi, Kenya: Nairobi Peace Initiative, 1993, p. 3.

③ Tawil, Sobhi (ed.), *Educational Destruction and Reconstruction in Disrupted Societies*, Final Report of Meeting, May 5 – 6, Geneva: UNESCO International Bureau of Education, 1997.
Rutayisire, John, John Kabano, and Jolly Rubagiza, "Education and Identity-Based Conflict: Assessing Curriculum Policy for Social and Civic Reconstruction", in *Education, Conflict and Social Cohesion*, edited by Sobhi Tawil and Alexandra Harley, Geneva: UNESCO International Bureau of Education, 2004, pp. 315 – 374.

④ Bush, Kenneth D. and Diana Saltarelly (ed.), "The Two Faces of Education in Ethnic Conflict: Towards and Peacebuilding Education for Children", Florence, Italy: UNICEF Innocenti Research Centre, 2000, http://www.unicef-irc.org/publications/pdf/insight4.pdf (accessed May 2, 2012).
Rutayisire, John, John Kabano, and Jolly Rubagiza, "Education and Identity-Based Conflict: Assessing Curriculum Policy for Social and Civic Reconstruction", in *Education, Conflict and Social Cohesion*, edited by Sobhi Tawil and Alexandra Harley, Geneva: UNESCO International Bureau of Education, 2004, pp. 315 – 374.

力循环当中。① 保罗·科利耶（Paul Collier）在所编著的书中把撕裂的社会所产生的政治不稳定、针对平民的暴力行为、对社会经济发展的抑制作用统称为"冲突陷阱"。② 的确，由于"争夺资源会产生无休止的冲突循环，因此社会在重新滑入战争之前没有足够的时间来实现繁荣、稳定与（更合适的）民主"③，而教育被认为是打破这一循环的关键措施。作为一种政策手段，教育起到人道、发展和地缘战略的作用，并成为建和过程的内在组成部分。④

如果我们反思一下在更广泛的建和领域内的趋势，就会发现以前对暴力冲突的被动执着——纯粹是妨碍人们获得最基本的社会服务，比如教育和正义——正逐步被对个人作用的主动承认所替代。个人作用来自于受冲突影响的人群，包括妇女、儿童和少年，他们都从过去的经历中学习很多东西，愿意在被战争撕裂的社会中提倡和平与和解。⑤ 越来越多的人认识到建和本身是一个高度政治化的过程，因为"战争造成的对错两分并不会在冲突结束后消失"。⑥ 教育可以帮助学习者与暴力的过去达成妥协，并构建一份共享的记忆。构建关于战争与暴力的集体记忆在冲突后重建过程中起到非常重要的作用，

---

① Reich, Simon, "Establishing Safe Learning Environments", in *Even in Chaos: Education in Times of Emergency*, edited by Kevin M. Cahill, New York, NY: Fordham University Press and the Center for International Humanitarian Cooperation, 2010, p. 187.

② Collier, Paul, Lani Elliott, Hard Hegre, Anke Hoeffler, Marta Reynal-Querol, and Nicholas Sambanis, *Breaking the Conflict Trap: Civil War and Development Policy*, New York, NY: World Bank and Oxford University Press, 2003.

③ Reich, Simon, "Establishing Safe Learning Environments", in *Even in Chaos: Education in Times of Emergency*, edited by Kevin M. Cahill, New York, NY: Fordham University Press and the Center for International Humanitarian Cooperation, 2010, p. 187.

④ Reich, Simon, "Establishing Safe Learning Environments", in *Even in Chaos: Education in Times of Emergency*, edited by Kevin M. Cahill, New York, NY: Fordham University Press and the Center for International Humanitarian Cooperation, 2010, pp. 178–189.

⑤ Ensor, Marisa O. (ed.), *African Childhoods: Education, Development and Peacebuilding in the Youngest Continent*, New York, NY: Palgrave Macmillan Publishers, 2012.

⑥ Pingel, Falk, "The Power of the Curriculum", in *Even in Chaos: Education in Times of Emergency*, edited by Kevin M. Cahill, New York, NY: Fordham University Press and the Center for International Humanitarian Cooperation, 2010, pp. 109–135.

要么促进、要么妨碍社会对立的双方建立（重建）正面的关系。

对于过去历史的不同观点（包括近期的战争史）以不同的方式塑造了近期的话语和未来的实践。来自人类学、历史学、哲学、精神病学等不同学科的学者，以各学科不可避免的排他性和包容性，长期争论关于历史的公共话语如何能赋予个人记忆以意义，或者反过来否定个人记忆。对于文化、记忆、正义、社会关系、个人和集体身份，以及建和的其他一些无形特点的足够关注被证明与冲突后的物理重建（指房屋、学校、医院和政府的重建）同样重要。虽然还没有形成一种标准的过程，但纪念正越来越被人们认为是一种重要的建和工具。有涉及转型正义的国内和国际行为体（比如特别法庭和真相委员会）开始把纪念包括到它们的倡议当中。非洲人选择通过集体组织或个人表达来纪念或忘记苦难的各种方式，为和平提供了富于启发的洞察力。本文对近期这些趋势给出了自己的阐释。

二、教育作为人道主义援助的工具与建设和平的反应

《联合国人权宣言》《联合国难民公约》及相关议定书、《联合国经济、社会和文化权利公约》《联合国儿童权利公约》《联合国关于国内流离失所指导原则》以及日内瓦诸公约都指出，教育是基本人权之一。教育对所有人都很关键，但对处于紧急情况下的年轻人特别急迫，因为他们的基本人权和尊严濒于险境。教育不但是一项被清楚地表达在各类国际和地区条约、宣言中的权利，而且也是一项可以实现的权利。正如前联合国秘书长科菲·安南（Kofi Anan）1999年在《世界儿童的状况报告》前言中所指，基础教育向年轻的学习者提供了实现其他基本权利的知识与技能。

把教育包括到人道主义改革的"四大支柱"的早期努力已经扩展到把教育包括到长期建和与人类发展关注当中。[①] 建和的路径也得以扩展，现在人们

[①] 联合国人道主义协调办公室提出了人道主义改革的四个支柱：一是加强协调与可预测的领导：聚集路径。二是加强人道主义协调员体系：设立应对未来紧急情况的领导人。三是足够的、有弹性的和可预测的人道主义资金支持。四是建立伙伴关系：单一的人道主义机构无法涵盖所有的人道主义需要，协调不是一种选择而是一种必要性（OCHA—Regional Office for West Africa 2007）。

认为必须对社会正义给予足够的关注，如果这些路径能够有助于解决导致冲突的潜在问题的话。近期发表的一些著作，比如《抵达被边缘化的人群》[1]《受到攻击的教育》[2]《保护教育免受攻击：对现状的评论》[3]，足以证明教育与冲突之间的关系已经成为当务之急。"教育为了所有人"项目 2011 年《全球监测报告》也在关注这一关系，并将其关注点集中于冲突对实现千年发展目标的影响。

作为建和过程的组成部分，和平教育是基于人们普遍确信教育行动是有价值的工具，有利于促进冲突解决的非暴力路径，有利于构建主动和平的文化。比如，和平教育计划和有目的的训练可以向难民以及国内流离失所者（internally displaced persons, IDPs）提供有价值的技能，以建设更和平、更繁荣的社区，不管他们是处于流离失所状态还是回归家园之后。[4] 和平教育不仅可以在正规学校中进行，它还包含更广泛的活动类型，包括纪念、教授记忆、历史、叙述的其他方式，以及有关人权和社会正义的问题，这些活动都是为了促进和解和主动的冲突转型。因此，和平教育是指"一种允许学生表达、容纳和接受群体内部和群体之间不同观点的教育过程。它是一种独特的双向过程，旨在培育和建构一种正面的群体内关系，同时边缘化和解构负面的群

---

[1] Education for All (EFA), *Reaching the Marginalized*, Paris and Oxford: UNESCO and Oxford University Press, 2010, http://unesdoc.unesco.org/images/0018/001866/186606e.pdf (accessed June 15, 2012).

[2] O'Malley, Brendan, "Education under Attack: A Global Study on Targeted Political and Military Violence against Education Staff, Students, Teachers, Union and Government Officials, Aid Workers and Institutions", Paris: UNESCO, 2010, http://unesdoc.unesco.org/images/0018/001868/186809e.pdf (accessed October 15, 2012).

[3] UNESCO, *Protecting Education from Attack: A State of the Art Review*, Paris: UNESCO, 2010, Winthrop, Rebecca, "Education in Africa—The Story Isn't Over", *Current History*, 2011, 110, http://www.brookings.edu/~/media/Files/rc/papers/2011/05_africa_education_winthrop/05_current_history_winthrop.pdf (accessed March 15, 2012).

[4] Milner, James, "Refugees and the Regional Dynamics of Peace-building", *Refugee Survey Quarterly*, 2009, 28.1, pp. 13–30.

体内关系"。①

非洲学家们也把注意力集中到如何促进一种更具包容性的教育形式上，这种教育形式定义为"一种回应关切、愿望、不同群体利益的教育，它利用当地民众累积的知识、创造力和资源"。② 然而，包容性教育在非洲这种多元环境下并非不面临挑战。文化、语言、族群和宗教的多样性正在塑造我们这个日益全球化的世界的现实。如果人类要形成"一种在单一边界和身份之上或之外的集体共识"③ 的话，那么要求人们把足够的注意力集中到当地和全球之间差异的相互作用这个问题就显得更加突出。拒绝多样性的恶果在许多受冲突影响的非洲地区显现出来。在这些地区，多样性成为受迫害、受排斥和被边缘化的原因，以致数百万难民和流离失所群体被迫逃离祖国。

著名的非洲教育家贾卡约·彼得·奥西蒂（Jakayo Peter Ocitti）清楚地表述了让教育能够反映非洲在21世纪进行建和的需求和优先性的挑战，这种挑战就是要使教育更能反映非洲的环境和社会政治现实：

> 发展或者从狭隘的传统教育定义中走出来变得十分必要，要建立一种更有可接受性的、更具现实性的本土教育观念，以使家庭、社区和社会的所有资源都奉献给教育对象，不管他们是儿童、青年还是成年人。④

---

① Bush, Kenneth D. and Diana Saltarelly (ed.), "The Two Faces of Education in Ethnic Conflict: Towards and Peacebuilding Education for Children", Florence, Italy: UNICEF Innocenti Research Centre, 2000, http://www.unicef-irc.org/publications/pdf/insight4.pdf (accessed May 2, 2012), p. 23.

② Dei, George, J. Sefa and Alireza Asgharzadeh, "Narratives from Ghana: Exploring Issues of Difference and Diversity in Education", in *Issues in African Education: Sociological Perspectives*, edited by Ali A. Abdi and Ailie Cleghorn, New York, NY: Palgrave Macmillan, 2005, p. 220.

③ Dei, George, J. Sefa and Alireza Asgharzadeh, "Narratives from Ghana: Exploring Issues of Difference and Diversity in Education", in *Issues in African Education: Sociological Perspectives*, edited by Ali A. Abdi and Ailie Cleghorn, New York, NY: Palgrave Macmillan, 2005, p. 220.

④ Ocitti, Jakayo Peter, *An Introduction to Indigenous Education in East Africa*, Bonn, Germany: Institute for International Cooperation of the German Adult Education Association, 1994.

虽然在教育、建和、发展和司法改革中使用"赋权"（empowerment）一词十分必要，但是在非洲以及世界其他地区，人们对该词到底是什么意思、如何操作和评估，以及在什么条件下缺少权力的群体（比如儿童、妇女、少数民族）被认为是赋权了等问题缺乏共同的理解。赋权既是一个过程也是一种结果，它需要受益于此的群体主动参与进来，而且权力不会授予个人和社区。正如迪奥（Codow Diaw）所说，"赋权这个概念必须植根于具体的社会文化环境当中，不能假定权力和压迫具有普遍性"[1]。大多数非洲学家和非洲的教育家、建和学者同意，真正的赋权和"为了非洲男女儿童、妇女以及男性"的包容性路径"必须植根于非洲的而不是引进的文化价值观和世界观"。[2] 突出哪些非洲价值观这个问题尚无答案，许多非洲国家在试图将和平教育课程与当地和全球现实联系起来时面临的挑战都证明了这一点。这也使和平教育课程要更切合各国文化差异很大的民众的需求、利益和愿望。

重要的是要认识到，教育体系的首要功能之一是服务于政治和社会控制机制。[3] 教育虽然作为向善的力量有不可辩驳的潜力，但我们也要知道因为它通常在文化上嵌入并通过政治来传递，所以也有破坏稳定的力量，当敏感问题和对过去暴力的共同记忆被不恰当地提出时更是如此。比如，教育资源的不平等分配和负面教学可能真的会教唆、扩散和促进暴力争斗。[4] 实际上，

---

[1] Diaw, Codow, "Gender and Education in Sub-Saharan Africa: The Women in Development (WID) Approach and its Alternatives", in *Issues in African Education: Sociological Perspectives*, edited by Ali A. Abdi and Ailie Cleghorn, New York, NY: Palgrave Macmillan, 2005, pp. 180–181.

[2] Diaw, Codow, "Gender and Education in Sub-Saharan Africa: The Women in Development (WID) Approach and its Alternatives", in *Issues in African Education: Sociological Perspectives*, edited by Ali A. Abdi and Ailie Cleghorn, New York, NY: Palgrave Macmillan, 2005, p. 188.

[3] Brock, Colin, "Education and Conflict: A Fundamental Relationship", in *Education, Conflict and Development*, edited by Julia Colson, Oxford, UK: Symposium Books, 2011, pp. 20.

[4] Nkurunziza, Pierre, "Education as a Means of Conflict Resolution", in *Even in Chaos: Education in Times of Emergency*, edited by Kevin M. Cahill, New York, NY: Fordham University Press and the Center for International Humanitarian Cooperation, 2010, p. 61.

"一种会强化社会分裂状况的教育体系是一种危机的冲突根源"。①

教育与暴力之间的关键性互联可以从下面这一事实得到进一步验证,即世界近半数的失学儿童生活在受冲突影响的国家,而大多数失学儿童生活在非洲。② 正如马托尼(Gerald Martone)所述,在后殖民时代蹂躏非洲的许多冲突中,"暴力、贫穷和缺少教育机会,这三者合起来在诱使青年人加入(成年人的)武装团伙方面发挥了关键性作用"。③ 世界银行估计撒哈拉以南非洲地区的初始入学率在1990年为53%。此后,非洲国家的入学率上升速度要高于世界其他地区,到2008年已经超过了75%。一般来说,尽管各国在承诺和执行方面差异很大,大多数非洲国家政府在教育方面的纪录均令人鼓舞。各国政府都在努力加大教育投入,加速教育扩展的步伐,即使面临经济衰退也是如此。④

教育和学校教育是有区别的,特别是在非洲更是如此,那里的教育一直是以非正式方式在校外开展,而且今后在某些情况下仍将如此:"教育不局限于积累知识和技能;它还涉及获得阐释意义和赋予概念以意义的方式,形成联系和理解观念的方式。"⑤ 知识包含着个人认知和建构现实的方式,以及根

---

① UNESCO IBE, 2002, qtd. in Rutayisire, John, John Kabano, and Jolly Rubagiza, "Education and Identity-Based Conflict: Assessing Curriculum Policy for Social and Civic Reconstruction", in *Education, Conflict and Social Cohesion*, edited by Sobhi Tawil and Alexandra Harley, Geneva: *UNESCO International Bureau of Education*, 2004, p. 320.

② Save the Children, "Children in Conflict-Affected Countries Short-Changed in Education Funding", News Release, 2008, http://www.savethechildren.net/alliance/media/newsdesk/2008 – 06 – 03.html (accessed May 2, 2012).

③ Martone, Gerald, "An Unexpected Lifeline." in *Even in Chaos: Education in Times of Emergency*, edited by Kevin M. Cahill, 2010, pp. 89 – 108. New York, NY: Fordham University Press and the Center for International Humanitarian Cooperation.

④ Ensor Marisa, O., "The Next Generation of African Children", in *African Childhoods: Education, Development and Peacebuilding in the Youngest Continent*, edited by Marisa O. Ensor, New York, NY: Palgrave Macmillan Publishers, 2012, pp. 235 – 249.

⑤ Shizha, Edward, "Reclaiming our Memories: The Education Dilemma in Postcolonial African School Curricula", in *Issues in African Education: Sociological Perspectives*, edited by Ali A. Abdi and Ailie Cleghorn, New York, NY: Palgrave Macmillan, 2005, p. 66.

据其文化观和世界观来赋予个人经历以意义的方式。① 非洲人的习惯是把道德和其他要教的东西通过流行的谚语来传播。比如，索托人爱说"和平就是繁荣"，就是一例。

受影响社区已经意识到在冲突后重建与和解过程中教育的重要性。比如，在战后的塞拉利昂，据称儿童的教育是家庭最优先的三件事之一，另两件是住房和健康。② 和平教育本身让非洲儿童准备成为"全球村"公民的基本要素，但它必须要融入更广泛的社会、经济和政治发展过程当中，才能对受冲突影响的社区产生重要影响。③ 教育倡议也必须被视为国家层面的法律责任过程和其他建和倡议（比如真相陈述和纪念）的一部分。教育可以让公众（包括在校学生）参与到针对过去的对话中来，具体方式可包括讨论如何在学校里教授历史，以及基于纪念碑和博物馆的公众教育计划。作为一个恰当的例子，朱迪·巴萨娄（Judy Barsalou）和维多莉亚·巴克斯特（Victoria Baxter）对南非的六博物馆区教育计划的评估表明，教育努力有助于儿童理解他们原来的亲戚的生活经历，这样就使博物馆能对后代有意义。④ 然而，在其他情况下，教育、纪念与和解作为建和过程不可分割的组成部分的相互关联通常既不充分，又缺乏体系性，而且也并不明显。

---

① Shizha, Edward, "Reclaiming our Memories: The Education Dilemma in Postcolonial African School Curricula", in *Issues in African Education: Sociological Perspectives*, edited by Ali A. Abdi and Ailie Cleghorn, New York, NY: Palgrave Macmillan, 2005, pp. 65 – 83.

② Graybill, Lyn and Kimberly Lanegran, "Truth, Justice and Reconciliation in Africa: Issues and Cases", *African Studies Quarterly*, 2004, 8.1: 1 – 10.

③ "全球村"这个概念最初是由马歇尔·麦克卢汉（Marshall McLuhan）在20世纪60年代中期提出来的，用以描述他所认为的人类正在从个人主义和分散化走向以"部落为基础的"集体身份的现象。

④ Barsalou, Judy and Victoria Baxter, "The Urge to Remember: The Role of Memorials in Social Reconstruction and Transitional Justice", Stabilization and Reconstruction Series No. 5. Washington, DC: The United States Institute for Peace, 2007, p. 9, http://www.usip.org/files/resources/srs5.pdf (accessed June 12, 2012).

三、在非洲记忆与冲突后纪念的政治学

寻求与暴力遗产妥协的社会经常试图通过诸如纪念等方式来建立对历史叙事的共享话语体系,纪念可以通过多种形式展开,包括修建永久性的纪念设施(比如纪念碑、墓地、博物馆、纪念花园),设立文化姿态(比如全国性假期、典礼和纪念仪式)和生产相关的媒介物(比如书籍、电影、歌曲、诗歌、绘画和照片)。

在非洲,纪念日益成为其他转型正义倡议(比如真相陈述、法律责任和法治计划、教育改革、战争犯罪记录以及历史遗迹的保留)的延伸部分。南非、加纳和塞拉利昂等国的真相委员会已经把纪念作为要求提了出来。象征性的赔偿得到特别支持,因为这是一种强化和解的方式,用南非真相与和解委员会(TRC)的话说就是"恢复人类和文明的尊严"。[①] 解释过去、决定哪些历史事件必须被纪念以及如何被纪念,不可避免地涉及选择。文化形象像透镜一样,使人们的眼光聚焦于(或者离散于)人们认识现实和历史的方式,并且和其他人群联系起来。比如,南非真相与和解委员会提倡的"彩虹民族"这种形象暗示,所有社会群体成员都遭受了种族隔离之苦,从而避免了受害者与加害者两分法。[②] 与此类似的是,南非的罗本岛博物馆也使用了"彩虹"这样的主导话语,以及多元文化、国家等话语来解释岛上囚犯反抗种族隔离的集体斗争。对这种建和过程更仔细的研究表明,南非的真相与和解委员会

[①] Barsalou, Judy and Victoria Baxter, "The Urge to Remember: The Role of Memorials in Social Reconstruction and Transitional Justice", Stabilization and Reconstruction Series No. 5. Washington, DC: The United States Institute for Peace, 2007, p. 9, http://www.usip.org/files/resources/srs5.pdf (accessed June 12, 2012).

[②] Chapman, Audrey, R., "Truth Finding in the Transitional Justice Process", in *Assessing the Impact of Transitional Justice: Challenges for Empirical Research*, edited by Hugo Van Der Merwe, Victoria Baxter, and Audrey R. Chapman, Washington, DC: United States Institute for Peace, 2009, p. 109.

的确促进了和解。①

新独立国家南苏丹最著名的一座纪念碑建在朱巴,是为了纪念第二次苏丹内战(1983—2005)时期的苏丹人民解放军领导人约翰·加朗(John Garang)。加朗在2005年7月因直升机失事,他遇难之前三周被任命为苏丹第一副总统。加朗既受某些人景仰,又令某些人害怕,他这种性格反差很大的抵抗运动领导人是为数不多的提倡苏丹统一的南方高级领导人。虽然苏丹官方宣称这是一起事故,但加朗过早的死亡点燃了席卷全国的拼死反抗浪潮。他的过世被认为大大加强了要求分离的呼声,结果在2011年7月9日苏丹分裂为两个国家。的确,作为纪念内战期间死难者的纪念碑,加朗的纪念碑是为了纪念该国的英雄,主要指男性、军人和丁卡人(南苏丹的主体族群),但这一形象并不总是为其他族群所推崇。

南苏丹人类学家乔克·马杜特(Jok Madut)指出,在新国家建立一个共享的身份需要建立国家的象征,这个象征应超越对斗争记忆的尊崇。庆祝国家的多元文化、建立文化中心和国家档案馆以保留重要的历史记录、进行研究、教授历史也应当得到提倡。马杜特进一步提出:

> 国家博物馆应当歌颂南苏丹日常的文化存在,包括康复实践和宗教;住房和建筑;语言、音乐和舞蹈;婚姻和聘礼;餐饮器具和本土食物;寝具和头枕;不同族群民众面孔的照片;传统的治理体系;衣着、贸易和手工艺品。②

重建共享历史感的努力之重要就在于人们假定拥有历史记忆是在多元社会建立(重建)和谐关系的关键一步。然而经验证据不支持这一假定。帕梅

---

① Gibson, James L., *Overcoming Apartheid: Can Truth Reconcile a Divided Nation?*, New York, NY: Russell Sage Foundation, 2004.

② Madut Jok, Jok, "Diversity, Unity, and Nation Building in South Sudan", Washington, DC: United States Institute for Peace, 2011, p. 14, http://www.usip.org/files/resources/Diversity,%20Unity,%20and%20Nation%20Building%20in%20South%20Sudan%20(Jok).pdf (accessed on June 10, 2012).

拉·马赫肯贾（Pamela Machkanja）记录了津巴布韦人民记录历史与遗忘历史的过程，并探索了生活在政治经历之中并从中汲取经验的人们又如何来操纵政治经历。他们把政治经历操纵"成为有象征意义的纪念物，使之卷入关于如何与过去实现妥协的争论、冲突和斗争当中"①。纪念是一种接触与对抗并立的动态过程。它可以起到正面的作用，在对立的各派当中促进合作性的对话，如果他们有意在促进社会重建方面携手同行的话。但纪念也可以使受害感和不公正感固定成形，甚至为报复欲添油加醋。

纪念物有助于提出象征性赔偿的要求，而且在理想状态下代表了一个转型社会的愿望。纪念物就像一个检查过往经历和提出当代问题的场所。另一方面，过往经历可以通过多种方式被工具化，以使权力，包括性别关系合法化。巴萨娄和巴克斯特描述了津巴布韦的英雄纪念碑，它是为纪念为国家独立而奋斗的人而修建的。纪念碑上的男性身着军装，女性身着连衣裙而不是军服（但其实女性在现实生活中身着军服）。这种贬低津巴布韦女性对独立战争实际参与度并将其刻画为更传统的支援战争的角色的做法只是通行的纪念"胜利的男性"方式的一个例子，这种方式将妇女和普通民众等其他群体边缘化了。②

与此类似的是，族群分裂的社会有时会创造纪念物来表明对某一族群及其"殉难者"的重视，并排斥其他族群的受难者，而其实这些族群亦深受冲突之害。此类案例包括在卢旺达首都基加利的一座纪念碑，用以纪念在1994年种族屠杀中死难的图西族人。该碑没有提及在种族屠杀中同样受难的"温和胡图族人"以及在随后发生的图西族镇压中死难的20万胡图族人。我曾有机会在2012年1月访问卢旺达时询问此事，因为这对外界观察者来说是个相

---

① Machkanja, Pamela, "Politics of Memory: Collective Remembering and Manipulation of the Past in Zimbawe", *Africa Peace and Conflict Journal*, 2008, 1.1, p. 45, http://www.apcj.upeace.org/issues/APCJ_Dec2008_Vol1_Num1.pdf (accessed on June 12, 2012).

② Barsalou, Judy and Victoria Baxter, "The Urge to Remember: The Role of Memorials in Social Reconstruction and Transitional Justice", Stabilization and Reconstruction Series No. 5. Washington, DC: The United States Institute for Peace, 2007, p. 7, http://www.usip.org/files/resources/srs5.pdf (accessed June 12, 2012).

当明显的疏忽。当地一些人（包括博物馆工作人员和律师）的回答都差不多：1948年关于种族屠杀的公约条款规定，种族清洗是蓄意摧毁特定群体的行为。当地人坚决地对我说，胡图族因遭报复而被杀者不适用于此条款，因此胡图族受害者被排除在卢旺达种族清洗的"霸王"话语之外。

在多数情况下，人民的需要和愿望并不必然一致，特别是在冲突后社会分裂的情况下，人们对纪念什么、怎么纪念，甚至是否纪念都意见不一。强烈的忘却感和向前看的要求与强烈的怀念、记录和纪念要求同时存在。纪念可能还有黑暗的一面，包括利用对过去的记忆来让不满具体化，巩固特定群体作为受害者或加害者的身份，甚至重新点燃族群仇恨。纪念行动所涉及的长期社会、经济、文化和政治过程还会引起另外一个困难。虽然人们对纪念物构成了相互竞争的记忆的强大竞技场，但"判定纪念性倡议何以有助于和解或社会重建是困难的，部分原因在于这些倡议所含意义的复杂性和竞争性"。①

最后要考虑的是，我们必须承认是当地人，而不是好心的外来者，提出倡议并保持对工程的控制，虽然参加建和的多个利害相关者的参与并非不会遇到挑战，因为对纪念物的关注处于对话与协商的共享社会过程之中，并不是单纯树立一个建筑物就完事了。通过自上而下的命令或外在的过程来修建纪念碑就不可能传递共同的社会承认感，而且可能被受害人群当成是无关之物。

四、非洲的转型正义、社会重建与和解

国际和国内承担责任的努力现在是冲突解决的方式之一，这些努力关注的是承认暴力、反对无罪，改革国内的法律和政治文化。然而，在冲突后追

---

① Barsalou, Judy and Victoria Baxter, "The Urge to Remember: The Role of Memorials in Social Reconstruction and Transitional Justice", Stabilization and Reconstruction Series No. 5. Washington, DC: The United States Institute for Peace, 2007, p. 3, http: //www. usip. org/files/resources/srs5. pdf (accessed June 12, 2012).

究大规模侵犯人权者的责任是否可以弥合社区的分裂还是个值得争论的问题。有些研究挑战了犯罪责任与和解之间所谓的因果关系,并得出结论说刑事审判对暴力行为的幸存者来说并不总有治疗作用,因为正义是由那些受冲突影响的人宽泛定义的。① 承认这一点有助于对促进正义与和解的地方性和传统方式日益增长的兴趣。②

传统司法领域的专家提倡冲突后的司法过程必须满足三个主要条件才会有效。第一,多数群众必须认为干预是合法而公正的。第二,任何政策决定或结果必须与利益相关方进行真正的协商,特别是那些受冲突影响最直接的群体。第三,转型中的司法干预必须包括广泛的倡议,旨在促进对人权和法治的尊敬,以及对社会、经济和政治重建的尊重。③ 近年来,法律多元主义也对法治,特别是冲突后的法治建设提供了重要的洞见,使人们更加认识到和承认习惯法的重要性。对法律多元主义的理解接下来从承认两个或两个以上相互独立、相互制约的司法体系之间的共存转移为关注它们之间的互动与交织。④ 更多的人开始呼吁用本土机制补充甚至代替起源于发达国家的冲突解决方式。对处理大规模侵犯人权行为的习惯法的深度分析还很少,但值得关注,因为它们挑战了早期文献的一些假定。但是,日益增长的现实证据并不足以

---

① Stover, Eric and Harvey M. Weinstein, *My Neighbor, My Enemy: Justice and Community in the Aftermath of Mass Atrocity*, Cambridge, UK: Cambridge University Press, 2004.

② Clark, Phil, *The Gacaca Courts, Post-Genocide Justice and Reconciliation in Rwanda*. Cambridge, UK: Cambridge University Press, 2010. Hinton, Alexander Laban, *Transitional Justice: Global Mechanisms and Local Realities after Genocide and Mass Violence*, New Brunswick, NJ: Rutgers University Press, 2011. Huyse, Luc and Mark Salter, *Traditional Justice and Reconciliation after Violent Conflict: Learning from African Experiences*, Portland, OR: Institute for Democratic Eduation in America (IDEA), 2008. Shaw, Rosalind, Lars Waldorf and Pierre Hazan (eds.), *Localizing Transitional Justice: Interventions and Priorities after Mass Violence*, Palo Alto, CA: Stanford University Press, 2010.

③ Stover, Eric, Hanny Megally and Hania Mufti, "Bremer's 'Gordian Knot': Transitional Justice and the US Occupation of Iraq", *Human Rights Quarterly*, 2005, 27.3, pp. 830 – 857.

④ Tamanaha, Brian Z., "Understanding Legal Pluralism: Past to Present, Local to Global", *Sydney Law Review*, 2008, 30, pp. 375 – 411. Menski, Werner F., *Comparative Law in a Global Context: The Legal Systems of Asia and Africa*, 2nd ed. Cambridge, UK: Cambridge University Press, 2006.

为这场争论提供一个定论,告诉我们到底是本土的还是全球的方式有助于非洲和其他地区的正义、和平与和解。

在整个非洲大陆,传统、习惯和仪式已经适应于并融合进建和倡议当中。把当地的或习惯性的方式融合进得到国际支持的正规转型正义与和解过程中必须谨慎从事,因为一旦人们认识到有外部干预,就会不经意地削弱整个过程的合法性和有效性。霍维尔(Hovil)和奎因(Quinn)指出:"非洲传统的正义感并不只是要隔离正义的惩罚性一面,而西方模式就是如此。相反,惩罚是整个过程的一部分,这个过程还包括有修复、和解、补偿和复原。"① 换句话说,对那些支持在加害者与整个社区之间恢复和谐关系的人来说,惩罚并不必然等同于正义。② 与此同时,当地的、非正式的或习惯的方式也有潜在的局限性,而且必须承认,"传统机制(可能)无视在殖民地时期和后殖民时代发生的变化"。③ 另外,传统的或宗教的信仰和价值观通常强调习惯方式,但它们也不一定得到所有受影响人口的赞同,并有可能与诸如性别平等、儿童权利等人权规范相矛盾。④

另一个有争议的问题是真相与和解之间的关系。有人辩称真相委员会如果能在一个总体氛围比较适合的环境中运作,则可有助于社会和解。⑤ 然而,

---

① Hovil, Lucy and Joanna R. Quinn, "Peace First, Justice Later: Traditional Justice in Northern Uganda", Refugee Law Project Working Paper, No. 17. July, 2005, p. 12, http://www.refugeelawproject.org/working_papers/RLP.WP17.pdf (accessed May 2, 2012).

② Hovil, Lucy and Joanna R. Quinn, "Peace First, Justice Later: Traditional Justice in Northern Uganda", Refugee Law Project Working Paper, No. 17. July, 2005, p. 12, http://www.refugeelawproject.org/working_ papers/RLP.WP17.pdf (accessed May 2, 2012).

③ Amisi, Bertha Kadenyi, "Indigenous Ideas of the Social and Conceptualising Peace in Africa", *Africa Peace and Conflict Journal*, 2008, 1.1, p. 2, http://www.apcj.upeace.org/issues/APCJ_Dec2008_Vol1_Num1.pdf (accessed on June 12, 2012).

④ Honwana, Alcinda, "Sealing the Past, Facing the Future: Trauma and Healing in Rural Mozambique", in *The Mozambican Peace Process in Perspective*, edited by Jeremy Armon, Dylan Hendrickson, and Alex Vines, London: Conciliation Resources, 1998, pp. 75–81.

⑤ Gibson, James L., *Overcoming Apartheid: Can Truth Reconcile a Divided Nation?*, New York, NY: Russell Sage Foundation, 2004.

门德洛夫（Mendeloff）指出："尽管真相陈述的支持者这么说，但我们实际上对真相陈述或真相寻求对和平的影响所知甚少。正规的真相陈述机制对促进和平的效果主要是基于人们相信它有作用，而不是基于扎实的逻辑和经验证据。"① 有些学者的确记录了社会弥合实践，这些实践其实有意回避了过于危险或痛苦的话题。

曾在非洲研究"社会恢复技巧"的人类学家罗萨琳德·肖（Rosalind Shaw）在她的研究中解释了这种方式。比如，塞拉利昂有一种"冷却心灵"的仪式，是为了帮助前儿童武装分子重新获得一种非暴力的举止，并与其前辈、亲戚和社区恢复和谐的关系。肖解释称：

> 由于进行和维持一个"冷却的心灵"需要社会身份的转型，前武装分子被要求在仪式后不得公开谈论战争，而反过来社区成员被命令不得称这些儿童或成年武装分子为"叛乱分子"或带有其他武装分子标签的称呼，不得询问他们过去的行动，不得公开讨论战争。这不仅是来自领导人的自上而下的指令，我在这些或那些社区所询问的人（包括前儿童武装分子）都说他们希望"忘掉"战争，继续自己的生活。这样一种社会忘却过程使人们忘掉过去的暴力，并把前武装分子再造为新的社会成员。这不是一种万能药，而是一种实践，使个人康复和社会恢复过程成为可能，并持续下去。

当人们认识到流离失所是最常见的冲突后果和人权遭侵犯现象时，被迫移民、转型正义与和解之间的关系就受到研究者、政策制定者和实践者的关注，尽管这种关注尚不足够。有证据表明，促进和解、社会信任、和平的社区间关系的努力可能有助于回归的难民及国内的流离失所者融入当地。流散在外的难民也涉及其母国的转型正义与和解倡议。正如利比里亚的真相与和

---

① Mendeloff, David, "Truth-Seeking, Truth-Telling, and Postconflict Peacebuilding: Curb the Enthusiasm?", *International Studies Review*, 2004, 6.3, p. 356.

解委员会的流散难民计划所示,这类跨国路径方式可以缓和在各国的行为体之间的关系,结果使当地的冲突后重建和发展计划得到强有力的外部支持。①

从根本上说,转型正义、和平教育和纪念活动是相互关联的过程,包含促进冲突后社会中和解与持久和平的各种方式。正式的、高层次的责任努力在反对免责和让加害者接受审判方面发挥着重要作用。创造一个构建信任和相互理解的场所,帮助人们建立和更新身份,发展交流网络,把以前被排斥的群体容纳进来以重构社会也是个人和社会心理康复的基本要素。诸如和平教育、将历史纳入学校课程、回忆工作(包括真相陈述和修建纪念物)等教育倡议也能起到类似的帮助受影响群体与暴力的过去相妥协并促进心理康复的作用。相反,不充分的或时机不对的干预可能是一种动摇稳定的力量,威胁脆弱的和平进程。我们需要从多学科的角度,从理论和方法上更清楚地阐释教育、记忆与和解的复杂关系。

五、本专辑各文简介②

本专辑名为"非洲的和平教育、记忆与和解:冲突转型面面观",内容涉及有关非洲建和的争论,以及实现正义与和解的各种机制的作用。更具体地说,本专辑各文试图阐释的是,和平教育、记忆与和解的设计与实践方式是相互竞争的,在不同的非洲地区有不同的理解和执行方式。虽然本专辑是基于对特定国家(厄利特里亚、卢旺达、塞拉利昂、南非、南苏丹和乌干达)现实的经验研究,但我们提供的经验教训也适用于非洲其他国家,甚至可以谨慎地适用于其余的发展中国家。这些研究的适用性和及时性显而易见,特别是因为全世界越来越关注教育和司法改革,因为这两者是非洲和其他地区

---

① Bradley, Megan, "Displacement, Transitional Justice and Reconciliation: Assumptions, Challenges and Lessons", Forced Migration Policy Briefing 9, University of Oxford, 2012, p. 18, http://www.rsc.ox.ac.uk/publications/policy-briefings/rscpb9-displacement-transitional-justice-reconciliation-250412-en.pdf (accessed May 2, 2012)

② 这是原英文杂志所专刊专题的各篇论文内容的简要介绍。——译者注

建和与转型正义过程的组成部分。

法特玛塔·萨穆拉（Fatmata Samura）的文章《旨在重建与建和的和平教育》广泛探讨了和平教育作为促使非洲国家战后社区转型的工具的作用。更具体地说，她的文章从不同的冲突后国家提取案例，以考察教育与脆弱性之间的关系。她的结论是和平教育不必局限于学校之中，但应当包括社会层面的计划，以使年轻人能够获得生活技能，把知识、态度和价值观转化为正面的行动。

尼科拉奥斯·比奇欧拉斯（Nikolaos Biziouras）和尼古拉斯·比尔热（Nicholas Birger）同样研究的是和平教育，即"在乌干达北部通过教育实现建和"。他们与一个小型的乌干达非政府组织合作，使用参与者观察研究法（participant observation study）进行了田野调查，考察了不同的通过教育实现建和的路径，集中关注了受战争影响的年轻人重返社区导向的学校（community-oriented schools）时所面临的挑战与机遇。他们的发现指出，有必要对这些学校进行有针对性的和持续的资金支持，并强调对教师进行足够的培训，同时制定清晰的规则以厘清责任，促进学生重新融入所在的社区。

海伦·韦尔（Helen Ware）和约翰·伊德里斯（John Idriss）把塞拉利昂的情况作为其研究的首要案例。他们指出，草根和平教育倡议需要额外的支持，以促成对过去的集体纪念和促进民族和解。他们的文章"为和平而教育"强调了民众社会关系的社会文化层面，并讨论了社会观念和文化规范如何塑造有知识的一代人，以及如何影响和平教育的传递。主流的转型正义干预行动（比如塞拉利昂的和解委员会和特别法庭）并非设计来促进所谓的"社会忘却"（social forgetting），而他们认为，"社会忘却"其实更有助于心理康复与和解。

肯尼迪·C. 秦约瓦（Kennedy C. Chinyowa）的文章名为《世代相传的知识》，展示了一个以实践为基础的研究项目的发现。作者使用互动戏剧的方式考察了南非威特沃特斯兰德大学（University of the Witwatersrand）学生中的种族和族群偏见，并断言大学生的"世代相传的知识"（指针对痛苦的过去的一种习惯性的、想当然的记忆，这种记忆可以在代际间传递）触发了怀旧式回忆，结果使参与研究的学生无法走入一个真正的无种族偏见和不排外的南非。作者赞同把互动戏剧作为转型学习的中介，但警告称忽视根深蒂固的负面记忆可能使学生和社会中本已极化的种族或族群偏见更加固化。

凯瑟琳·科（Kathryn Coe）、科雷格·T. 帕尔默（Craig T. Palmer）、哈迪贾·艾尔沙巴兹（Khadijah elShabazz）在《冲突解决》一文中探讨了非洲各类传统的宽恕仪式。在非洲，许多回避冲突和促进合作的技巧都被发现植根于血缘社会体系，基于这一认知，他们的论文根据民族志文献重新考察了宽恕仪式中的传统要素。他们特别关注非洲传统家谱体系，因为延伸的和共享的血缘义务向冲突后和解提供了社会基础。

奥卡卡·奥皮奥·多科图（Okaka Opio Dokotum）探讨了大众媒体在构建关于痛苦往事的集体话语方面的作用，以及这一过程对和平与和解的意义。他的文章《在卢旺达饭店记住对图西族的种族屠杀》考察了卢旺达人道主义者卢塞萨巴基那反对米尔·科林尼斯饭店（电影《卢旺达饭店》的原型）的幸存者证词的理由是否具有合法性，这些幸存者要求在修建纪念碑时确立艺术许可的作用。多科图分析了围绕《卢旺达饭店》这部电影所产生的政治论战，并得出结论，这部电影虽然使国际社会对卢旺达种族屠杀有了更多的认识，但也煽动了当地民众的对立情绪，这其实削弱了该国的冲突后和解进程。

丹尼尔·R. 梅克嫩（Daniel R. Mekonnen）的论文《关于厄利特里亚独立后集体记忆的争论》探讨了在冲突后修建纪念物的内在困难。他考察了该国的记忆政治学，集中关注的是官方创造和保留历史叙述的努力，即通过禁止不符合官方政治议程的观点存在，从而促进一种特定意识形态的形成。梅克嫩声称，厄利特里亚政府采取的转移正义模式妨碍了该国向民主治理的过渡，因为它的做法固化了关于历史的不同观点。

我的论文《品尝痛苦的根源》关注的是转型正义问题。更具体地说，我从儿童和性别敏感性的角度批判性地考察了南苏丹和北乌干达的司法与和解进程的概况。根据在这两个国家进行的民族志田野调查情况，以及根据名为"痛苦的根源"（两国边境的人都说阿科利语，*mato oput* 英文意思是 bitter roots）的习惯法实践，我质疑了把儿童和少年当作实现冲突后正义进程的主动参与者这一做法。我的关注呼应了更好地理解把地方传统机制融入转型正义战略的优缺点这一要求。我指出，实现冲突后正义的更细致的途径应基于对不同方式的认真考察，因为以不同方式实现正义的努力对转型社会中的儿童与青年有重要影响。

最后，朱莉娅·R. 哈内布林克（Julia R. Hanebrink）和阿拉尼亚·J. 史密斯（Alanya J. Smith）探索了艺术表达形式对乌干达国内受战争影响的阿科利年轻人在社会康复过程的作用。他们的多媒体论文《乌干达北部的和平艺术》提出了各类有创意的倡议的影像记录，这些倡议正在由乌干达当地的艺术家来实施，他们使用传统和现代艺术形式作为社会意识和社会行动主义的"催化剂"。哈内布林克和史密斯对来自西方、基于个人的和解模式的社会心理倡议持批评态度。他们辩称，当整个社区都经历过战争时，在某个社区环境中实施的社会心理计划通常比对个人的心理干预更有效。他们提议，艺术创造的过程和结果被当成支持和解、恢复、纪念和社区建设的工具时，应当有助于社区与人的康复。

第三部分 | 政治安全及其治理

治理鸿沟：全球化与西方民主的危机[*]

[美] 查尔斯·A. 库普坎 著　　寿　春 译[**]

罗伯特·盖茨（Robert Gates）辞去在小布什和奥巴马政府连任近五年的国防部长职位后不久表示："作为美国政治和文化中长期形成的极化趋势（polarizing trends）的结果，显然我们已经越发无力行使最基本的政府职能。"深陷政治机能障碍期的不只美国，欧盟促进欧元区金融稳定的努力也因其内部成员国的分化而受挫。同时，日本政府在近五年内历经六任内阁，更迭频繁，软弱无力。

一场治理能力危机正在吞噬着世界各大工业化民主国家。美国、欧洲和日本正不约而同地经历着政治衰退，这不是巧合，而是皆因全球化所致。纵观整个西方开放社会，在全球化的影响下，选民对政府的期待和政府实际所能满足的要求之间正在出现越来越大的鸿沟。人民日益增长的对善治的需求与政府实际缩水的治理供给之间严重失调，西方世界的权力和作用岌岌可危。

工业化民主国家的选民正期待他们的政府采取措施，抑制生活水平下降，

---

[*] 原文标题：The Governance Gap: Globalization and the Crisis of Democracy in the West，是欧洲大学研究院（The European University Institute）罗伯特·舒曼高级研究中心（Robert Schuman Centre for Advanced Studies）所承担的全球治理项目的工作论文，网址：http://cadmus.eui.eu/handle/1814/20816。译文原载于《国外理论动态》，2014年第5期。

[**] 作者简介：查尔斯·A. 库普坎（Charles A. Kupchan），美国乔治城大学外交事务学院教授。译者简介：寿春，北京大学国际关系学院教授。

缓解由商品、服务及资本的空前流动所导致的日益加剧的不平等。他们还期望他们的代理人能处理愈演愈烈的移民问题、全球变暖问题以及其他由全球化所带来的连锁反应。但是，西方国家的政府却难以胜任。全球化冲击着国境线，在民主国家本可自由支配的政策杠杆周边埋雷，向国家能力发起挑战。全球化还驱使财富和权力由西方向其他日益崛起的地区转移，其不利因素集中体现在发达经济体的工人身上，他们也一反常态地开始拒绝政府对贸易和安全的控制。在主要的民主国家，政府难以抚平民众的忧虑，这加剧了公众的不满，也进一步削弱了代议制机构的合法性和有效性。

西方世界的这一治理能力危机来得很不巧。此时，国际体系受全球财富和权力重新分配的影响，正深处结构变化期。新兴国家中，有一部分是民主国家，如巴西、印度和土耳其，然而势头最猛的却是正在跻身世界经济前列的中国。

全球化的赢家本应是自由社会，因为自由社会可以最有效地利用快速流动的全球市场。然而事实却是，西方民主国家在全球市场中屡屡受挫，而中国及其他一些中央集权国家却显得游刃有余，在从全球化中获利的同时，又能将负债控制在一定范围内，确实有其优势。

面对当今的全球权力再分配，西方除了其物质至上主义陷入危机外，其自由民主的现代性理念也面临窘境。美国、欧洲和日本亟须恢复其政治和经济的偿付能力。否则，自由民主在与其他现代化模式的较量中可能会很不好过，21 世纪的政治和地缘政治的主导权将前景难卜。

一、全球化与治理

全球化和数字时代的高流动性扩大了社会总财富，参与其中的发展中国家获得了空前的繁荣。投资、贸易和通信网络的扩大深化了世界范围内的相互依存及其潜在的安抚作用。全球化所建立起的这些联系也撬开了非民主国家的大门，"阿拉伯之春"正是在社会媒体以及具有传染性的新闻信息急流的促动下横扫整个中东的。全球化似乎正在将西方的开放市场和自由社会模式播撒到全球的各个角落。

但是，事实恰恰相反，全球化及其所依赖的数字经济给西方世界带来了冲击，西方正面临着迄今为止最严峻的政治挑战之一——治理能力危机。尽管这一危机有多重原因，但全球化的社会经济对世界主要民主国家的冲击却是首要的原因。去工业化与外包，全球贸易与财政失衡，资本和信贷过剩，以及资产泡沫——全球化所带来的这些影响正在使民主国家选民饱受艰辛，而且首次体会到这代人未曾体会过的不安全感。2008年经济危机所带来的伤痛尤为剧烈，但是祸根在更早之前就已埋下——近20年，世界主要民主国家中产阶级的工资停滞不涨，经济不平等问题日益尖锐，有人从全球化中大量获益，也有更多的人因全球化而受损。

这些趋势并非这一商业周期中暂时的副产品。它们出现的原因既不是因为金融行业管理不善，以及高成本战争中的减税，也不是由于前面的情况所导致的其他错误政策。正如丹尼尔·阿尔珀特（Daniel Alpert）、罗伯特·霍克特（Robert Hockett）和努里埃尔·鲁比尼（Nouriel Roubini）近期所力辩的，停滞不涨的工资和日益加剧的不平等是两种情况合力所致：一是数十亿低收入工人融入全球经济，二是信息技术应用于制造业所带来的生产率提高。全球制造能力远远超过了需求量，这让高工资的工业化西方经济体中的工人付出了沉重的代价。

西方选民中的失序和不满正在被全球不断加剧的跨国威胁——比如跨国犯罪、恐怖主义和环境退化——所放大。阿富汗的罂粟种植、也门的种族冲突、印尼的森林砍伐都造成了全球性的影响。此外，控制疏松的国界和不受欢迎的移民使西方选民感到被来自境外的事物频繁地侵扰着。美国在其与墨西哥的边界上修筑围墙，在欧洲恢复边境巡逻队，都充分地说明了这一点。全球化讽刺般地使边界复活。

西方民主国家也被数字科技和信息革命所带来的社会经济影响冲击着。特别是在美国，互联网和有线新闻频道的扩散正在导致意识形态分化，而不是更有见地、更慎重的讨论。媒体所引导的竞选越来越耗费财力，这使得资金捐献者的影响力越来越大，特殊利益群体获利，广大选民愤怒。党派动员加剧着地区分裂，扩大了美国的东北部自由派地区与南方保守派地区选民之间的意识形态距离，类似的还有比利时讲法语的瓦龙人（Walloons）和讲荷兰语的佛兰德人（Flemish），以及日本的农村地区与城市地区的选民。

面对经济胁迫、社会混乱和政治分裂，选民们将希望寄托在他们选出的代表们身上。但是，全球化一方面激起了人们对回应性治理（responsive governance）的迫切要求，另一方面却又使得这种治理的提供极度短缺。在工业化的西方国家，政府已经进入了明显的低效期，主要原因有三个。

第一，全球化使自由民主国家的许多传统政策工具变得更加滞钝。美国政府频繁地求助于财政和货币政策来调整经济状况。但是，在全球性的竞争和空前的负债面前，刺激性的财政支出或美联储的利率调整对改善美国经济似乎都无济于事。国际市场的广度和高流速意味着其他地区的决策和发展——中国在人民币升值问题上毫不让步，韩国现代汽车大大提升了其最新车型的质量，欧洲对金融危机反应迟缓，投资者和评级机构进行各种活动——超越了华盛顿做出的决策。欧洲各民主国家曾长期依赖货币政策来调节国家经济运行中的波动。但是，自建立欧元区以来，它们已不再这么做。日本在过去的20年里尝试了一个又一个经济刺激计划，却皆无济于事。在全球化的世界中，民主国家能够随意支配的有效政策工具已越来越少，因而也就越发难以掌控自己的未来。

第二，西方选民要求其政府解决的问题很多都需要相当程度的国际合作，不过这种程度的国际合作往往难以企及。权力由西方向其他地区转移，意味着当今世界这个大"厨房"里有了许多新"厨子"，有效行动不再主要依靠志同道合的民主国家之间的合作，而要依靠来自更广泛、更多样化世界的其他国家。美国现在正依靠二十国集团来实现世界经济再平衡。但是，处在不同发展阶段、在经济治理方法上持有分歧的国家很难统一意见。如何抑制全球变暖？如何有效地孤立伊朗？这样的挑战也要依靠各国协同努力，然而正如前面所言，这种协作还难以实现。

第三，民主国家在其选民感到满足并且达成共识时行动灵敏，反应积极，而在选民情绪低落、内部分裂时则行动笨拙，反应迟缓。而且，民主国家善于分配利益,却似乎不善于分担苦难。美国、欧洲和日本各自面临的政策挑战,对它们来说已经够艰巨了,却又存在公众不信任、立法僵局以及特殊利益群体争夺日益稀缺的资源等问题,使政府几乎不可能战胜挑战。民主国家无法采取有效的政策应对挑战,只会使得它们的选民更加失望,进而抛弃政府,政府也变得更加脆弱和不幸。这种恶性循环在人们对善治的需求与政府实际能提供的治理之间制造了越来越大的落差。诚然,全球化对所有社会都有强大的侵入效应,并非仅对工业化民主国家。

但是,美国、欧洲和日本恰恰因为对外开放且拥有更成熟的经济,才会尤其受到全球化弊端的冲击。相反,巴西、土耳其及其他新兴民主国家却从中获益——经济潜力由发达国家向发展中国转移,尖端技术由发达国家向发展中国家传播,都使这些新兴国家获利;而日益提高的生活水平又进一步促生了更强有力的政府。同时,中国等市场经济国家在当今这个国家间相互依存的全球化世界中则显得游刃有余。中国经济当然也有其自身的缺陷:潜在的房地产经济泡沫、不良贷款、腐败、不平等,等等。但是中国的稳健发展和日益繁荣表明,中国式的国家主导的市场经济能够有效抗衡全球化的肆意冲击。据皮尤民调(Pew poll)2011年的一项民意调查显示,85%的中国民众对中国的发展方向表示满意,而这个数字在美国民众中只有21%。治理能力危机在美国、欧洲和日本正在以不同的方式展开。然而,在这个世界即将迎来历史性的全球权力转移之时,整个西方正在共同经历一段奇特的政治衰退期。

二、极化的美国

党派对抗正使美国政治陷入瘫痪,其内在原因是美国糟糕的经济状况。2008年以来,许多美国人失去了住房、工作和退休金储蓄。而就在这些挫折发生之前,中产阶级的工资还刚刚经历了连续数十年停滞不涨的状况。在过去的十年中,美国的家庭平均收入下降了超过10%。同时,收入不平等也在逐年加剧,美国成为不平等现象最严重的工业化国家。截至2010年,美国最富有的 1% 的人口占有全国将近 25% 的收入。让美国工人遭此厄运的罪魁祸首便是全球化竞争，它使工作机会流向海外。此外，在这个数字经济中，许多最有竞争力的公司没有因此获得好处。Facebook 的预估身价大约是 700 亿美元，它有 2000 名左右的职员；而预估身价 350 亿美元的美国通用公司，在美国国内有 7.7 万名雇员，在海外还有 20.8 万名雇员。中产阶级并没有从美国顶尖公司的财富中分得一杯羹。

这些严峻的经济现实重新滋生了因经济财富增长而沉寂许久的意识形态分歧和党派分歧。在"二战"结束后的几十年间，广泛共享的繁荣将民主、共和两党聚拢在政治中心的周围。但是，在今天的美国国会中，中间派和两党合作都极其稀缺。民主党开展活动，争取更多的经济刺激、失业救济和向富人征税；而共和党则激进地呼吁要削减政府开支。这样的意识形态分裂线往往与地区分界线重合，使得两党和解的前景越来越不明朗。加剧这种离心化的是破裂的竞选资金体系、两党的选区重划以及喜欢煽动而不是通告民众的广播媒体。

以上问题所导致的极化使美国陷入迷茫。奥巴马总统很清楚地意识到了这一点，这正是他为什么会在上任时承诺做一个"超越党派的"总统的原因。然而，奥巴马竭尽全力也没能重振美国经济，恢复两党合作，这暴露了美国国家政治经济系统本质上的机能障碍。他的 7870 亿美元的经济刺激计划，在获得通过时没有一个共和党的众议院议员表示支持，因而无法拯救饱受债务、中产阶级就业短缺、全球经济放缓等问题困扰的美国经济。自从 2010 年共和党在众议院取得控制权之后，党派冲突就成为阻碍几乎每一个问题取得进展的绊脚石。促进经济增长的议案要么没能通过，要么大打折扣以致收效甚微。移民改革和抑制全球变暖的法规甚至未被提到讨论日程上来。在对外政策问题上，民主党与共和党争斗频繁，难解难分；而党内分歧，如共和党新保守主义者与茶党孤立主义者之间的裂隙，可能会同党派分歧一样削弱政府的力量。

无效治理，加上党派间日复一日地互相泄愤，使得民众对国会的认可度达到了历史新低。日益蔓延的挫败感酿成了越战以来第一次持久的民众抗议运动——占领华尔街运动。脆弱的政治家们为了保护党派的选民基础而迎合他们狭隘的利益,这加剧了选民的不满,使政府治理面临更深刻的挑战,国家政治体系这条大船由此失去了它仅有的那么一点鼓帆之风。美国的治国之道很难解决这些国内难题,资助外交、国外援助和国防将被大幅削减,数量空前的美国人认为美国是时候"管好自己的事"、专注于国内问题了。国内的压迫和分裂制约着美国作为国际领袖的责任。

三、重新国有化的欧洲

欧洲的治理能力危机以其政治重新国有化的形式呈现出来。公众反感于欧洲一体化和全球化的双重错位。因而,欧盟成员国开始忙于夺回统治特权,"二战"后开始的欧洲政治经济一体化进程受到了威胁。至于美国,经济状况才是其问题的根源。在过去的 20 年间,在欧洲最主要的经济体中,中产阶级的收入持续下降,不平等则不断加剧。西班牙的失业率维持在 20%,居高不下;甚至连作为欧盟经济火车头的德国也境况不佳,从 2000 年到 2008 年,德国中产阶级减少了 13%。欧洲安逸的福利体系在全球化竞争面前变得难以维持,不得不大幅缩减社会福利。在欧元区内部,由持续的债务危机引发的节俭之风使情况变得更糟。希腊对欧盟的强制性节约表示不满,而德国也不情愿帮忙抢救那几个拖欧洲经济后腿的国家。

欧洲人口老龄化使外来移民成为经济必需。但是,欧洲并没能使穆斯林移民更好地融入社会主流,这加剧了欧盟开放边界的困窘。极右翼党派成为这一困窘的最大受惠者,而且他们锋芒毕露的民族主义并不仅仅针对移民,也针对欧盟。代际之间的变化使民众对欧洲一体化的热情受损。有"二战"记忆的欧洲人将欧盟视为欧洲远离其血腥过去的途径。但是,年轻一些的欧洲人却没有需要逃离的过去。尽管老一辈欧洲人将欧洲一体化看作信仰的产物,当前的领导人和选民们却倾向于以利益得失的价值标准评判欧洲,这种价值标准是冷漠的,且往往很消极。

欧洲迎来了一个决定成败的时刻。在愤怒的成员国选民包围下,欧盟向一个能够拯救欧洲的可行性方案曲折迈进。在全球化市场的急速催化下，金融危机不断延长和加剧，欧盟缓慢而小心的脚步很难跟上。欧盟为了在全球化世界中兴旺发展，迫切需要联合治理，但是联合治理要靠良好的政治环境，而欧盟的政治环境越来越不利于欧洲计划的实施。欧洲的各个机构可以降低其政治性，使欧盟有效地降格为只是一个贸易集团。作为另外一种选择，国家政治可以再次接受欧洲的感召，这会将一种全新的合法性注入日益空壳化的欧盟。从结果来看，后者更可取，但是它需要领导者和决心，而这些是欧盟所缺少的——至少现在是这样。与此同时，内向型的、各自为政的欧洲削弱了其在全球舞台上曾经扮演的角色。

四、漂流期的日本

日本自从2006年小泉纯一郎下台后一直处于政治漂流期。此后，在2009年，主导战后日本政坛绝大多数时间的自民党惨败给民主党。巩固两党体制本可以有助于日本改善治理，却制造了僵局。日本自民党与民主党各自的内部分裂和两党之间的对立一样严重，甚至连紧急议题的政策制定也陷入停顿。日本国会花了超过100天的时间才通过了为前一年地震、海啸和核灾区提供重建援助的法令。

麻烦从1991年日本资产泡沫破裂开始，这一挫折揭示了日本国家经济的深层问题，并导致了被称作"失去的十年"的萧条。日本的就业和投资涌向中国和"亚洲四小虎"，使得日本制造业处境凄惨。作为国家传统社会契约的企业终身雇佣制和充裕的养老金已难以维持下去。在过去的20年间，中产阶级收入长期下滑，不平等加剧，贫困率从20世纪80年代的7%激增到2009年的16%。1989年，日本人均GDP排名世界第四；但到2010年，却滑落到第二十四。小泉纯一郎雄心勃勃地致力于开启经济自由化，削弱官僚和利益集团的权力，正是为了解决这些问题。他强大的感召力和高度的国会支持率使他的措施取得了重大进展，但是自民党和民主党的继承者却无力将此延续下去。日本因此陷入了一种不确定的状态之中，面临全球化经济的错位，却又尚未做好全球化或战略化的准备以进行有效竞争。

旧秩序及其社会经济基础已不复存在,但自民党和民主党都没能利用这一变化来进行一次可行的重组。日本政府现在是一潭死水。即便如此,我们也不必对日本选民对他们的代表失去信心感到吃惊。2010年8月,民主党和自民党的民众支持率分别为18%和15%。国内政策迷失方向已经波及对外事务。民主党最初致力于改善对华关系,后来却转向区域一体化,最近又遵循更谨慎和传统的策略,追随美国。同时,在这种听之任之的冷漠中,公众转向了自我封闭。这个时代的另一个标志是,日本的留学大军也迅速萎缩,留美学生在过去十年中缩减了近半。全球化使日本陷于对外与世隔绝和对内难以治理的双重境地。

五、拯救西方

西方治理能力危机与新政治力量崛起相重合并非巧合,经济和政治活力正从国际体系的中心转移到边缘。最开放的国家在融入全球化世界的过程中失控,而类似中国这样的国家却有意通过决策集中化、国家指导市场和资金流动管控来加强国内的社会控制。

正在演变中的全球力量转移具有潜在的破坏性,如果主要民主国家和发展中国家此消彼长的状况延续下去,这一破坏性将被严重放大。相反,如果西方民主国家恢复元气,并进行果断的领导,那么国际秩序的重组可能会更加有序。因此,对于西方来说,重提民主治理的价值变得前所未有地重要。西方应当针对三大目标恢复其政治健康。

第一,西方民主国家,不论是在国家个体层面还是在协同层面,都必须接受大大超出正常范围的经济复兴战略。面对国家资本主义和全球化的强大冲击,美国、欧洲和日本除了以空前的规模进行经济战略规划之外别无选择。为了改造处于长期结构转型当中的经济,在就业、基础设施、教育和科研上进行大规模投资不可或缺。创建合理的监管机构是必要的起点。例如,美国需要一家国家基础设施银行以及一套立法和行政机构,负责制定长效经济规划。西方民主国家还应构建全球再平衡的集体策略，并建立一些规则，目的是重组国际货币，以及使出口导向型经济向内需拉动型经济转变。

第二，西方世界的所有领导人应当联合起来，为构建一个进步的民粹主义（progressive populism）的议程而努力——致力于将选民的不满导向建设性的结果，并使中间选民在面对特殊利益群体和政治极端分子时占有一定优势。我们需要的是解决民主、资本主义和全球化之间的基本冲突的新办法。进步的民粹主义的目标应当是重申大众对政治经济管理的要求，就国际市场的经济现实以及社会大众要求合理地分配利益和损失做出有效的回应。

实质上，美国多数选民是中间选民，而非单一议题选民。单一议题选民所专注的意识形态平台较为狭窄，而中间选民想要选举结果。这种情况在欧洲和日本也是一样。进步的行动主义（progressive activism）和政治中心的转移为恢复民主政治的活力和信誉带来了最大的希望。选举制度的改变旨在提高投票率，防止党派为了自身利益不公正地重划选区和改革竞选资金。这将有助于重建公众对民主制度的信心，使他们重新参与其中。

第三，西方政府必须引导他们的选民远离转向封闭的诱惑。在经济衰退和没完没了的阿富汗战争和伊拉克战争中，美国人一直在抗议，要求卸下地缘政治的负担。欧洲各国则暂时搁置了一体化，不仅彼此疏离，还与世界其他地区相隔绝。日本则似乎迷失在中国崛起的"阴影"下，倾向于蜷缩在一层保护壳之中。

诚然，美国要想恢复财政实力，需要削减防务开支，并实行与之相伴的紧缩战略。但是，无论美国还是其主要民主盟国，都难以承担草率"撤退"所带来的后果。在这点上，各国领导人有充分的论据可以支撑。美国必须保持国际联系，促进国际稳定，并最终拯救美国经济。欧洲必须认识到整体大于部分之和，在国际舞台上，一个能够维护其自身利益的欧盟，对欧盟成员国、对整个欧洲以及对整个世界都有好处。日本则需要战略规划来帮助其在世界上最变幻莫测的地区维持民主制度的稳定。

自由民主国家在过去的 200 年间繁荣兴旺，其部分原因就是其强大的自我纠错和更新能力。而西方现在所亟须唤醒的正是这些品质。

矫正还是诅咒：宗教在暴力冲突与和平治理中的作用[*]

[英] 拉马·马尼 著　徐 进 译[**]

一、从宗教的起源到当前的僵局

宗教出现在人类的史前黎明时代，它是人类对令其困惑的自然现象的反应。史前人类歌颂大地的慷慨，天空的赠予，和大自然的变幻莫测。他们认为整个宇宙都有神祇居住，因而一定是神圣的。宇宙中的每样东西均有神性。天父地母令人敬重，两者的结合产生了人间万物。[①] 女性和自然谜一般的生殖能力受到崇拜。我们的祖先并不认为人类是宇宙的中心，也不相信人类可以独享自然之益，可以为其任意使用和处置。那时的人们自然而然地认为人类只是万物生命链条网中的一条，所有的链条虽然各不相同却是无缝联结在一起。

---

[*] 原文标题：Cure or Curse? The Role of Religion in Violent Conflict and Peaceful Governance，载 *Global Governance*，2012，No. 18，pp. 149 – 169。译文原载于《国外理论动态》，2016 年第 12 期。

[**] 作者简介：拉马·马尼（Rama Mani），牛津大学国际研究中心高级研究员。译者简介：徐进，中国社会科学院世界政治与经济研究所研究员。

[①] Joseph Campbell, *The Hero with a Thousand Faces*, Princeton：Princeton University Press, 1968.

由于人类的生活与自然密不可分，因此人类发现了无数特定的方式来崇敬和乞求自然。他们一边提示自然的奥秘，一边获得其慷慨的赐予。猎人在打猎前要祈祷狩猎顺利；上山采集者学习何时在哪里以及如何能采到可食用的东西；游牧者通过辨认天象来放牧；定居者利用水土来种植作物；人类与动物合作来增强自己四肢的力量。我们的祖先发明了令人惊叹的名称来描述自然的力量及其背后难以形容的创造性能量。他们悄悄地谈论着上帝创世的故事，后来这些故事成为各民族的创世神话。[1]

自此以后，世界上的各种文化和文明诞生了。世界各地的人们因地制宜，由本地的智者创制富于智慧和象征的仪式。当文化随古代宗教而演变时，各地方的人们设计出适合于本地文化的方式来管理人类事务。古代各地的社会并非和平的乌托邦，而是暴力冲突不断，但也用独特的仪式来防止暴力，解决冲突并与敌人和解。这些宇宙神人一体式的信念和维持和平的方式继续在现代化影响的古代精神传统中占据主导地位，但这些传统的东西已经基本上为后来的主流宗教所放弃。

后来，当人类生活的游牧程度减少而定居程度增加、田园生活减少而城市生活增加时，宗教也在各类宗教建筑物中寻找"避难所"。早先，人类与大地母亲的"脐带"尚未完全切断时，人类中的智者知道哪些地方最富有磁力，并与地球上的许多地点暗中相连。这些地点就被认为有神性，因此建起各类拜神之所，并写出不同的赞美诗。由于政治宗教时运的变化，清真寺和教堂建在犹太教堂和佛堂的废墟之上，或者相反。智者知道这些地方的潜质，不管哪种形式的上帝都会在此受到崇拜。

由于崇拜的神不一样，各宗教之间就有了差异，这些差异起初是无意中的，后来就是有意的。画地为牢代替了共存。宗教的高墙不仅使教民团结在一起，而且把教内外民众区隔开来。物质财富和宗教权力的结合很快值得各宗教以任何代价去对待异教徒。因此，宗教之间和内部激烈流血的对抗持续了数个世纪之久。

---

[1] Marie-Louise Von Franz, *Creation Myths*, Boston: Shambhala, 1995 (Orig. pub. 1972).

杰出的人类学家和社会学家已经对宗教的起源提出了经验性理论。在达尔文主义者赫伯特·斯宾塞（Herber Spencer）看来，社会进化支撑着人类社会，而宗教起源于祖先崇拜。爱德华·伯内特·泰勒（Edward Burnett Tylor）根据拉丁文"anima"（精神）一词创造了"animism"（泛灵论），以描述早期宗教关于无灵魂的物体和有灵魂的生灵（包括人类）。詹姆斯·弗雷泽（James Frazer）认为巫术是宗教的前奏。布罗尼斯拉夫·马林诺夫斯基（Bronislaw Malinowski）和功能学派关注社会体系和民众态度之间的关系，因此认为宗教可以引发人们的敬畏之心。爱米尔·涂尔干（Emile Durkheim）把宗教视为社会价值的投射。阿尔弗雷德·拉德克利夫－布朗（Alfred Radcliffe-Brown）和克劳德·列维－施特劳斯（Claude Levi-Strauss）发展了结构分析法，而弗朗兹·博阿（Franz Boa）提出历史特殊主义来解释宗教中的文化差异。① 人类社会随着科技的发展和人类对宇宙了解的增加而不断进步，由此学者们声称宗教也在发展，从巫术进化到泛灵论再到多神论，最后进化到一神论。②

随着启蒙时代和宗教改革时代的到来，科学理性取代了盲目的信仰。1960—1980年间流行的各种世俗化理论认为，随着现代化的扩展，宗教失去了其目标，并处于衰落之中。③ 欧洲就是全球走向世俗化或无神论趋势的前兆。不过荒谬的是，自20世纪90年代以来，尽管全球化在推进，但世界正在经历"去世俗化"。④

今天，宗教乍看上去好像与现实无关或不再重要。虽然精确衡量人们的信仰有挑战性，但2000年盖洛普对60个国家（涵盖12亿人口）的民意调查显示，有令人惊讶的87%的人声称自己属于某一宗教，这个数字实在令人惊讶。在我们以为相当世俗化的西欧国家，有84%的人属于某一教派；东欧国

---

① Fiona Bowie, *The Anthropology* 166 *Cure or Curse? The Role of Religion of Religion: An Introduction*, Malden, MA: Blackwell, 2006, pp. 12 – 17; Ninian Smart, *World Religions: Old Traditions and Modern Transformations*, Cambridge, UK: Cambridge University Press, 1989.

② Peter L. Berger (ed.), "The *Desecularization of the World: Resurgent Religion and World Politics*", Washington, DC: Ethics and Public Policy Center, 1999.

③ Rob Warner, *Secularization and Its Discontents*, London: Continuum, 2010.

④ Berger, *Desecularization of the World*.

家 88% 的人信教；北美有 91% 的人信教，而拉美的数字高达 96%，最高的是非洲，有 99% 的人信教。①

就信教者比例而言，虽然伊斯兰教信徒快速增长到 21%，但基督教徒仍以 33% 占据优势；不信教者、不可知论者和无神论者占 14%，与印度教徒数量相当；佛教和中国传统宗教信徒各占 6%；犹太教徒占 0.22%。② 不同民调的数据稍有差异，但总体情况如此。③

几十年前，欧洲只有基督教。今天，全世界只有 26% 的基督徒是欧洲人，24% 是拉美人，19% 是非洲人，17% 是亚洲人。中国有 5400 万基督徒，而且信徒还在快速增加。④ 今天的世界有超过 9000 种宗教，但民族国家不超过 200 个，因此冲突在所难免。⑤

世俗主义在瑞典和法国等一些国家继续存在，但其他国家已经"去世俗化"了，比如，前社会主义的东欧和中欧国家。⑥ 今天的世界仍然是相当宗教化的，尽管也有世俗现象，这对政治、和平和战争产生了深远的影响。

二、宗教对和平的影响

理论上所有的宗教都在经文中赞扬和平与正义，但在实践中它们经常激起冲突和导致非正义后果。⑦ 人们对宗教暴力本质的研究远多于对其维

---

① Gallup International Millennium Survey, 1999, www.gallup.com/poll/1690/religion.aspx.
② 请参见 www.adherents.com。
③ 请参见 www.religioustolerance.org/worldrel.htm。
④ Gallup International Millennium Survey, 1999, www.gallup.com/poll/1690/religion.aspx.
⑤ J. P. Larsson, *Understanding Religious Violence: Thinking Outside the Box on Terrorism*, Aldershot, UK: Ashgate, 2004, p. 1.
⑥ Grace Davies, "Europe: The Exception that Proves the Rule?", in Peter L. Berger (ed.), *The Desecularization of the World: Resurgent Religion and World Politics*, Washington, DC: Ethics and Public Policy Center, pp. 65–84.
⑦ Mutombo N'kulu N'sengha, "Religion, Spirituality and R2P in a Global Village", in Rama Mani and Thomas Weiss (ed.), *Responsibility to Protect: Cultural Perspectives in the Global South*, Abingdon, UK: Routledge, 2011, pp. 25–63.

持和平本质的研究,这一点也不奇怪,就像媒体对前者的报道远多于后者一样。① 尽管如此,仍有几种宗教倡议和平,我们将在下文阐述。

尽管巴以冲突难解,但犹太教和伊斯兰教领袖提出和平倡议的频率令人瞩目。② 2007年,世界拉比和伊玛目和平大会在西班牙塞维利亚举行。该会宣布2008年为巴以和解年。2008年12月,当加沙战火正酣时,拉比和伊玛目两个代表团在联合国教科文组织总部会面,并宣布:"伊玛目和拉比,再加上基督教牧师,特此重申其承诺:今后公开放弃和谴责所有形式的暴力和恐怖行为,放弃和谴责以上帝和(或)以各种宗教或经文之名采取的个人和集体的不公正行为。他们还重申将积极致力于成为神圣不可侵犯的和平的守护人。"③ 虽然他们未能创造和平,但这两种宗教联合倡议和声明的象征性影响的确是重要的,尽管难以衡量。

宗教倡议在非洲国家内战斡旋方面取得了切实的成功。比如,在1992年,莫桑比克当地的罗马天主教会成功地在莫桑比克政府和莫桑比克民族抵抗运动(RENAMO)之间进行了斡旋,并使双方达成和平协定。④ 其后,莫桑比克教会还应邀介入了刚果民主共和国、乌干达、苏丹和其他地方的内战斡旋工作,并因此而获奖。⑤

1997年,在暴力盛行的乌干达阿乔利兰,阿乔利宗教领袖提出的和平倡议使伊斯兰教、天主教、英国国教和东正教领袖合作防止和缓解了冲突。该倡议还运用到南苏丹的朱巴和谈当中,并于2004年获得日本庭野和平奖(Niwano Peace Prize)。⑥

---

① Kristian Berg Harpviken and Hanne Eggen Røislien, "Faithful Brokers? Potentials and Pitfalls of Religion in Peacemaking", *Conflict Resolution Quarterly* 25, No. 3 (2008), pp. 351 – 373.

② Mark Gopin, *Between Eden and Armageddon: The Future of Religion, Violence and Peacemaking*, Oxford: Oxford University Press, 2000.

③ 请参见 See www.imamsrabbis.org/en。

④ www.santegidio.org/en/pace/pace3.htm; Alex Vines and Dylan Hendrickson, "The Mozambican Peace Process in Perspective", *Accord* 3 (1998).

⑤ 请参见 www.santegidio.org/en/pace/pace1.htm。

⑥ 请参见 www.arlpi.org。

在尼日利亚的卡杜那，詹姆斯·伍约（James Wuye）牧师和穆罕默德·阿沙法（Muhammad Ashafa）伊玛目起初是基督教和伊斯兰教暴力冲突中的敌人。伍约失去一臂，阿沙法的精神导师和亲戚丧生。但两人达成和解并共同成立了伊斯兰教和基督教跨宗教斡旋中心，致力于解决尼日利亚的宗教冲突。《伊玛目和牧师》这部电影就讲述了他们的故事。①

苏丹内战不仅使该国的宗教领袖行动起来，而且还引发了国际关注。比如，2010年3月，一场由犹太教和基督教福音教派领袖组织的跨宗教游行活动在美国国会山前举行，旨在敦促国会不要忘记达尔富尔。②

非洲本土的跨宗教倡议的发展引人注目。2000年9月，在暴力肆虐的非洲大湖地区，来自乌干达、卢旺达、布隆迪和刚果民主共和国的基督教、天主教、东正教、基班古基督会和伊斯兰教的领袖集聚在一起，呼吁国际社会行动起来，为饱受战争摧残的该地区带来和平。③

2010年3月，非洲宗教领袖委员会在卢旺达首都基加利召开和平会议。本次会议的主题是"促进共享安全：为建设和平、和解和可持续发展而加强各宗教协作"。该委员会在2010年发起一场反对武器贸易的运动，敦促非洲领导人把削减下来的国防开支用于国家发展。④ 暴力盛行的非洲大陆已经成为跨宗教建设和平倡议最多的地方。

我的祖国印度于2007年成立了宗教委员会，各宗教的领袖均参与其中。该委员会发表了七点声明，要求消除宗教暴力。⑤ 该委员会召集人斯瓦米·阿格尼维什（Swami Agnivesh）是印度致力于跨宗教和平行动主义的代表人物。在印度，跨宗教和平行动主义的力量正在快速增长，其势头不亚于宗教原教旨主义。40年来，阿格尼维什坚持不懈地反对印度教义中的性别歧视和种姓

---

① 请参见 www.iofc.org/imam-pastor。
② Nathan Guttman, "With Prayer and Nursery Rhymes, Religious Leaders Call Attention to Sudan", *Forward*, 2 March 2010, www.forward.com/articles/126398.
③ 请参见 http://allafrica.com/stories/200009260111.html。
④ Fredrick Nzwili, "African Religious Leaders Call for Strong Arms Trade Treaty", 26 March 2010, Ecumenical News International, www.eni.ch/featured/article.php?id=3939.
⑤ 请参见 www.sarvadharmasansad.com。

制度，帮助引入新的法规，并动员各宗教领袖共同消除宗教和性别暴力。2010年，正当克什米尔地区的暴力达到顶峰之时，阿格尼维什领导了一次多教派和平行动，并在当年被任命为政府与纳萨尔左翼武装派别之间的和平斡旋人。① 虽然原教旨主义在印度仍然猖獗，但这些倡议缓和了暴力程度。

跨宗教和平倡议也在国际范围内蓬勃发展。在1883年，设在芝加哥的世界宗教大会召集了一次前所未有的东西方宗教领袖会议。在1988年，世界宗教议会理事会（the Council for the Parliament of World Religions）成立，各宗教领袖均参与其中，这是为了纪念芝加哥会议100周年。这个理事会每五年召开一次会议，宗旨是为创造一个正义、和平与可持续发展的世界而努力。②

1970年成立的"宗教为了和平"组织据说是"世界上最大的旨在促进和平的宗教国际联盟"，曾经成功地介入了伊拉克和塞拉利昂的国内冲突。它每五年举行一次全球大会，优先处理冲突转型问题。③ 另外，自2005年以来，世界宗教领袖峰会每年举办一次，每次都在八国集团峰会之前召开，目的是为了游说八国关注和平与安全。④

在2000年9月联合国千年峰会召开之前，世界宗教领袖们也召开了一次千年和平峰会，有超过2000名宗教领袖参加。本次峰会的声明（提交给联合国秘书长）确认宗教领袖应当致力于和平，拒绝暴力，指明宗教可帮助哪些地区消除冲突。本次峰会建立了世界宗教领袖理事会，旨在帮助联合国执行和平倡议。⑤ "全球妇女和平倡议"（The Global Peace Initiative for Women）组织也在当年成立。2002年，500名女性宗教领袖在日内瓦集会，并倡议要求对建设和平有所贡献。⑥

以上是大量宗教和平倡议中的少数范例。这些倡议采取的战略不同，效

---

① 请参见 www.swamiagnivesh.com，以及2009年8月和2010年2月作者在新德里对阿格尼维什的采访。
② 请参见 www.parliamentofreligions.org。
③ 请参见 www.religionsforpeace.org。
④ 请参见 www.religionsforpeace.org/about/bordeaux-religious-leaders.html。
⑤ 请参见 www.millenniumpeacesummit.com/news000829.html。
⑥ 请参见 www.gpiw.org。

力各异。① 宗教领袖的能力难免有大有小，跨宗教倡议有优有劣，这和冲突调停人一样。② 尽管如此，他（它）们显示了宗教在建设和平方面所具有的潜力。

三、宗教与暴力的关系

尽管宗教在建设和平方面有潜力，但它与暴力也有很强的联系。这种联系非常微妙而矛盾：一种宗教在某一方面可能是向善和进步的，但在另一方面又具有严苛的和退化的特点。"宗教既可以促进冲突也可以缓解冲突，有时这两种效应同时存在……有些无宗教信仰的人还利用宗教来达到政治目的。有些人把自己的宗教信仰和政治行动当成一回事，但更多的人认为宗教（人类建构之物）和信仰（上帝给予之物）可以分开，让个人信仰不受政治的干扰。"③ 我们显然不能说现存的约 1 万种宗教都是暴力的。贵格会、巴哈教、耆那教等少数宗教始终主张和平。许多传统的和神人一体式的宗教仍然尊重各种生命形式，回避暴力，努力把冲突解决在社区之内。

认为伊斯兰教是一种独特的好战宗教的看法应当予以纠正。埃及穆斯林兄弟会的崛起、伊朗伊斯兰革命，阿富汗的反苏伊斯兰抵抗组织以前并非西方主要的关注对象，而萨缪尔·亨廷顿撰写的《文明的冲突》一书改变了这种情况。"9·11事件"以及反恐战争使亨廷顿的理论成为自我实现的预言。④ 著名的民主化问题学者阿尔弗雷德·斯蒂芬（Alfred Stephan）反驳了所谓伊

---

① Scott Appleby, *The Ambivalence of the Sacred: Religion, Violence, and Reconciliation*, Oxford: Rowman & Littlefield, 2000; David Smock, *Religion in World Affairs*, Washington, DC: United States Institute for Peace, 2008.

② Evaluated in Harpviken and Røislien, "Faithful Brokers?".

③ Rosemary Durward and Lee Marsden (eds.), *Religion, Conflict, and Military Intervention*, Farnham, UK: Ashgate, 2009, p. 2.

④ Abdullahi An-Na'im, "Political Islam in National Politics and International Relations", in Peter L. Berger (ed.), *The Desecularization of the World, Resurgent Religion and World Politics*, Washington, DC: Ethics and Public Policy Center, 1999, pp. 103–122.

斯兰教不利于民主的成见，强调指出世界上一半的穆斯林生活在民主国家。①伊斯兰学者指出，自由伊斯兰思想的复兴被忽视了。② 推翻上述危险成见的责任不能仅由穆斯林来承担，而是所有政治家和公民的责任，因为伊斯兰教并不比其他主要宗教更好战。

戴维·斯莫克承认："没有哪个主要宗教与暴力冲突无关。"③ 各宗教的经文、行动、口号或实践都可能与暴力沾边。《圣经·旧约》中随处可见上帝的愤怒和近乎种族清洗式的惩罚。印度教经典《薄伽梵歌》中描述了手足相残的战争。在世界各地和各个时代，皇家的教士都认可国王的侵略行动。教会曾经祝福欧洲的雇佣军和传教士用残酷的武力去殖民和改变信仰。甚至佛教这种最不具暴力性的宗教，也不能免于暴力。斯里兰卡的僧侣在与泰米尔猛虎组织的战争中拿起了武器；2007年，缅甸军政府镇压了由佛教僧侣发动的革命。马克·尤尔根斯麦尔（Mark Juergensmeyer）解释了宗教暴力的普遍性和异质性。④

（一）宗教暴力的表现形式

与宗教相关的暴力以各种形式展现出来。⑤ 第一种形式是不同宗教之间的暴力，比如古代的十字军东征，今天在尼日利亚的基督教和伊斯兰教冲突，以及印度的印度教和伊斯兰教冲突。第二种形式是同一宗教内部各派别之间

---

① Alfred Stepan, "Religion Democracy and the Twin Tolerations", in Larry Diamond, Marc Plattner, and Philip Costopoulos (eds.), *World Religions and Democracy*, Baltimore: Johns Hopkins University Press, 2005, pp. 3 – 23.

② Abdou Filali-Ansary, "Sources of Enlightened Muslim Thought", in Larry Diamond, Marc Plattner and Philip Costopoulos (eds.), *World Religions and Democracy*, Baltimore: Johns Hopkins University Press, 2005, pp. 197 – 211.

③ Smock, *Religion in World Affairs*, p. 1.

④ Mark Juergensmeyer, *Terror in the Mind of God: The Global Rise of Religious Violence*, Berkeley: University of California Press, 2003.

⑤ Ralph Tanner, *Violence and Religion: Cross-cultural Opinions and Consequences*, New Delhi: Concept, 2007.

的冲突。在前南内战和北爱冲突中可以找到历史悠久的天主教—东正教冲突以及天主教—新教冲突。在巴基斯坦、伊拉克和阿富汗有伊斯兰教逊尼派和什叶派的冲突。第三种形式是信教者和不信教者（异教徒）之间的冲突。支持某个极端宗教派别的神权政权经常用武力镇压被认为不够虔诚的公民，比如在伊朗和塔利班治下的阿富汗。热心的民众可能决定自行强制推行宗教虔诚，比如在塔利班治下的阿富汗，他们迫使妇女必须衣着得体，男子要蓄须。第四种形式是世俗机构和宗教机构（或个人）之间的冲突。这方面的典型案例是世俗政府镇压宗教极端主义者或邪教运动。

但上述四种形式只是指急性而可见的宗教暴力，但忽视了种类繁多的系统性和结构性的慢性宗教暴力形式，这些暴力是因宗教渗透到社会以及抵制根除宗教影响而导致的。有三种广泛存在的慢性暴力形式。第一种是暴力歧视同一宗教内的特定群体。印度教对贱民的歧视一直存在，尽管政府有立法禁止歧视并在教育等方面为其留出固定名额。日本幕府时代的部落民在1871年得到法律上的解放，但社会歧视一直存在。对宗教少数派的歧视有时直接来自政府，或间接来自宗教多数派。第二种是针对女性的性别暴力，存在于各宗教当中，具体包括：割礼、烧死女巫、石刑处死、烧死新娘、荣誉谋杀、虐待或烧死寡妇，隔离月经期的女性、社会经济剥夺、政治主宰和权利不公，等等。第三种是针对性取向的暴力。有几种宗教仍然谴责同性恋。乌干达曾试图通过一部极端反对同性恋的法律，并得到来自美国的基督教极端主义者的资金支持。① 不同的慢性宗教暴力并不罕见，而是广泛存在，每种宗教都有办法使之制度化、合法化，并忽视因此而来的苦难。

（二）宗教的罪责

斯莫克准确地警告称："我们需要警惕一种普遍存在的倾向，就是过于简

---

① "Fundamentalists Tied to Uganda's Antigay Law", Advocate.com, 25 November 2009, www.advocate.com/News/Daily_News/2009/11/25/Fundamentalists_Tied_to_Ugandas_Antigay_Law.

化宗教在国际事务中的作用。宗教通常不是冲突的唯一原因或主要原因。"① 尽管如此,宗教不能否认其在各种急、慢性暴力行为上的罪责。卡尔·雅斯贝尔斯(Karl Jaspers)所述的纳粹德国犯下的四类罪行(刑事的、政治的、道德的和形而上学的)可以适用于宗教。② 当宗教权威对战争、压制或暴政保持沉默时,比如梵蒂冈对大屠杀保持沉默时,他们就有形而上的罪责。当宗教权威宽恕暴行或说暴行情有可原时,比如斯里兰卡佛教领袖就是这么做的,他们就有道德上的罪责。当宗教合谋并支持暴行时,他们就有政治上的罪责,比如,宗教保佑军事侵略,或祝福自杀式轰炸。最后,当宗教主动倡导暴力是为了护教或达到宗教目标的必要手段因而可以接受时,他们就要负刑事责任。

历史上的生存斗争或镇压行动会动用武力,比如,先知穆罕默德的圣战或戈宾德·辛哈上师对锡克教徒的防御性动员。然而,当代所有带有宗教目的的暴力行为,比如反人工流产的基督教教徒杀害支持堕胎的人,印度教极端分子杀害穆斯林,基地组织和伊斯兰激进组织杀害异教徒,都违反了法律,要负刑事责任。仅仅归罪于宗教无济于事。相反,宗教需要评价其行为,承认罪责,并承担塑造一个暴力渐少的未来的责任。

四、宗教为何未能成为和平建设者?

已有无数的研究试图阐释宗教为何以及何时导致战争。许多研究诉诸统计分析。③ 其他研究在哲学、心理学、经济学或历史学领域寻找原因。④ 他们

---

① Smock, *Religion in World Affairs*, p. 1.
② Karl Jaspers, *The Question of German Guilt*, New York: Fordham University Press, 2000.
③ Ibrahim Elbadawi and Nicholas Sambanis, "How Much War Will We See? Estimating the Incidence of Civil War in 161 Countries", World Bank Policy Research Working Paper No. 2533, Washington, DC: World Bank, 2001.
④ Hunt De Vries, *Religion and Violence: Philosophical Perspectives from Kant to Derrida*, Baltimore: Johns Hopkins University Press, 2001; Fathali Moghaddam and Anthony Marsala, *Understanding Terrorism: Psychosocial Roots, Consequences, and Interventions*, Washington, DC: American Psychological Association, 2004.

引证称宗教暴力与生存威胁、恐惧和焦虑有关。① 不过，有些学者宣称，宗教暴力并非是非理性的，而是一种合乎逻辑的理性选择。②

对于宗教激进主义和暴力已有大量研究。学者们发现各类原教旨主义运动都有以下共同的意识形态的特点，这使其倾向于使用暴力：对宗教的边缘化做出反应；在选择和解释信仰、实践和经文时有选择性；摩尼教式的善恶二元观；不可置疑的绝对主义；相信救世主主义（messianism）和千禧年主义（millennialism）。它们的组织结构亦有利于暴力行动：成员都是精选出来的；成员要遵守行为准则；组织内外有严格的界限；有神授魅力型的领导人。③

各宗教激进主义暴力的增加无疑值得研究。然而，我们不应把注意力和责任从主流宗教身上移开。它们身上内在的暴力仍然不被人注意。我认为，正是这一点值得我们深入反思和采取紧急行动。

到现在为止，只有少数人是宗教激进分子。世界上87%的宗教信仰者属于主流宗教。除非他们对自己的标准实践进行自我批判，否则只会加剧而不是减少暴力行为。我们没什么办法去影响宗教激进分子，或使之去极端化，但可以调查和逆转主流宗教行为中广泛存在的有害后果。

下面这些表面上无害的宗教信仰和惯例包含有根深蒂固但不为人所知的好战性：唯一性、改宗、人类中心论（Anthropocentrism）、男性权威、权力、仪式主义（Ritualism）、不可渗透性、宗教联系。④ 它们都是宗教力量的源泉，但若未经调查、不加鉴别就付诸实践的话，反而会鼓励暴力。

---

① Tanner, *Violence and Religion*.

② Larsson, *Understanding Religious Violence*; Juergensmeyer, *Terror in the Mind of God*. 这两部书强调理性选择。

③ Gabriel Almond, Scott Appleby and Emmanuel Sivan, *Strong Religion: The Rise of Fundamentalisms Around the World*, London: University of Chicago Press, 2003.

④ 上述特征归纳由本人自制。在大量关于宗教好斗性的研究中，拉尔森对宗教恐怖主义原因的研究与我的归纳有部分重叠。Larsson, *Understanding Religious Violence*, pp. 110–129.

(一) 唯一性

许多宗教公开声明或暗中相信它们的上帝是至高无上的,它们的先知是上帝唯一的信使,它们的宗教是唯一的道路,它们的信众是上帝的选民。这的确是它们经常用来吸引追随者的方式,也是追随者对其信心的根源。穆罕默德和耶稣这样的先知、伊本·阿拉比(Ibn Arabi)和罗摩克里希纳(Ramakrishna)这样的圣人、《奥义书》这样的经文告诉我们,所有的宗教都是殊途同归于某一最高真理或一个上帝,并鼓励信众为宗教而忍耐。但它们的信众愿意运用武力或利用迫害来加强本教的唯一性。当某教的领袖和信众支持其信仰的唯一性时,他们就把自己与不信本教者区分开来,认定后者低人一等,不是上帝的选民。这使他们不可避免地与其他宗教信众和不信教者发生竞争与对抗,并产生暴力性后果。

对本教优越性的盲目相信助燃了非人道的行为。发生在1551—1552年的巴利亚多利德之争(Valladolid Controversy)争论的是南美土著人是否可被奴役或被西班牙征服者屠杀,而又不招致罪责,因为根据基督教的解释,土著人是异教徒或无灵魂的人;或者根据对立的神学观点,他们应当被视为人类,但大规模皈依基督教可以拯救他们的灵魂。巴利亚多利德之争的当代版本是宗教激进主义所持的杀害不信教者无罪这样一种认识,因为这是神的旨意,可以得到奖赏,以及不计代价和后果地迷恋于追求让大量民众皈依这种行为。主流宗教的信徒对不信教者也表现出类似的不人道态度并做出不人道的行为。他们可能认为这是神的旨意,让他们支持诸如杀害实施人工流产的医生、同性恋者、通奸者、异教徒,并认为这么做可以免罪;或者支持诸如以色列占领巴勒斯坦、入侵"邪恶帝国"、全球反恐战争或者消灭以色列这样的政策。

(二) 改宗

改宗过去被许多宗教当成扩展本教势力的手段。历史上关于某国战败后全国民众集体改宗以免被边缘化或受到迫害的例子比比皆是。今天，自愿的、有动机的或被迫改宗的现象仍然很多，但这方面精确的全球统计数字还没有。不是所有的改宗事件都是负面的，有时改宗意味着被压迫者可以生存下去，或者被羞辱者获得了尊严。有的国家出于政治原因而严厉惩罚改宗者，这样的国家和限制宗教信仰自由的国家一样让人不安。[1] 首先，改宗是基于某一信仰的优越性，而且会助长使用暴力来保存和扩展信仰的意愿。和历史上一样，今天的各种宗教的传教士都在使用资金、心理和强迫等手段，与宗教手段一道，来赢得皈依者，而不管这么做的社会后果如何。

其次，在穷国，利用资金来引诱对方改宗是不可持续的，而且助长依赖性。另外，这会在得到钱的群体和没得到钱的群体之间制造新的横向不平等和社会紧张，因而产生冲突。劝人改宗者用医疗和教育等服务来引诱皈依者，甚至试图用资金来影响政策制定。

最后，全世界宗教人口分布的快速变化具有不稳定效应，其长期影响难以预测。劝人改宗的传教热情会传播空洞或极端的信仰和惯例，并回避深刻的基督教哲学。爱好和平的宗教会吸引狂热的皈依者，比如美国、乌干达和挪威就遭到基督教狂热分子的恐怖袭击。

因此，我认为，改宗是被忽视的冲突原因，比限制宗教信仰自由更危险。

（三）人类中心论

许多宗教暗中包含人类中心论，即按上帝形象创造的人居于万物的顶端。《圣经·创世记》公开宣扬人类中心论，而且犹太教、基督教和伊斯兰教这三种主流宗教都是如此。主流宗教同时强调创世的完整性和人类对地球事务义不容辞的管理责任，比如挪亚方舟的故事就是如此。[2] 尤尔根·哈贝马斯

---

[1] 请参见国际宗教自由委员会的报告，www.state.gov/g/drl/rls/irf。
[2] Christopher Weeramantry, *Tread Lightly on the Earth: Religion, the Environment and the Human Future*, Pannipitiya, Sri Lanka: Stamford Lake and World Future Council, 2008.

(Jürgen Habermas)说,"把人类与上帝的相似性转化为人类尊严,从而使所有人平等参与,所有人都无条件得到尊重",这就是把基督教人类中心论转化为了世俗哲学。①

其他转化就没那么正面了。从历史上看,人类中心论证明上帝有对异教徒实施种族清洗之意愿的正当性,以及不加约束地利用动植物的合理性。当今各国对能源和资源的竞争是宗教认定人类具有优越性在世俗领域的延伸,即宇宙中的资源可以被我们这个物种的精英不受限制和不顾后果地掠夺,尽管科学证据表明这么做有风险,而且各宗教对此也有警告。攫取资源在刚果民主共和国、塞拉利昂、安哥拉和其他地方产生了残酷的战争经济②,并且使数百万人失去了他们祖先传下来的资源丰富的土地。现在,NASA 和其他公私机构正计划在月球上开矿。总之,人类中心论不受制约的扩展还没有受到主流宗教足够的重视或挑战。

(四)男性权威

考古发掘表明,女神崇拜和女性祭司在世界各地的史前宗教中非常普遍。③ 基督教等后来的宗教推翻了母系制,抹去了平等主义。对神话的选择性解释把妇女描绘成低等的、不洁的和危险的人。妇女不得成为宗教权威,并受到严格控制;聪明的妇女则被当作女巫烧死。宗教以各种方式支持性别歧视,从对妇女实施石刑处死、割礼到实行政治、经济和社会控制。男性主导

---

① Jürgen Habermas, "On the Relation Between the Secular Liberal State and Religion", in Hent de Vries and Lawrence E. Sullivan (eds.), Anh Nguyen, trans., *Political Theologies: Public Religions in a Postsecular World*, New York: Fordham University Press, 2006, pp. 251 – 260.

② Mats Berdal and David Malone, *Greed and Grievance: Economic Agendas in Civil Wars*, Boulder: Lynne Rienner, 2000.

③ Anne Baring and Jules Cashford, *The Myth of the Goddess: Evolution of an Image*, London: Penguin, 1991; Riane Eisler, *The Chalice and the Blade: Our History, Our Future*, New York: Harper and Row, 1987; Erich Neumann, *The Great Mother: An Analysis of the Archetype*, Princeton: Princeton University Press, 1972.

的宗教继续反对恢复性别平等的尝试，反对与妇女分享宗教权威，在这方面只有新教是例外。印度教的荒谬在于它崇拜女神却压制妇女。其他尊重妇女的本土宗教少之又少。

宗教的性别歧视不仅侵害妇女权益，而且还激起社会暴力。经宗教合理化之后，性别暴力就能在社会上得到许可和免责。当某人歧视个人生活中的妇女（姐妹、妻女、母亲），并侵害其权益时，针对妇女或信其他宗教的男性的暴力看来就是得到允许的。妇女也不是无罪的，因为她们经常为保护信仰而推行性别暴力。母亲对女儿可能实施荣誉谋杀或割礼；有些卢旺达的修女允许因种族清洗而实施强奸。在近期战争中的性别暴力的残酷性是不受挑战的男性权威的"外溢"。

（五）权力

宗教的创始人和先知拥护正义，并在必要时毫不退缩地反对政治权力及其他宗教权威。这使他们和他们所信奉的宗教对大众具有吸引力。佛教和耆那教改革了印度教的歧视性暴力教义，基督教的怜悯是为了反对罗马帝国的残暴，伊斯兰教的包容性平等是为了欢迎社会上的被压迫者。然而，反对不公正必须挑战政治权力并招致报复。宗教守护者与政治（物质）权力的结合，或其不断积累政治（物质）权力，这是为了保护自己机构和信众，但亦因此损害了自己对正义的承诺。历史上有些生存战略把权力放在正义之前，虽然这么做可以理解，但还是违背了该教的创始教义，并犯了上文讲的四种罪行。尽管有草根运动反对压迫，比如拉美的解放神学，但大多数宗教屈从于对政治和经济权力的追求，或是与政治和经济权力合谋，从而忽视了本教信众中和社会中的不公正、不平等和苦难现象，甚至设法使这些现象永存。

（六）仪式主义

时间一长，每种宗教都会发展出指导人类道德和社会生活的潜规则，和设计出用于崇拜的仪式。宗教规则限制反社会行为,是世俗法律的初级形式,是现代司法的基础。充满了深远符号意义的仪式提供了人生的取向、意义和深度。然而,尽管规则和仪式都很重要,但它们是宗教外在之物,而非核心要义。

所有的宗教都有不变的**实质**和可变的**形式**,即作为核心的精神和哲学智慧,和作为外壳的规则、仪式、禁忌和惯例,后者随宗教、时间和地点的不同而不同,因为不断演变,并要适应社会的变化。印度教的《奥义书》区分了普遍真理(宇宙观、人性和存在)和可随时间变化的规则、规定、惯例和仪式。《奥义书》清楚地表明在精神问题上,后者通常服从于前者。[1] 这一等级适用于大多数宗教,因为它们起初都在把真正的自我实现的精神之路置于仪式或社会规则之上。规则、仪式甚至经文,都被看成通向哲学理解的垫脚石。随着精神上的觉醒,仪式被超越,成为无用之物;当正确的行为成自然时,仪式被超越。博学的哲学家和鼓舞人心的神秘主义者都颂扬对团结和正直的追求,而回避教条主义和形式主义。圣女大德兰(St. Teresa of Avila)这样的圣人劝人们不断地自省和加强自我修养,而不是强制推行规则或对恶棍私刑处理。[2]

大多数宗教都有通过神学反思、对话和共识来澄清普遍真理的机制,也有根据社会变化来更新和阐释仪式的机制。普遍真理相对于仪式的优先性一度得到理解,但今天的人们反而对实质与形式之间的关系产生了迷惑和混淆,由于担心宗教被削弱,或偏离了先知的教诲,从而使经义、解释和惯例日益僵化。宗教认为变化有威胁,因此做出防御性反应。宗教权威附着于规则和仪式之上,并不遗余力地推行规则和仪式,与此同时却违背了宗教的实质和精神。原教旨主义者擅长这么干,比如塔利班设有宗教警察局,或者基督教反堕胎者谋杀做人流手术的医生。然而,主流宗教也这么做。一些信众会私

---

[1] Swami Ranganathanananda, *The Message of the Upanishads*, Bombay: Bharatiya Vidya Bhavan, 1968, p. 9.

[2] St. Teresa of Avila, *The Interior Castle*, trans. by Mirabai Starr, New York: Riverhead, 2003.

下推行规则,并以好斗的姿态维护信仰。

(七) 不可渗透性

适应和创新的念头因外在压力或内在需求的存在而逐渐出现,这是为了增加经文的意义,以更好地适应社会环境的要求。当新宗教或新教派兴起时,它们要求老宗教进行改革、适应和创新,特别是防止信众的流失。各大宗教每次分裂都激起内部反思和频繁的改革。佛教和耆那教的非暴力自我实现使印度教改革家批判了带有歧视性的仪式,并复兴了吠陀的本质。伊斯兰教对平等尊严的坚持使基督教和印度教大为震惊,促使其重新审视自己对权力和特权的拥抱。

因此,持续的反省、审查、适应和创新一度成为宗教的常态,使其充满活力和接地气。今天,当面对内外挑战时,主流宗教经常选择僵化而不是创新之路。它们否认、隐藏或混淆挑战,而不是直面挑战;它们免除内部犯规者而不是施以惩罚。天主教教会对神甫性虐待指控的反应就是一个例子。挑战向宗教提供了一个良机来澄清真理,增加其可信性,使信仰重生,并使社区更加强大。相反,当惧怕批评导致宗教权威拒绝改革时,接踵而至的僵化将助长内部腐败和道德退化。宗教创新者无须压制批评者,而思想僵化的人疑心病重,既压制内部批评者,也镇压外在威胁。乔纳森·威腾伯格(Jonathan Wittenberg)拉比的观察适用于各个宗教:生活总会有紧张;摩西五经的切实性在挑战中显现出来。如果我们不把自己的良好和时代带到它的面前,我们和犹太教就将衰朽,就会使信徒的生活进入歧途。①

(八) 宗教联系

"Religion"(宗教)一词起源于拉丁文"*re-ligare*",意思是联系(link,

---

① Rabbi Jonathan Wittenberg, *Torah*, London: Leo Baeck College, 1995, p.27.

tie, bind)。re 表明原先的联系或结合已经断了，而宗教使之恢复起来。我认为，宗教最主要的功能是提供或恢复了三重联系或结合。首先，宗教将人类联系或结合起来，通过自我反省或内省而直达人类的意识层面。其次，它们通过恻隐之心而将人类以社会方式联系或结合起来。最后，它们将人类与上帝、宇宙、真理联系起来。这三重联系相互加强，把人类带往拯救、天堂、解放或轮回当中。

然而，宗教权威暗中把这三重联系减少为一重，即人与神的联系。有几种宗教早先声称人神之间无须中介即可直接产生关联。随着宗教机构及教士的权力日益增长，这种做法就被放弃了。与上帝接触现在需要人间代表作为中介，比如教士、伊玛目、拉比或智者，而且只能在宗教场所、在指定的时间内进行。反省和恻隐从属于安抚上帝的需要，这就需要取悦于教士，并建设奢华的敬神之所。尽管有例外，但在所有宗教中，教士的作用变成分配、操控或控制信众，惩罚不服从者。

上述几种不受制约的实践已经侵蚀了宗教，使其变得有攻击性，但这种攻击性经常是不明智的，有时是故意的。如果每种宗教都能认为平静地承认其普遍真理的核心可免于来自外部的冲击，宗教就可以放弃其防御性倾向。进而言之，如果每种宗教都能承诺自己的真理是其他信仰的映射，宗教也会放弃其进攻性的机制。

五、结论：宗教对于和平治理的潜力

马克·戈平（Marc Gopin）尖锐地指出："随着宗教在数以亿计的人们的生活中变得更加重要，因信奉而产生的政治权力要么产生一个更和平的世界，要么产生一个更暴力的世界，这取决于如何使用这种权力。"[①] 宗教将导致更多的暴力，除非它们致力于改革。去激进化、跨宗教倡议或斡旋都是出于善意，但还远远不够。宗教领袖需要承认并彻底改革宗教固有的暴力信仰与惯

[①] Gopin, *Between Eden and Armageddon*, p. 35.

例，并承担作为和平建设者的责任。他们可以从采取以下五项建议开始。

（一）正义优先于权力

今天，宗教权威与政治和经济精英结为同盟，而不顾螺旋式上升的贫困和不平等现象，这对宗教来说是不可接受和自我毁灭的。研究表明两个群体间的不平等（横向不平等）是战争的主要潜在原因。[①] 绝望的人或愤怒的人可能反抗腐败的精英，就像在南美、中东、德里和纽约发生的事情一样。精英则通常利用不对称的力量来回避重新分配财富与权力，就像种族隔离时期的南非和现在的叙利亚一样。通过忽视不公正现象或免除自己对此的责任，宗教权威正在促使、怂恿和助长冲突，而实际上他们应当缓和冲突，促进平等和正义，以及建设和平。公开反对不公平现象开始会对宗教机构和宗教领袖不利，因为他们会失去政治支持，但他们最终还是会支持本教的基本价值观，并有助于实现公正的和平与坚实的治理。

（二）将宗教控制的和拒绝的都整合进来

对宗教来说第二项紧急任务是成为整合者，起到社会包容作用，不要像过去那样搞分裂。这里有内外两个步骤。对内步骤是平等对待本教内部的边缘群体（妇女、同性恋、残疾人、贱民），并将他们整合进来。因为歧视妇女是最常见最普遍的现象，所以最重要的是妇女必须在所有宗教内获得尊重和权威，就像有些新教教堂已经做的那样。宗教机构需要系统地扭转在原则、仪式和惯例中根深蒂固的性别歧视现象。

对外步骤是放弃生存恐惧并对外人采取包容态度。所有的宗教经文都是

---

① Stewart, *Horizontal Inequalities and Conflict: Understanding Group Violence in Multi-ethnic Societies*, Basingstoke: Palgrave Macmillan, 2008; Rama Mani, *Beyond Retribution: Seeking Justice in the Shadows of War*, Cambridge, UK: Polity/Blackwell, 2002, 2007.

对人类整体和各种生命形式所带信息的共鸣。对这种统一的信任是我们无惧的原因。《奥义书》说:"除非我们认识到生命的统一性,否则就生活在恐惧当中。"① 现在教士们应当放弃把对想象中的敌人的恐惧灌输到信众当中,不要再制造分裂,而要采取令人信任的态度,欣赏其他的宗教和生活方式,并将它们整合进来。

在农业领域,单一作物栽培一开始产量不错,但以后就越来越差。生命和文化以多样化方式发展。融合使新老宗教混合在一起,促进了不同文化代代和平共处,比如,日本的神道教和佛教;拉美的盖丘亚、玛雅和阿兹特克人的宗教和基督教;印度的佛教、印度教、伊斯兰教和基督教;非洲的班图精神(Ubuntu)、基督教、伊斯兰教以及数不清的土著信仰;埃塞俄比亚混有当地文化的犹太教和科普克基督教;新西兰毛利人的信仰和天主教,等等。这种土著信仰和宗教的结合可能并不总能防止暴力,但它们提供了弹性、保护以及文化财富。上文提到的跨宗教和平倡议利用本教信众的能力来联合其他宗教的信众,而不必担心自己的影响力被稀释或被传染。只有在这种整合和包容成为规则而非例外时,宗教才能开发出自己的建设和平潜力,一旦如此,它们就能成为正义治理栋梁。

(三) 接受质询

宗教必须敞开胸怀,接受质询,像过去一样允许内部辩论。古代的宗教,比如犹太教,虽然没有经文,也存续下来,靠的不是毫无疑问的记忆和背诵,而是信众与教士之间持续的对话与质询。即使有经文的宗教那时也没有足够的经文文本,传教主要靠口头传播和辩论。信仰与理性被伊斯兰教等宗教认为是天然同盟,这是它在中世纪在科学发现方面取得领先地位的原因。② 印度

---

① Eknath Easwaran, *Upanishads*, Tomales, CA: Nilgiri Press, 1987, p.144.
② Jonathan Lyons, *The House of Wisdom: How the Arabs Transformed Western Civilization*, London: Bloomsbury, 2009.

教的"质询精神"使信众"无畏地质疑他们的上帝和传统教义",因为"追求真理的过程中",这种怀疑精神是通向理性信仰的前兆。① 相反,中世纪的天主教会害怕科学而且激烈地反对欧洲启蒙运动,因为这场运动使人们从盲目信仰转为经验主义。可悲的是,其他宗教也跟着这么做。对自我评价、批评或异议的镇压取代了对宗教文化的质询,停滞取代了创新。伊本·阿拉比在13世纪就指出了今天的宗教必须做的事,即"选择自由,并用新的自由来对抗专横的自负。坐在智识的宝座之上。把宗教仪式的王冠戴在头上。做出判断的根据不是前提而是现实。真理就在当下"②。

在许多古代宗教中,女神代表智慧:古希腊的雅典娜,古罗马的索菲亚,印度教的萨拉斯瓦蒂,凯尔特人的布里吉德,所罗门《智慧书》中的智慧女神,埃及阿玛纳教中代表智慧、真理、正义和秩序的女神。这些女神以及她们所代表的对智慧的追求后来被各个宗教有效地禁止了。因此,质询必须伴随妇女重新融入宗教才能有效。

(四)放弃人类中心论、拥抱神人一体论

质询必然走向对人类中心论及其破坏性迟到已久的再评价。今天一神论宗教经典(《圣经》或《古兰经》)自封的至上性,及其对所谓本土原始多神教和口头精神传统的贬斥仍未受到挑战。甚至进步的跨宗教倡议也以主要的一神教经典为主,并排斥神人一体论的宗教。被他们贬为不文明多神教的宗教其实都是积极向上的信仰,致力于在人与自然和宇宙之间架起桥梁,这也是现代科学确认的做法。一神教还忽视了人类中心论中的利己主义,并对由此而来的环境破坏和社会暴力不负责任。

我们必须拒绝人类中心论的短视,并代之以神人一体论和生态学。幸存下来的神人一体论式的本土宗教其实能教给我们很多东西。当人类在宇宙间

---

① Ranganathananda, *The Message of the Upanishads*, p. 15.
② Ibn Arabi, *Divine Governance of the Human Kingdom*, Louisville: Fons Vitae, 1997, pp. 14, 15, 21.

恢复了其小而关键的地位时，掠夺资源和人口来谋利就不可想象了。只有敬畏自然、敬畏生命脆弱的互联性才能够拯救受到威胁的地球，防止迫在眉睫的资源冲突，并消除正在发生的战争。

（五）追求内省、自查和意识进化

老子《道德经》上说："知人者智，自知者明。胜人者有力，自胜者强。"①

批评宗教未能或难以自查是肤浅的。求神启示是美洲印第安人的传统。尽管这是以社区为导向的信仰，但每个人都要为自己生命的目标而求神启示。佛教宣扬无我式的冥想，以此达到自知和解放的境界。对伊本·阿拉比来说，实现者（muhaqqiqûn）是那些实现了人生目标并完全实现了精神、宇宙和神性潜力的人。基督教也要求自我分析和不断的自我完善，就像圣女大德兰强调的那样。大多数宗教为揭开人生目标提供了内存的道路，即自由冥想式的治疗。所以尽管这条件道路很艰辛，但至少大量热忱地遵守规则和仪式的信众在走。

今天，正当人类在暴力之海中摸索时，宗教机构和领袖正在恢复宗教与意义之间曾经丢失的联系，并敦促信徒们追求自查。心理学研究表明，缺乏意识或无意识地压制是暴力行为的潜在原因。宗教领袖必须鼓励信徒们提高意识，为自己的行为承担责任。这可能让他们震惊地以为是自己宗教的权威下降了，但这是减少暴力和强化真正的信仰的必由之路。当每个人、每个信徒、每个不可知论者和每个无神论者都有意识地和负责任地行动时，暴力就会停止。这些有意识的和负责的宗教精神可以为和平治理提供基础；复兴的宗教值得国际关系界关注，因为它们是正面变化的媒介。②

圣女大德兰公开反对 16 世纪西班牙宗教裁判所的做法。她说："我们彼

---

① Stephen Mitchell, *Tao Te Ching*, New York: Harper Perennial, 1988, p. 33.
② Richard Falk, *Religion and Humane Global Governance*, Basingstoke: Palgrave Macmillan, 2001; Jonathan Fox and Schmuel Sandler (eds.), *Bringing Religion into International Relations*, Basingstoke: Palgrave Macmillan, 2004.

此之间为何要爆发战争？我们要保卫的这些愚蠢边界都是些什么？我们一起跪拜的这些爱的教堂为何有这么多不同的名称？事实是，我们生活在一起，而且只有在所有人都受到欢迎的圣地，上帝的歌声才能遍传四野。"①

在20世纪的巴士拉，一位曾是奴隶的苏菲派大贤拉比亚（Rabia）唱道："在我的心中有我可以跪拜的庙宇、圣地、清真寺和教堂。祈祷文把我们带到圣坛前，那里没有名字和高墙存在。"②

上述两位女先知那时就知道今天的真实情况。宗教，如果未经审视和盲目追随，就会导致说不尽的分裂和暴力，并证明暴政的合理性。反之，宗教就能给人类带来安慰、智慧和恩泽，并成为和平治理的支柱。

---

① Daniel Ladinsky (trans.), *Love Poems from God*, New York: Penguin, 2002, p. 290.
② Ibid., p. 11.

边界、冲突与贸易*

[美] 肯尼思·舒尔茨 著　徐　进 译**

一、导论

2012年4月，中日关于钓鱼岛主权归属的长期争端爆发，起因是日本政府准备从私人手中"购岛"。中方做出了愤怒的反应，包括提出强烈抗议，并向钓鱼岛海域派出海军舰艇，宣布设立东海防空识别区。中日关系的紧张还导致中国国内爆发了反日游行。虽然对于该岛的争端只停留在做出姿态的层面，而没有继续升级，但它还是给两国的经济关系造成了振荡。日本对中国的商品出口在2012年和2013年均下降10%，部分原因就在于中国消费者对日本商品的抵制。① 有统计表明，对华贸易的下降使日本2012年第四季度的

---

* 原文标题：Borders, Conflict, and Trade，载 *The Annual Review of Political Science*, 2015, 18: 12, pp. 1–21。

** 作者简介：肯尼思·舒尔茨（kenneth A. Schultz），斯坦福大学政治学系教授。译者简介：徐进，中国社会科学院世界政治与经济研究所研究员。

① World Trade Organization, "International trade and market access data", http://www.wto.org/english/res_e/statis_e/statis_bis_e.htm? solution = WTO&path =/Dashboards/MAPS&file = Map. wcdf&bookmarkState = {%22impl%22:%22client%22,%22params%22:{%22langParam%22:%22en%22}}, 2014.

经济增长下降了一个百分点。① 而日本同年也抽出部分对华投资转向它处，因此其他对华直接投资额在经历数年增长后下滑。② 然而，我们有理由认为，这都是些短期效应，可以防止另一次危机的爆发。到 2013 年，日本的对华直接投资已经恢复，两国的总体经济相互依赖水平保持在高位，双方互为对方最大的贸易伙伴，当年的双方贸易额超过 3000 亿美元。

这个故事的两面，一面是日益增长的经济相互依赖，另一面是持续的领土争端，这对世界各国来说都一目了然。一方面，商品、服务和资本的跨境流动在近几十年来急剧增长；另一方面，国家间的领土争端（或者叫对于领土的主权分配）仍是全球政治的危险特征。图 1 显示了从 1948 年到 2000 年全球领土争端的数量，以及有争议领土的面积。③ 图中数字表明，领土争端的数量在下降，这在某种程度上是因为殖民主义的终结，但也反映了多年来争端解决的成果。即使 20 世纪末全球化在加速，但领土争端仍然顽固地存在。人们幻想着一个无国界的，资金、商品和人员可以无缝流动的理想世界，同时又要面对一个国家仍在花费资金、商品和人员来为确定本国边界而奋战的现实世界。

国际关系中有好几个研究领域涉及领土争端、军事冲突和经济一体化之间的关系。认为学者们已经发现，领土争端是大量暴力冲突的原因。④ 这一观

---

① Bloomberg News, "China-Japan Dispute Takes Rising Toll on Top Asian Economies", http://www.bloomberg.com/news/2013-01-08/china-japan-dispute-takes-rising-toll-of-asia-s-top-economies.html, 2013.

② Japan External Trade Organization (JETRO), "Japan's Outward FDI by Country/Region (Balance of Payments, Basis, Net and Flow)", https://www.jetro.go.jp/en/reports/statistics/data/country1_e_13cy.xls, 2014.

③ P. K. Huth and T. L. Allee, *The Democratic Peace and Territorial Conflict in the Twentieth Century*, Cambridge, UK: Cambridge University Press, 2002; K. A. Schultz, *Mapping Interstate Territorial Dispute*, Working Paper, Department of Political Sciences, Stanford University, 2015.

④ K. J. Holsti, *Peace and War: Armed Conflicts and International Order, 1648-1989*, Cambridge: Cambridge University Press, 1991; P. R. Hensel, "Charting a Course to Conflict: Territorial Issues and Interstate Conflict, 1816-1992", *Conflict Management and Peace Science*, Vol. 15, No. 1, 1996, pp. 43-73; J. A. Vasquez, *The War Puzzle Revisited*, Cambridge, UK: Cambridge University Press 2009; J. A. Vasquez and M. T. Henehan, "Territorial Disputes and the Probability of War, 1816-1992", *Journal of Peace Resolution*, Vol. 38, No. 1, 2001, pp. 123-138; K. Barbieri, *The Liberal Illusion: Does Trade Promote Peace?* Ann Arbor: University of Michigan Press, 2002.

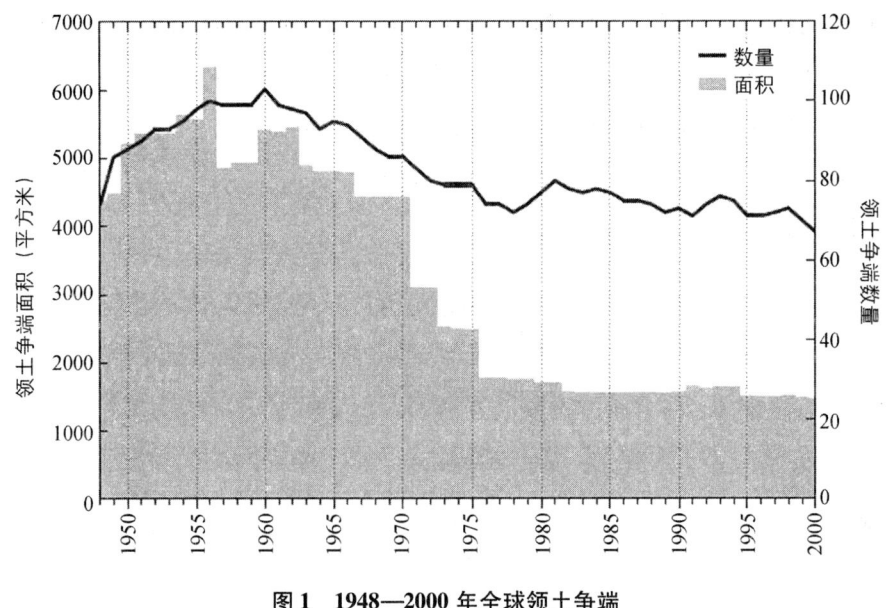

图1　1948—2000年全球领土争端

察促使他们探寻这些冲突的起源、升级及其解决的时机与方式。还有许多学者关注冲突与贸易之间的关系。认为经济一体化程度的加深可以防止国家间冲突的"贸易和平论",受到广泛关注并引发激烈争论。[1] 但很少有人研究这三种现象之间的关系,特别是经济一体化是否以及如何推动和加强领土争端的解决。结果,我们对边界和领土争端如何驱使军事冲突所知甚多,对军事冲突以及冲突的预期如何影响贸易所知甚多,但对领土争端如何结束知之甚少,对经济动因在领土争端解决方面的作用知之甚少。

在我看来,对该领域的研究可以采用一种新的制度主义观点,即把边界当作一种制度,它不仅用于划分国家间的领土,而且创造合作和共同获利的机会。西蒙斯(B. A. Simmons)曾对这种观点做过重要阐述,并指出关于领土争端的文献主要关注领土如何驱动分配冲突,而甚少关注各国边界清楚划分后能获得

---

[1] B. M. Russett and J. R. Oneal, *Triangulating Peace: Democracy, Interdependence, and International Organizations*, New York: W. W. Norton, 2001; K. Barbieri, *The Liberal Illusion: Does Trade Promote Peace?* Ann Arbor: University of Michigan Press, 2002.

何种共同利益。① 制度主义的观点把边界当作一套规则与规范，可以影响行为体的预期和行为。当边界被清楚地划分并得到双方同意时，边界不仅明确地表明一国管辖权的范围，而且还降低了变更管辖权的风险。② 另外，边界还是政府与其代理人之间进行合作的场所，通过管理人员与商品的流动来产生潜在的共同收益。③

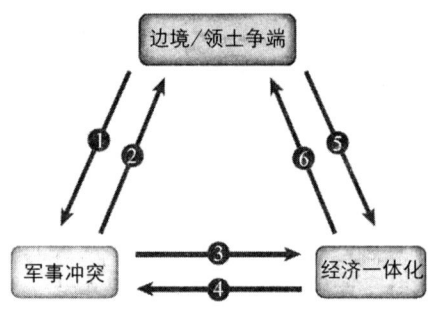

图2　边境争端、军事冲突与经济一体化的三角关系

我认为有两点可以融进未来的研究当中。第一，制度主义的观点主张，因双方确认边界而产生的共同收益是各国努力创建边界的主要动因，是其有时为此做出痛苦让步的原因，是大多数边界一旦确定就持久不变的原因。这一点提示我们，对这三个现象的研究应当融合进从边界安排中获取潜在收益（包括从贸易和投资当中获取的经济收益）的假设和指标。第二，制度主义的观点涉及一个研究冲突与贸易时的方法论问题：关于贸易流量的缺失数据和噪声数据问题。有学者已经用不同的方法处理了这个问题，而且有理由担心

---

① B. A. Simmons, "Rules over Real Estate: Trade, Territorial Conflict, and International Borders as Institutions", *Journal of Conflict Resolution*, Vol. 49, No. 6, 2005, pp. 823–848.

② D. B. Carter and H. Goemans, "The Making of Territorial Order: New Borders and the Emergence of Interstate Conflict", *International Organization*, Vol. 65, No. 2, 2010, pp. 275–309; B. A. Simmons, "Rules Over Real Estate: Trade, Territorial Conflict, and International Borders as Institutions", *Journal of Conflict Resolution*, Vol. 49, No. 6, 2005, pp. 823–848.

③ G. Gavrilis, *The Dynamics of Interstate Boundaries*, Cambridge, UK: Cambridge University Press, 2008.

这些处理方式会影响我们得出的推论。① 我指出贸易数据中的噪声不是个麻烦事,而是利益现象的展示,因为一个运作不良的边界机制使有关部门难以准确地监测和上报跨境贸易。有经验试验表明,领土争端与各国贸易报告中的大量差异相关,这提示我们数据质量可能是边界这个深层制度的力量的有力指标。

二、边界的益处何在?

边界有以下几项功能。第一,它是针对领土的主权分配,决定谁得到什么。虽然主权和领土统一可能受到侵犯,而且一直在受到侵犯,但边界使我们推定,边界这一边的领土受到某国的管辖,而另一边的领土受到另一国的管辖。结果,边界确定了国家能从哪块领土上的资源中获益,能向生活在哪块领土上的人民征税和征兵。对于生活在某地的居民来说,边界划定了他们所属的政治共同体。它决定了哪些政治制度、法律和规章统治这些居民,决定了哪些人共享一个政体,而边界另一边的居民则与此政体无关。所有这些特征对国家、个人和集团都具有重要的分配性后果。

当然,并不是每一片领土都对每个国家有价值。有的国家可能合理地偏向于限制自己的规模,因为扩张边界会增加其人口的异质性和治理难度。② 因此,我们不能假定国家总是偏爱更多的领土,不能假定关于分配的冲突无处不在。③ 然而,在某个领土争端当中,划界无疑是引起争论的行动。

领土分配是个零和博弈。确定法律上的边界需要双方放弃一些领土要

---

① C. R. Boehmer, B. M. E. Jungblut and R. J. Stoll, "Tradeoffs in Trade Data: Do Our Assumptions Affect Our Results?", *Conflict Management and Peace Sciences*, Vol. 28, No. 1, 2011, pp. 145 – 167.

② A. Alesina and E. Spolaore, *The Size of Nations*, Cambridge, MA: MIT Press, 2003; S. M. Saideman and R. W. Ayres, *For Kin or Country: Xenophobia, Nationalism, and War*, New York: Columbia University Press, 2008.

③ K. A. Schultz and H. E. Goemans, "Aims, Claims, and the Bargaining Model", Presented at Annual. Meeting of ISA, Toronto, 2014.

求，并承认对方的领土权利。① 如果这些领土要求有很高的象征性价值，那么放弃它们将对双方产生很大的成本。当争议领土与该国的民族或宗教身份有关时，或与该国难以放弃的原则交织在一起时，争端就可能出现零和结果。② 比如，如果把印巴之间的实际控制线转为法律上的边界，双方其实在人口和资源分配上没有变化，但两国为什么宁愿搞实际控制线而不划定边界呢？原因就在于按实际控制线划界要求两国放弃对克什米尔的主权。两国的政治家们担心这一举措将危及其政治前途甚至人身安全。由于划界就需要声明放弃部分领土主权，因此有些国家宁愿选用事实上的划分办法来管理冲突，同时声明对不在其控制下的领土拥有主权。③ 这方面的例子包括印巴在克什米尔的控制线、韩国与朝鲜的军事分界线、叙以在戈兰高地的分界线。

除非一国治下的领土既值得实际拥有也值得声明拥有，否则国家不可能同意建立边界。但边界的分配性特征并不有助于我们理解领土争端为什么以及如何得到解决，为什么边界一旦划定就会持久不变。④ 议价理论（bargaining theory）指出，国家可以通过协商来分配有争议的利益，从而避免发生冲突，而且这些分配方案可以持续稳定存在，只要它们处于国家间的议价范围之内，而这个议价范围又由国家对战争的预期价值所决定。⑤ 但正如我们所

---

① K. A. Schultz, "What's in a Claim? De Jure Versus de Facto Borders in Interstate Territorial Disputes", *Journal of Conflict Resolution*, Vol. 58, No. 6, 2014, pp. 1059 – 1084.

② R. E. Hassner, "To Halve and to Hold: Conflicts over Sacred Space and the Problem of Indivisibility", *Security Studies*, Vol. 12, No. 1, 2003, pp. 1 – 33; S. E. Goddard, *Indivisible Territory and the Politics of Legitimacy: Jerusalem and Northern Ireland*, Cambridge, UK: Cambridge University Press, 2010.

③ K. A. Schultz, "What's in a Claim? De Jure Versus de Facto Borders in Interstate Territorial Disputes", *Journal of Conflict Resolution*, Vol. 58, No. 6, 2014, pp. 1059 – 1084.

④ S. A. Kocs, "Territorial disputes and interstate war, 1945 – 1987", *Journal of Politics*, Vol. 57, No. 1, 1995, pp. 159 – 175; A. P. Owsiak, "Signing up for Peace: International Boundary Agreements, Democracy, and Militarized Interstate Conflict", *International Studies Quarterly*, Vol. 56, No. 1, 2012, pp. 51 – 66; K. A. Schultz, "What's in a Claim? De Jure Versus de Facto Borders in Interstate Territorial Disputes", *Journal of Conflict Resolution*, Vol. 58, No. 6, 2014, pp. 1059 – 1084.

⑤ J. D. Fearon, "Rationalist Explanations for War", *International Organization*, Vol. 49, No. 3, 1995, pp. 379 – 414.

见,利益分配行为并不需要形成法律上的边界。另外,有证据表明,领土安排即使在相对实力发生重大变化时也稳定不变。① 要理解各国为何有动力去协商出一个清晰划分的法律边界,我们需要考虑边界的制度功能。

边界作为一种制度可以管理两个政治共同体之间的交界地带。② 我们通常把制度定义为规范、规则和在给定情况下安排行为的相互预期。③ 边界作为一种制度发挥着几种作用,对边界两边的国家、人民和试图穿越边界的行为体来说都有重要意义。

第一,边界创造了一国管辖权范围的共有知识。④ 不过,土地虽被各国分割,但划一条让中央和地方都承认的界线仍有其价值。没有这条线,冲突就会产生。比如,当一国将其军队调至有争议地区时,或者当个人层次的冲突,比如土地纠纷或刑事犯罪,导致管辖权争议时,都会产生冲突。

第二,对边界的认定通常以条约这样有法律约束力的形式而存在,它可以影响双方对未来冲突或不稳定概率的预期。当一国预期违反边界协定就要损失声望或承担其他成本时,这些成本就能限制其未来的行为,而接受限制的意愿是该国政府偏好的标志。因此,通过事前成本和事后限制,边界就起到一种再保证条约的作用,既针对相关国家也针对第三方(比如经济行为体)。

西蒙斯强调了两种困扰跨境经济行为的不确定性:管辖权的不确定性和

---

① M. Mattes, "The Effect of Changing Conditions and Agreement Provisions on Conflict Renegotiation between States with Competing Claims", *International Studies Quarterly*, Vol. 52, No. 3, 2008, pp. 315 – 334.

② B. A. Simmons, "Rules over Real Estate: Trade, Territorial Conflict, and International Borders as Institutions", *Journal of Conflict Resolution*, Vol. 49, No. 6, 2005, pp. 823 – 848; G. Gavrilis, *The Dynamics of Interstate Boundaries*, Cambridge, UK: Cambridge University Press, 2008.

③ R. O. Keohane, *After Hegemony: Cooperation and Discord in the World Political Economy*, Princeton, NJ: Princeton University Press, 1984.

④ D. B. Carter and H. Goemans, "The Making of Territorial Order: New Borders and the Emergence of Interstate Conflict", *International Organization*, Vol. 65, No. 2, 2010, pp. 275 – 309; D. B. Carter and H. Goemans, "The Temporal Dynamics of New International Borders", *Conflict Management and Peace Sciences*, Vol. 31, No. 2, 2014, pp. 285 – 302.

政策不确定性，它们均可因边界的划定而得到缓解。① 前者是指某种交易可以适用于哪些规则并得到哪类法律保护的不确定性。如果某片领土的主权不清晰的话，经济行为体可能会打消在此投资和做生意的念头。产权不明晰所带来的风险导致高昂的交易成本，并因此减少交易量。政策不确定性是指政策变化的风险会给商业带来负面影响。这些政策变化包括军事冲突、贸易或关闭边境。因此，通过划定边界来解决领土争端就可以既化解管辖权的不确定性，又提供政策确定性的预期。

第三，边界也是监管商品和人员跨境流动的各国进行合作的场所。在有些情况下，如果潜在的流动是有害的或是政府不希望发生的，那么国家就会采取阻碍措施，排除与边界另一边的国家进行合作的必要性。国家防止人员逃离或不期望某些人入境时就会采取这些措施。有人发现各国频繁使用这类阻碍措施，而且它们主要反映邻国之间的经济不平衡而不是出于安全考虑。② 另一方面，如果能从商品、资金和人员的跨境流动中受益，那么国家之间就会合作。如果这些国家希望允许某些人员和商品（比如合法的贸易品和游客）的流动并向其征税，同时禁止另一些人员和商品（比如毒品、走私者和反抗分子）的流动的话，它们就一定会合作。在大多数情况下，对流动的管制需要在边界上进行某种程度的合作和协商，这被称为"边界机制"（border regime）。③ 有学者指出，双方确定边界的位置并不足以促使这种机制的产生，重要的是向地方行为体授权，以及边界两边的代理人合作解决共同的问题。④

针对边界位置的争议与冲突不利于有效边界机制的出现。当两个邻国因担心发生冲突而在边界构筑工事和派遣军队时，地方层次的合作就会受到阻碍。因此一个有效的边界机制的出现仅靠边境地区的合作还不够，还需要

---

① B. A. Simmons, "Rules over Real Estate: Trade, Territorial Conflict, and International Borders as Institutions", *Journal of Conflict Resolution*, Vol. 49, No. 6, 2005, p. 828.

② D. B. Carter and P. Poast, "Why Do States Build Walls? Political Economy, Security, and Border Stability", *Journal of Conflict Resolution*, In press, 2015.

③ G. Gavrilis, *The Dynamics of Interstate Boundaries*, Cambridge, UK: Cambridge University Press, 2008.

④ Ibid.

"边界后"(behind the border)的合作。这意味着不仅要在机场、港口进行合作,还要有解决争端的制度,或者叫处理跨境交易外部性的制度。① 欧盟的经验表明,市场一体化可以减少边界两边代理人的作用,但也催生了深度合作的需要。

上一段不是说一条精心划定和管理良好的边界就能保证双方的合作和经济一体化。国家之间还有非领土冲突和阻碍经济联系的政治利益。就算两国关系友好,有确凿的证据表明,边界效应会对经济交易产生影响:贸易流量在跨境时就会减少。比如,费恩斯特拉(R. C. Feenstra)估计,美加国界的存在使两国贸易量减少为这条边界相当于州界或省界时的五分之一。② 除了国家可能采取保护主义措施外,跨境会产生交易费用,因为两国的货币、法律、语言和文化不同。有人因此辩称,取消边界可以增加经济交换,欧盟甚至建国时的美国就是例证。不过,就算边界从经济流动(自贸协定、货币同盟和协调管制)的角度来看没有意义,但它在事关治理和身份方面还有多种功能:确定个人服从什么法律,参加什么选举,属于哪个共同体。只要人们关心这些事情,针对边界位置和稳定的不确定性就能产生影响贸易的政治后果。因此,虽然有人希望消除边界对经济流动的影响,从而使边界变得无意义,但是深度经济一体化只能在边界划定之后推进。

所有这些都提示我们,边界的分配功能和制度功能是互动的。通过划界来解决分配冲突可以减少不确定性,并使兑现共同收益的合作成为可能。反过来,获利的前景又是做出让步的动因,以克服分配冲突。这一观点有助于凸显现有文献的两个缺点:一个是实质性的,即制度主义的观点表明,从建立边界中获利的前景需要系统性地融合进关于领土冲突何时以及如何得以解决的研究当中。另一个是方法上的,即制度主义的观点提供了一种潜在的有

---

① J. M. Smith, "The Politics of Dispute Settlement Design: Explaining Legalism in Regional Trade Pacts", *International Organization*, Vol. 54, No. 1, 2000, pp. 137 – 180; E. B. Haas, *The Uniting of Europe: Political, Social, and Economic Forces, 1950 – 1957*, Stanford, CA: Stanford University Press, 1958.

② R. C. Feenstra, "Border Effects and the Gravity Equation: Consistent Methods for Estimation", *Scottish Journal of Political Economy*, Vol. 49, No. 5, 2002, pp. 491 – 506.

用洞见，可以解决因贸易流的缺失数据或噪声数据而产生的方法难题。

三、良性循环？

从制度主义观点可以推出关于边界的两个假设：一是商业关系改善的前景，以及随之而来的经济收益，构成了解决边界或领土争端的潜在利益。如果划界可以减少风险，促进合作，那么由此产生的共同利益就能在理论上抵消让出领土或声明放弃主权而产生的成本。若事实至此，则我们就可得知，潜在收益越大，国家寻求争端解决的动力越大。二是如果有些政治对划定边界的分配效果不满意，划界方案就易于受到政治压力而被修改和（或）受到严重冲击。[1] 然而，一旦边界划定和经济一体化开始，那么持续的收益流就依赖于边界将保持稳定的持续预期，并产生一批从遵守边界条约中获益的支持者。因此，边界解决方案产生的共同收益大小决定了国家在面临修改边界条约的压力时是否能守约。

将上述观点合在一起，我们就能得出一个良性循环：领土争端的解决增加了贸易量，而贸易量的增加又促使双方有动力继续遵守边界条约，而后者进一步减少了冲突的可能性，并导致进一步的一体化。在这方面最好的例子是欧洲的一体化。作为经济和政治联系互惠性深化的后果，过去战争不断的边界，现在从经济交流的角度来看基本上无意义了。而且，解决领土争端成为新成员加入欧盟的前提条件。克罗地亚就是在同意将其与斯洛文尼亚的领土争端诉诸有约束力的仲裁之后才被允许加入欧盟的。马其顿与土耳其之间持续的领土争端妨碍了两国的入盟进程。因此，经济一体化既强化了领土现状，也成为解决重要问题的动力。

但如果存在一部由贸易驱动的"自动扶梯"可以导致更紧密的联盟，那我们可能不清楚怎么上去。就欧洲而言，第二次世界大战使其可能强行解决

---

[1] M. Mattes, "The Effect of Changing Conditions and Agreement Provisions on Conflict Renegotiation between States with Competing Claims", *International Studies Quarterly*, Vol. 52, No. 3, 2008, pp. 315–334.

长期存在的领土争端,而"冷战"又为欧洲在美国的保证下实现经济一体化创造了安全动因。战争结果可能对其他案例产生过作用,但1945年后很少出现战后和平条约,这样就无法像"二战"后的欧洲那样划定边界。① 其他对国家战略利益的冲击,比如一个共同敌人的崛起,也可能启动一体化进程。②

如果没有上述安全问题,最可能的后果就是经济收益的变化。经济的增长、交易成本的降低和资本流动的增加都增加了贸易的机会成本。比如,西蒙斯的研究表明,双边和地区经济一体化的前景是秘鲁和厄瓜多尔在1998年解决两国长期存在的领土争端的动因。③ 这些力量可能通过国内过程起作用,导致致力于国际自由化的政党出现或占据优势地位。马尼(Mani)纪实性地描述了阿根廷和智利的自由国际主义经济战略是如何为两国在20世纪90年代解决领土争端铺平道路的。④ 卡斯特纳(S. L. Kastner)也强调执政党要与国际主义者结盟并采取相关战略,并假设一个自由主义的政府要在面对领土争端时维持贸易量,就像中日关系一样。⑤

尽管上述观点看似可行,但它在有关领土争端解决的研究文献中几无踪迹可寻。在关于这一问题最全面的研究中,胡思(Huth)提出了几种关于和平解决领土争端的模型。⑥ 他与另一学者考察了争论一方在协商中让步的可能

---

① T. M. Fazal, "The Demise of Peace Treaties in Interstate War", *International Organization*, Vol. 67, No. 4, 2013, pp. 695 – 724.

② C. Kupchan, *How Enemies Become Friends: The Sources of Stable Peace*, Princeton, NJ: Princeton University Press, 2010.

③ B. A. Simmons, "Territorial Disputes and Their Resolution: The Case of Ecuador and Peru", Washington, DC: US Institution of Peace, 1999.

④ K. Mani, *Democratization and Military Transformation in Argentina and Chile: Rethinking Rivalry*, Boulder, CO: First Forum Press, 2011.

⑤ S. L. Kastner, "When Do Conflicting Political Relations Affect International Trade?", *Journal of Conflict Resolution*, Vol. 51, No. 5, 2007, pp. 664 – 688; E. Solingen, "Internationalization, Coalitions, and Regional Conflict and Cooperation", in E. D. Mansfield and B. Pollins (ed.), *Economic Interdependence and International Conflict: New Perspectives on an Enduring Debate*, Ann Arbor: University of Michigan Press, 2003, pp. 60 – 88.

⑥ P. K. Huth, *Standing Your Ground: Territorial Disputes and International Conflict*, Ann Arbor: University of Michigan Press, 1996, Chapter 6.

性有多大。① 但没有一个假设或经验模型涉及从领土争端解决中产生的潜在经济收益，或者继续冲突所付出的机会成本。

使用第三方仲裁或司法裁决来解决领土争端的文献中也忽略了上述观点。② 主流理论在解释国家为何选择第三方参与冲突管理时认为，国家领导人希望解决冲突，但又担心让步时引发国内政治问题，或者担心签署的妥协性协定不被批准，或在面对反对时无法执行。那么，第三方仲裁或司法裁决为领导人不敢自己做出的让步提供了政治掩护，可以让领导人使用国际声望的借口来堵住国内反对派的嘴。因此，有研究发现，当一国政府是问责制政府（民主体制），争议领土非常重要，以及对手很难缠时，该国更可能采用仲裁或裁决。③ 西蒙斯指出，如果一国有以前的协议未被批准的经历，则该国更可能倾向于仲裁。④ 这些文献忽略了一个重要的理论组成部分，即解决冲突的收益。政治掩护说假定领导人认识到了解决冲突的利益，这个利益实际上大到他们愿意受制于第三方裁定，而且这一裁定可能有不利于该国的条款。但经验假设只关注成本问题。

本文的观点是研究领土争端解决问题需要把稳定边界的预期收益整合进来。衡量这一收益的方式包括根据重力模型评估预期贸易量，或者使用匹配

---

① P. K. Huth and T. L. Allee, *The Democratic Peace and Territorial Conflict in the Twentieth Century*, Cambridge, UK: Cambridge University Press, 2002, Chapter 8.

② B. A. Simmons, "Capacity, Commitment, and Compliance: International Institutions and Territorial Disputes", *Journal of Conflict Resolution*, Vol. 46, No. 6, 2002, pp. 829 – 856; T. L. Allee and P. K. Huth, "Legitimizing Dispute Settlement: International legal Rulings as Domestic Political Cover", *American Political Science Review*, Vol. 100, No. 2, 2006, pp. 219 – 234; S. M. Mitchell and P. R. Hensel, "International Institutions and Compliance with Agreements", *American Journal of Political Science*, Vol. 51, No. 4, 2007, pp. 721 – 737; E. J. Powell and K. E. Wiegand, "Strategic Selection: Political and legal Mechanisms of Territorial Dispute Resolution", *Journal of Peace Resolution*, Vol. 51, No. 3, 2014, pp. 361 – 374; S. E. Gent and M. Shannon, "The Effectiveness of International Arbitration and Adjudication: Getting into a Bind", *Journal of Politics*, Vol. 72, No. 3, 2010, pp. 366 – 380.

③ T. L. Allee and P. K. Huth, "Legitimizing Dispute Settlement: International Legal Rulings as Domestic Political Cover", *American Political Science Review*, Vol. 100, No. 2, 2006, pp. 219 – 234.

④ B. A. Simmons, "Capacity, Commitment, and Compliance: International Institutions and Territorial Disputes", *Journal of Conflict Resolution*, Vol. 46, No. 6, 2002, pp. 829 – 856.

法（matching exercise）来获知潜在的经济收益。同理，我们可以根据卡斯特纳的研究来导出衡量执政党经济偏好的系统方法，以观察执行自由化政策的政府是否会影响争端的解决。①

本文还认为经济一体化所形成的反馈可以强化守约的动力。国际政治经济学文献中有关于这一反馈的研究。米尔纳指出，世界市场的开放性导致跨国公司的兴起，而跨国公司反过来又成为赞成继续开放市场的、有实力的政治行为体。② 哈撒韦（Hathaway）辩称，自由化成为自我加强的政策，因为它迫使一国的产业部门做出调整以应对国际竞争，减少其在未来进行产业保护的意愿。③ 类似的效应有助于国家遵守边界条约是完全有可能的。解决边界问题的经济收益并不必然能使民族主义者和领土收复主义者改变想法，但必然使获益者在政治上强大到足以抑制修正主义的冲动。④

不过现有的文献对此保持沉默。在系统研究遵守领土协定问题的较新文献中，无人关注贸易流量或其他经济一体化方式是否会影响边界解决方案的持续或失败。⑤ 卡特（Carter）和戈曼斯（Goemans）的一篇文献对此稍有涉

---

① S. L. Kastner, "When Do Conflicting Political Relations Affect International Trade?", *Journal of Conflict Resolution*, Vol. 51, No. 5, 2007, pp. 664 – 688.

② H. V. Milner, *Resisting Protectionism: Global Industries and the Politics of International Trade*, Princeton, NJ: Princeton University Press, 1988.

③ O. A. Hathaway, "Positive Feedback: the Impact of Trade Liberalization on Industry Demands for Protection", *International Organization*, Vol. 52, No. 4, 1998, pp. 575 – 612.

④ S. M. Saideman and R. W. Ayres, *For Kin or Country: Xenophobia, Nationalism, and War*, New York: Columbia University Press, 2008, p. 250.

⑤ B. A. Simmons, "Capacity, Commitment, and Compliance: International Institutions and Territorial Disputes", *Journal of Conflict Resolution*, Vol. 46, No. 6, 2002, pp. 829 – 856; S. M. Mitchell and P. R. Hensel, "International Institutions and Compliance with Agreements", *American Journal of Political Science*, Vol. 51, No. 4, 2007, pp. 721 – 737; M. Mattes, "The Effect of Changing Conditions and Agreement Provisions on Conflict Renegotiation between States with Competing Claims", *International Studies Quarterly*, Vol. 52, No. 3, 2008, pp. 315 – 334; S. E. Gent and M. Shannon, "The Effectiveness of International Arbitration and Adjudication: Getting into a Bind", *Journal of Politics*, Vol. 72, No. 3, 2010, pp. 366 – 380; K. A. Schultz, "What's in a Claim? De Jure Versus de Facto Borders in Interstate Territorial Disputes", *Journal of Conflict Resolution*, Vol. 58, No. 6, 2014, pp. 1059 – 1084.

及。他们发现双边贸易可以减少新划定边界遭到异议的风险。① 虽然两人提倡一种制度主义的观点,但他们把贸易当作控制变量而非一种边界制度可借以运作的机制。

四、领土争端与贸易数据:呈现噪声

除了提出新的经验假设外,关于边界的制度主义观点还有助于提示一个冲突与贸易研究中顽固的方法问题:缺失数据和噪声数据。② 众所周知,原始贸易数据来源,即国际货币基金组织(IMF)的《世界贸易统计年鉴》(Direction of Trade Statistics, DOTS)包含大量观测数据,但指定流量数据缺失。另外,数据中的零要么表示无贸易发生,要么表明无贸易记录上报。有学者指出,对于贸易与冲突关系的研究已经用不同方法处理了这个问题,包括把遗漏的贸易额视为实际贸易额为零,或者使用多重替代法(multiple imputation)。③ 格莱迪奇(Gleditsch)制作的"扩展的贸易与GDP"数据集参考了不同的数据来源,而且当观测数据不可得时,他就使用不同形式的替代法或插值(interpolation)。④ 巴比里(Babieri)在处理战争相关因素数据库(Correlates of War)中的贸易数据时也使用类似的方法。⑤ 格莱迪奇和巴比里都利用了一国之出口即另一国之进口这一事实,所以一国缺失的上报数据就

---

① D. B. Carter and H. Goemans, "The Temporal Dynamics of New International Borders", *Conflict Management and Peace Sciences*, Vol. 31, No. 2, 2014, pp. 285 – 302.

② K. Barbieri, O. M. G. Keshk and B. M. Pollins, "Trading Data: Evaluating our Assumptions and Coding rules", *Conflict Management and Peace Science*, Vol. 26, No. 5, 2009, pp. 471 – 491; K. S. Gleditsch, "On Ignoring Missing Data and the Robustness of Trade and Conflict results: A Reply to Barbieri, Keshk, and Pollins", *Conflict Management and Peace Science*, Vol. 27, No. 1, 2010, pp. 153 – 157.

③ C. R. Boehmer, B. M. E. Jungblut and R. J. Stoll, "Tradeoffs in Trade Data: Do Our Assumptions Affect Our Results?", *Conflict Management and Peace Science*, Vol. 28, No. 2, 2011, pp. 145 – 167.

④ K. S. Gleditsch, "Expanded Trade and GDP Data", *Journal of Conflict Resolution*, Vol. 46, No. 5, 2002, 712 – 724.

⑤ K. Barbieri, O. M. G. Keshk and B. M. Pollins, "Trading Data: Evaluating Our Assumptions and Coding Rules", *Conflict Management and Peace Science*, Vol. 26, No. 5, 2009, pp. 471 – 491.

能得以填补，如果另一国上报了对应数据的话。这个办法表面上不错，但忽视了当两国都报告了同一贸易流量时，它们并不总是一致。

波默（Boehmer）的重要贡献在于他提出了几种填补缺失数据的办法。①不管某一贸易流量是否被观测到，或通过另一种办法被编制，它都与国家的特征相关联，而国家的特征又会影响冲突的可能性。波默因此提醒学者们要考虑其运用不同方法处理数据时的稳健性。虽然这是个好建议，但我们可以走得更远。现有文献处理这一问题时都认定数据是真实的贸易流量，而缺失的或有差异的数据是需要处理的麻烦事。但各国政府向 IMF 报告的贸易额并不只是数据点，而是反映国家监测商品和服务跨境流动的能力和政治考虑，而政治考虑则决定政府选择报告什么。如果各国有功能良好的边界机制，它们就能商定某一年份的跨境商品流量数额。两国对同一贸易流量上报数据的差异反映了政治敏感程度、监测能力高低、高昂的交通或保险费用（反映在进口国的报告中）和（或）通过第三方的贸易路线。所有这些指标都与边界机制有关。这提示我们，参差不齐的数据质量并非麻烦事，而是值得研究的问题。

为了阐明这一点，我在此提出一个关于领土争端影响贸易数据质量的初步分析。为了集中在可能有领土或边界争端的国家对上，我的样本包括了从 1948 年到 2000 年的邻国对，邻国是指有陆地边界或两国间由不超过 400 英里的水域隔开。领土争端的编码主要基于胡思和阿利（Allee）于 2002 年编辑的那本书，并参考了胡思于 2011 年主编的书。② 贸易数据被处理成进口国—出口国年份对。对每一个年份对来说，DOTS 数据包含进口国报告的进口额和出口国报告的出口额。理论上两国对同一贸易流量会分别报告。因为有的国家

---

① C. R. Boehmer, B. M. E. Jungblut and R. J. Stoll, "Tradeoffs in Trade Data: Do Our Assumptions Affect Our Results?", *Conflict Management and Peace Science*, Vol. 28, No. 2, 2011, pp. 145 – 167.

② P. K. Huth and T. L. Allee, *The Democratic Peace and Territorial Conflict in the Twentieth Century*, Cambridge, UK: Cambridge University Press, 2002; P. K. Huth, S. E. Croco and B. J. Appel, "Does International Law Promote the Peaceful Settlement of International Disputes? Evidence from the Study of Territorial Conflicts since 1945", *American Political Science Review*, Vol. 105, No. 2, 2011, pp. 415 – 436.

不向 IMF 报告任何贸易数据，所以只有当两国都报告贸易数据且至少有一国出现在该年时，那个年份对才包含在样本中。

有两个指标能够帮助我们评估数据的质量。第一个指标表明，对每个年份对来说，是否任何报告的贸易额有缺失或为零。第二个指标是针对没有缺失数据的观测数据的。我找到了测量两份报告中的数据差异的办法。每个年份对都由进口国（i）和出口国（j）在年份（t）组成，让 $Imports_{ijt}^{i}$ 表示由 i 报告的从 j 进口到 i 的物品，让 $Imports_{ijt}^{j}$ 表示由 j 报告的同一贸易流量。我们就能用下式计算绝对差异量：

$$Discrepancy_{ijt} = \left| \ln \frac{Imports_{ijt}^{j}}{Imports_{ijt}^{j}} \right|$$

当两份报告内容一致时，结果为零。当报告内容差异增加时，结果亦随之增加。

有证据表明，领土争端与高频率的贸易额丧失有关。这在统计上的显著性并不强：与领土冲突相关的贸易观测数据中，有 19.4% 是缺失数据；与领土争端无关的贸易观测数据中，有 16.1% 是缺失数据。更引人注目的是当两国报告同一贸易流量时，领土争端对数据差异的影响。年份对中涉及领土争端的平均差异值为 0.56，不涉及的为 0.71。这意味着对于不涉及争端的年份对来说，通报同一贸易流量的两份报告平均差异值为 1.7；而对于涉及争端的年份对来说，两份报告的平均差异值为 2。

表 1 显示了有无领土争端时的差异值的回归值，以及进口国与出口国的真实 GDP（按对数表示）。模型 1 是基本说明。模型 2 包含了进口国与出口国，确定了需要顾及任何系统性事件的效应，这些事件可由任一国家的会计实践所导致。模型 3 包含了进口国—年份指标，它确定了需要顾及的异质特征（比如汇率弹性），因为这些特征可能影响某一年份进口国所有的报告。稳健的标准误差根据年份对的聚类计算。在三个模型中，差异与领土争端的存在成正相关。效应的量值与双变量测试结果类似。

表1 领土争端对贸易报告中差异值的效应[a]

	模型1	模型2	模型3
领土争端	0.18[b]	0.16[b]	0.16[b]
	(0.09)	(0.08)	(0.07)
进口国GDP	-0.03[c]	-0.01	
	(0.01)	(0.02)	
出口国GDP	-0.08[c]	-0.02	-0.06[c]
	(0.01)	(0.02)	(0.01)
常数	3.06[c]	0.37	0.002
	(0.25)	(0.57)	(0.02)
固定效应		进口国，出口国	进口国-年份
观察数值	27377	27377	27447
R^2 值	0.05	0.25	0.11

[a] 我们使用普通最小二乘回归法进行测算，括号中的稳健标准误差根据年份对的聚类分析修正。
[b] $p < 0.05$
[c] $p < 0.01$

有意思的是，土耳其—塞浦路斯这个国家对在这三个模型中都产生了大量的高杠杆观测数据。图3表明，这个国家对所报告的贸易流量无疑阐明了两国对北塞浦路斯地位的争端如何使数据出现了差异。两国的相关报告可追溯至1974年，那年土耳其入侵塞浦路斯并占据了该岛一半的面积。两国在1975—1983年间的报告开始出现差异并表现出重要的噪声数据，报告的缺失在此期间变得更加普遍。

差异值在1983年后急剧增加，当时北塞浦路斯宣布独立，这一行动得到土耳其的认可。自此以后，反映在贸易统计数据中的分歧表明塞浦路斯的报告只涵盖了它治下的领土发生的贸易，而土耳其的报告混合了该岛南北两部分的贸易量。正因为如此，以另一方报告的贸易流量来填补这一方报告中缺失的数据形成的时间序列出现不可靠性和高度的易变性，读者可以从格莱迪奇书中的数据发觉这一点。[①] 如果我们把这些数据当成真实贸易水平的指标，

[①] K. S. Gleditsch, "Expanded Trade and GDP Data", *Journal of Conflict Resolution*, Vol. 46, No. 5, 2002, 712-724.

那就会受到误导。通过研究这些噪声数据,我们就能更准确地把有关报告当成两国关系中所存在的问题的标志。

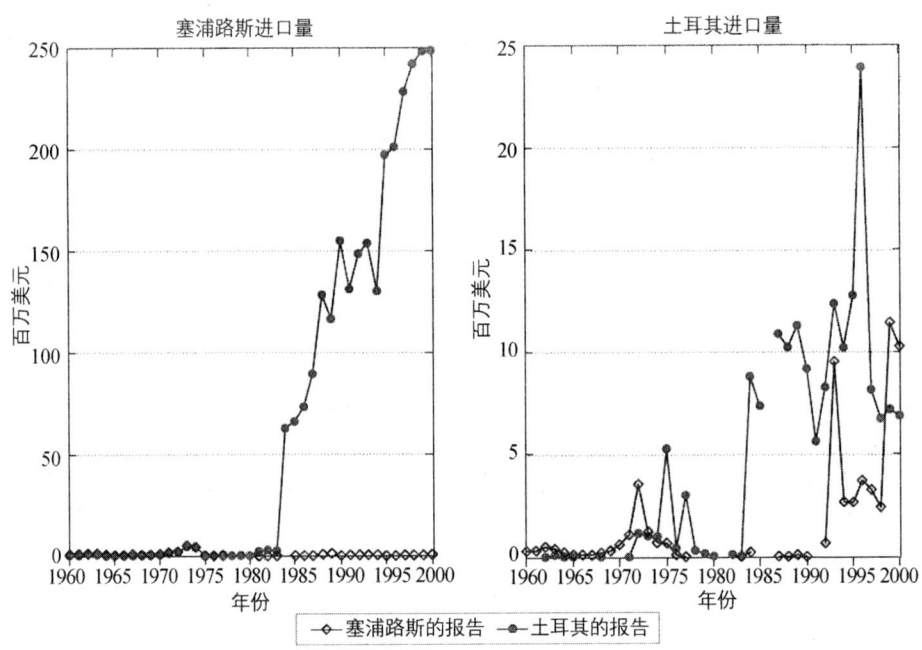

图3 塞浦路斯—土耳其国家对贸易流量报告

尽管只是初步分析,但本文强化了一个观点,即领土争端不但能够影响跨境经济行为,而且还能影响我们衡量这些行为的能力。这意味着研究冲突与贸易关系的学者们应当谨慎使用贸易伙伴的报告来填补缺失的数据,并对诸如土耳其—塞浦路斯这样的例子要有敏感性,因为主权争议会产生误导性数据。另外,上述批评仍未触及并不反映在官方统计数字中的非正式贸易行为。特别是当国家比较弱小和该国边界管理比较松弛时(比如撒哈拉沙漠以南的非洲国家),不受政府监测的非正式交易其实在经济上非常重要。① 本文旨在提醒读者,只有在相关制度能够帮助政府搜集数据时,我们的数据质量

---

① J. K. Afrika and G. Ajumbo, "Informal Cross Border Trade in Africa: Implications and Policy Recommendations", *African Economy Brief*, Vol. 3, No. 1, 2012, pp. 1–13.

才有保障。本文还意在表明数据质量可以成为这些制度的有效性的标志。①

五、附加说明及结论

有关领土冲突及其解决的文献可以将制度主义观点有益地整合进来，因为后者使我们认识到划定边界所产生的共同收益。这些收益的前景会影响冲突解决的决策，而且收益的兑现将加强支持稳定的选民的力量。另外，边界地区合作的加强能够提高两国以及分析家们衡量跨境行为的能力。将上述考虑整合进来在本体论和认识论上均有益于对边界、冲突和贸易的研究。

当然，危险在于这种制度主义观点过于乐观和绝对。由于它与全球化不断扩展的假定联系在一起，因此简化地认为贸易将不可避免地消除领土争端，并最终让边界可穿透至无存在之必要的程度。不管此事未来是否会出现，目前我们还生活在一个从解决领土争端中所获经济利益高低有差的世界。至少有三种差别值得关注。

第一，贸易自由论是基于假定贸易利益大到足以压倒对占有领土的战略或意识形态动机。在中日钓鱼岛争端中，经济利益相对于由政府或非政府行为体采取的刺激性行动而言显得脆弱。就纯粹的经济利益而言，解决这一争端所获之利，以及分享钓鱼岛周边水域下的石油和天然气资源的收益是巨大的。但民族主义的压力和向地区对手让步的担心太大，阻止了这些利益的实现。

第二，即使经济利益的总量巨大，也不是每一方都能获利。贸易和平论通常假定（有时是暗中假定），当涉及战争与和平的决策时，贸易收益的总量在政治上很重要，所以政府对与贸易伙伴发生冲突保持警惕。然而我们知道，贸易收益的总量并不能确保国家就会参与自由贸易。正如贸易保护主义者的利益经常在对外经济政策中占优势一样，这些利益有可能在对外政策的其他

---

① J. R. Hollyer, B. P. Rosendorff and J. R. Vreeland, "Democracy and Transparency", *Journal of Politics*, Vol. 73, No. 4, 2011, pp. 1191 – 1205.

方面占优势。有民族主义、贸易保护主义或经济独立偏好的政府没有开启良性循环的动力。领土争端的存在能够增加中央权威，阻碍民主化和证明维持大规模常备军的正当性。① 受益于此的群体（军人和土地精英）可能偏爱让争端激化，甚至以牺牲经济一体化为代价。

第三，关于各国与邻国进行贸易时潜在收益有多大，这在各地区有显著差别。实现欧洲一体化的一个条件在于相对富裕的国家聚集在一起。特别是当工业化起飞时，一体化产生的潜在收益是巨大的，但即便如此，欧洲也花了数十年才实现一体化。一旦这个过程滚动起来，持续下去的收益很大，就像加入俱乐部的外人所获的收益一样大。其他国家不能像欧洲国家那样幸运，有那么多的富裕邻国，所以从双边和地区一体化进程中所获之利要小得多。地区外行为体提供贸易、资金和援助的数量是否能取代本地区国家抱团所获之利仍是个开放性的问题。②

第四，经济一体化程度的加深能够使边界因分离主义而受到压力。看看欧洲在一体化过程中分离主义运动的高涨吧。一些学者提出，经济交往的增加使次国家单位的力量大增，也使小国的生存能力大增。③ 虽然个别案例符合这一假设，但系统性的检验结果并不支持。有人通过对 116 个国家的研究发现，经济开放程度与要求自决的族群、宗教或地区集团数量有相关性。④ 另一项研究表明，欧洲分离主义党派的选举实力只是与经济一体化指标呈弱相关性，不过这一相关性是有条件的，因为只有少数分离主义群体（特别是相对

---

① D. M. Gibler, *The Territorial Peace: Borders, State Development, and International Conflict*, Cambridge, UK: Cambridge University Press, 2012.

② H. Lee and S. M. Mitchell, "Foreign Direct Investment and Territorial Disputes", *Journal of Conflict Resolution*, Vol. 56, No. 4, 2012, pp. 675 – 703.

③ P. Lynch, *Minority Nationalism and European Integration*, Cardiff: Univeristy of Wales Press, 1996; H. Meadwell and P. Martin, "Economic Integration and the Politics of Independence", *Nations and Nationalism*, Vol. 2, No. 1, 1996, pp. 67 – 87; A. Alesina and E. Spolaore, *The Size of Nations*, Cambridge, MA: MIT Press, 2003.

④ A. Zinn, "Economic Integration and Political Separatism: Parallel Trends or Causally Linked Processes?", in D. R. Cameron, G. Ranis and A. Zinn (ed.), *Globalization and Self-Determination: Is the Nation State Under Siege?*, London: Routledge, 2006, pp. 233 – 246.

富裕地区的群体）受益于制度化过程和经济一体化过程。① 解析全球化与分离主义关系中的异质性是未来很有前景的研究课题。

总之，对边界、冲突和贸易的研究丰富了我们对领土争端如何驱动军事冲突以及军事冲突如何阻碍经济一体化的理解。这一恶性循环有助于解释领土争端为何持久存在，并在数十年里难以解决。但我们不太理解的是国家如何才能跳出这一怪圈。到底有没有一个良性循环能使当事双方共同获得经济利益，以促使争端得到解决，减少冲突的风险，并导致更紧密的一体化，这反过来又使边界的稳定性得到加强。现有的研究表明这种情况是可能的，但不能普及（根据上面的附加说明可知）。未来的研究可以探讨这个问题，这既能增加我们对该问题的理解，也能指导领土争端的解决。

---

① D. Brancati, "Another Great Illusion: the Advancement of Separatism Through Economic Integration", *Political Science Research Methods*, Vol. 2, No. 1, 2014, pp. 69–95.

第四部分 | **全球安全与冲突的展望**

21 世纪的全球治理与安全[*]

[美] 詹姆斯·斯珀林 著　　侯尤玲 译[**]

全球治理问题日益获得理论关注，毫无疑问，这至少反映了三个过程。第一是这个问题在欧洲与北美特别紧迫，这根源于国内治理复杂性的不断增加，以及没有各个国家机构之间的合作，政府便不能处理好国内社会矛盾。第二个过程起源于安全威胁的扩散：国家经济社会的数字化使国家权力在国内国外的运行都日益复杂化和脆弱化；在应对内外冲击方面，体制脆弱性总起来说是在增加的；非国家对手的明显增加使评估国家、地区和全球安全更加复杂。第三个过程是反映了国内与地区无治理状况（non-governance）的持续与增长，这已经引起了学界和实践者对全球治理问题的关注，并引发了《威斯特伐利亚条约》非干涉原则的替代选项的需求，以满足在可能情况下解救受难者的道义需要，但是这反过来会增加开放社会的脆弱性。

在国际关系研究文献中，安全治理并没有得到广泛的认可，尽管与全球治理所关注的问题属于同类，但现在的所有研究都是聚焦于全球治理及其在

---

[*] 原文标题：Governance and Security in the Twenty-first Century，见 *Handbook of Governance and Security*，Edward Elgar Publisher，2014。

[**] 作者简介：詹姆斯·斯珀林（James Sperling），美国阿克伦大学政治学系教授。译者简介：侯尤玲，民间学者。

安全之外领域的运用。在最近关于安全研究的调查中，作者并没有触及安全治理文献，尽管有充分的经验性证据证明安全治理是一种真实的世界性现象，不仅需要予以解释，而且需要为理解21世纪的安全挑战以及国际体制变化轨迹提供一个框架（如果不是提供理论基础的话）。

乔治·克里斯托（George Christou）区分了安全治理研究文献的三个阶段。第一阶段关注欧洲内部安全事务；第二阶段产生了对治理的不同界定，这反映了从机制理论到多边主义的不同理论基础；第三阶段研究寻求把从威斯特伐利亚国家到后威斯特伐利亚国家的过渡（尤其关注欧洲及其外围地区的这一过渡），与安全治理的行动和不断凸显联系起来。这些安全治理研究为解释安全治理（欧洲及其之外的）跨时空演进的第四阶段研究，提供了平台。

然而，安全治理作为一种理论仍是残缺不全的，这是由研究文献中的两种趋势所致，即概念延伸——在那些不存在治理的地方去发现治理，以及概念收缩——只把安全治理运用于欧洲案例。

一、安全治理的前期理论

安全治理在相当程度上仍处于前期理论阶段。把安全治理从安全理论清单中排除出去无疑反映了这种情况。那些从事把治理与安全结合起来这一开创性研究的学者们，已经意识到在创新一种安全治理的独特理论过程中所面对的困难，亦即这种理论要具有竞争性或能纳入安全研究理论清单。而且这些学者们把安全治理理解为一种经验事实，而既有国际关系理论并不能解释它们，尽管作为解决安全与治理结合的理论问题的一种潜在方案，机制复杂性也许会出现。

马克·韦伯（Mark Wbber）把安全治理宽泛地界定为："一种规则的国际体系，有赖于多数受影响国家的接受，它通过正式、非正式的规制机制驾驭跨越诸多安全以及与安全相关问题领域的行动。"对安全治理的这一宽泛界定使我们能够考察制度（institutions）在安全领域扮演的角色，特别考察国家与国际或跨国制度之间的分工，被禁止或限制使用的国家行为手段和目的，以及集体对利益和威胁的界定的统一过程。安全治理概念化一般来说可分为四类，关注焦点分别是国家间的互动、不同的网络、国际或跨国机制组成的体系，或是作为重新解决安全问题的探索性手段的治理——为了包容冲突调解的其他形式之间的和平共处、与国家安全相关的日益增长的非国家行为体以及安全议程的扩展。

安全治理具有概念包容性的优点：它考虑到了等级制与非等级制等诸多互动方式，还考虑到了地区安全机制不同实体相连并且具有规范性的内容。

对于安全领域的国家或非国家行为体，安全治理既不排除它们也不赋予其必要性，而是给以下质疑留下空间，即国家是否能够独自提供跨越多种层级和多种方面的安全，国家是否被迫在多边或跨国制度框架中发挥作用。更重要的是，后威斯特伐利亚国家与当代安全议程扩展一并出现，构成了着手处理作为一个地区或全球治理问题的安全并使之理论化的关键理由。

对安全治理的开创性界定拥有既有安全研究方法所没有的三方面优势：第一，它是一种开放式的阐述，为重新思考与行为体有关的安全之本质，以及重新思考威胁界定与行动者，提供了可能；第二，它为连接不言自明的对立各方（这是当代安全争论的特征），尤其是（新）现实主义、自由制度主义和社会建构主义的各种变种，提供了一种机制；第三，它把注意力吸引到那些能使国家和社会为自己提供安全的机制上来。马克·韦伯所界定的安全治理在相当程度上与那些坚持以下观点的分析家是一致的，他们认为制度机构是国家使用并达成进一步目标的机制，国家是国际关系的主要行动者，权力关系不仅是物质性的，也具有主体间性，国家受制于与禁止和限制行为相关的各种制度。宽泛的理论包容性使学者们能够从任何既有国际关系理论着手分析21世纪的安全问题，尽管这也有碍于能够全面地解释当代国际体系中安全实践与安全治理自己理论的发展。

不过，安全治理概念的灵活性使我们能够开创性地质疑：安全治理是否被严格限制在大西洋两岸甚至是更狭隘的欧洲共同体国家的一种安全供给方式，这些相互依存的地理政治空间中的安全治理体系是否具有可转移性，抑或是否存在需要区分和考察的多种治理形式。

二、地区安全治理

地区安全和地区身份认同构成一个概念上一致的地理政治空间或地理战略空间，这并不是最近才受到关注。当代学术先行者对此的关注可以追溯到20世纪40年代，当时"二战"后学者开始对地区一体化和地区安全制度非常感兴趣。早期研究趋向于描述性、规范性和理论性，而后来的研究则出现分裂，一些人热衷于从事理论争论，而另一些人则把地区安全看作是一个最不受理论枝节羁绊的政策议题。"冷战"结束后，安全的区域化越来越被看作国际体系的一个特征。

地区安全制度扩散，开创性地建立国际和地区制度满足安全需求，这都有力说明了国家的确把安全挑战看作一个仅适于在地区层面处理的现象。安全的地区化可能反映了以下几点或其中一点：历史条件下的地区身份认同；持久、广泛而密集的互动背景；地缘政治或地缘战略的必要性。在他们界定的地区安全复合体中，布赞与维夫（Barry Buzan and Ole Waever, 2003：4）采取了如下地区视角的逻辑："大多数威胁更易于近距离扩散，而非长距离，安全的相互依赖通常是基于地区集群进行的"。同时，地区安全治理的复杂性为考察国家安全病理转向地区安全复杂性提供了理论基础。他们过于限制自己界定哪些国家属于特定地区安全复合体，而漠视地区安全体系日益突出的悖论及对之具有抵消作用的全球化必然趋势。

在"二战"后时期，同盟为研究各种地区安全秩序提供了理论支柱。毫无疑问，趋势之一是用北约、华约的成功来解释。随着"冷战"体制的崩溃，新出现的学术兴趣关注的是：哪些条件促成1648年至1989年间的欧洲安全秩序（稳定或不稳定），哪些促成了体系结构中，国内宪法秩序的表达。在关于安全共同体和制度在培育地区安全合作中重要性的研究文献中，都出现了对特定地区安全的具体性质、起源与结果的争论，通过社会建构主义者将治理概论化，各种地区安全体系的多种性得以扩展。

三、安全治理的诸维度

安全治理在概念与理论上的挑战及其实践都不仅仅反映了变化中的国家性质,特别是主权至高无上性的萎缩和国际政治的国内化,而且反映了问题的安全化(securitization),而原来这些问题被看作大体是国家权威范围内的事,主要在国家边界之内处理。安全概念化的这一变动推进了哥本哈根学派(特别是布赞)的努力,他们强调社会和人类的安全。华沙条约组织的崩溃、苏联的解体、欧洲及其周边"现代仇恨"的重燃,引起了新一轮关于威胁的性质、国家在应对这些威胁中的角色以及合适手段等问题的争论。

安全治理的诸维度研究在相当程度上可归因于后威斯特伐利亚时代国家的脆弱性,以及这些脆弱性已经呈现出来的安全化。如今,国家追求着一种扩展了的国家安全议程,这已是不争的事实,但安全威胁与国内治理挑战之间的具体边界,不再是固定不变的了。由于作为主要威胁者的各种非国家行为体不断突现,使后威斯特伐利亚国家面临的新的脆弱性更加恶化。安全治理应对的是诸如此类威胁出现、数量的增加与变种,它们超出了限定在主权与领土统一之内的传统安全议程的范围,以及那些对国家系统的或周边的目标所构成的威胁,对国家结构权威或合法性、国家主权和领土完整所构成的威胁。

对这些威胁的反应不能约简为一种国家中心的安全评估,国家既是评估分析的主体也是其客体。相反,威胁和行动者数量的增加均要求更具细节差异和复杂性的安全条约。作为不安全代理的非国家行为体扮演着重要角色,与此同时,作为威胁目标与来源的国家的角色相对不那么重要了。通常从两个方面来描述新的威胁环境:威胁的目标(国家、社会或周围环境)和威胁行动。

安全类型的划分把一系列因素纳入国家的威胁评估与安全政策,强调当代安全环境的相对的难以驾驭性。威胁范围及其难以驾驭性都可以追溯到两方面的发展:一是与刚刚成为过去的安全体系相比,在当前安全体系中,作为主角的国家所起的作用相对较小，而作为超越国家范围与传统应对手段的威胁实施者，非国家行为体的作用在上升；二是对国家的威胁是间接的而非直接的，现在主要的攻击目标是社会或地区环境。威胁实施者更倾向于把社会而不是国家机构作为攻击目标，非国家行为体的转变，这都是后威斯特伐利亚时代国家最应该考虑的，而对威斯特伐利亚时代的国家来说，占主导地位的是以国家为中心的评估。许多新的安全挑战威胁到社会结构或团结。其他威胁目标则是制度化的治理结构或具体地区中国家的周边环境，特别是那些民主政治治下和奉行自由经济主义的国家体制。在这些条件自动形成的地方，作为威胁目标的国家本身在相当程度上被忽视了。随之而来的问题是，国家机构不再被当作明确的威胁目标，国家应对威胁的能力有赖于经受时间检验的防御与威胁战略。

四、安全治理的制度

任何安全治理体系都需要部分地从制度化层面来界定：在定义威胁方面这些制度相对于国家的特点，采取应对这些威胁的适当政策手段，以及他们作为行为体（或负责人）在安全政策制定与执行过程中所扮演的行为体角色。正是国际安全制度的出现最初引起了对安全治理的关注、对可看到的国际体系中权力变化的关注，特别是对国家管辖权内外的安全责任扩散的关注。正如对国际机制的学术研究证明的那样，国际制度所需要的角色不是国家独自或一起以常规方式所能承担的。对于安全治理而言，制度培育起了国家之间的合作，扮演了降低交易成本的关键角色，增进了应对具体威胁过程中建立的相互信任，拓展了没有至高权力世界中的集体行动的前景，促进了对安全内容转变性理解的出现。

在调停国家之间的冲突，培养各国在无政府世界中进行合作，辨识共同威胁与做出最佳应对之策，推动各个安全机构之间合作工作等方面，安全制度扮演着关键角色。欧洲是地缘政治空间高度制度化的一个代表，在这里外交政策精英把安全看作在一种制度框架中实施的集体诉求。在欧洲之外，国家主权受到限制或是丧失，安全的制度化进展得不是很好，在某些情况下甚至是缺失的。

现今，我们也需要考察两类与安全治理相关的制度，一类是那些治理具体安全威胁（如健康、金融和能源威胁）的制度。基于上述威胁的安全治理制度的存在，是受到全球化的结构过程，以及伴随着迅速的技术变迁与全球化而来的威斯特伐利亚时代主权的不断耗竭而驱动的。制度的建构与适应性变化以及它们对安全治理的助益，不仅仅反映了诸如金融危机、能源供应中断或威胁到国家与社会的流行性疾病等危险，而且反映了它们在国家或非国家行为体蓄意制造的系统性的或社会性的混乱行动中的潜在意义。

另一制度类型是对特定地区或泛地区的回应，有维护地区秩序、国家安全以及遏制国内冲突的功能。这类制度主要出现在对地区治理的分析中。从具体制度有利角度考察地区治理，是为了表明地区安全秩序整体中制度部分的具体作用，及它对地区安全治理和增进超越地区章程条款的安全责任的贡献。

五、结论

许多关于安全治理的开创性经验研究反映了安全分析者对欧洲安全制度化、持久和平、安全任务的扩散与制度设计问题等的关注。这也是对安全研究中制度不受欢迎的一个回应，这种情况不仅反映了学科的偏见，而且是一种基于历史记录的理性怀疑主义。"冷战"秩序的解体，最初设计用来满足集体防卫挑战（北约），或减缓困扰欧洲历史的由来已久的敌意（欧盟），或有助于东西方缓和过程（欧安会）的安全制度的持续存在，威胁性质的变化促使研究欧洲安全的学者们怀疑在一种趋于冲突的地缘政治空间中是否能有效复制欧洲治理体系，这是可理解的，因为欧洲从世界战争的策源地转变为用非暴力解决冲突的模范。安全治理与欧洲可以被看作是与其他地缘政治空间中安全管理中不相关的特殊案例，也可以被看作是一种让人信服的重建逻辑。或许欧洲能被看作是这样一个案例，即在这里很明显的是安全动力不断变化，需要在 21 世纪进行安全管控。不过，欧洲是一个"容易"成功的例子，独特的历史环境——血腥而极具破坏性的两次世界大战结合在一起形成的一种过于自信的共同文明——使欧洲人确信要放松对至高无上主权的要求，而致力于和平与繁荣。把焦点放在欧洲，随之而来的是欧洲固有的偏见，即偏好多元化和制度化的治国之道，这些规范的实质内容对治理国家来说是必要的。

欧洲是不是一个特例，或者说安全治理的欧洲模式是不是能运用于世界其他地方，这仍然是一个需要讨论的问题。

后"冷战"时代，制度在地区安全治理中的具体角色仍将是一个争论主题。有些地区，安全合作仍受到严重安全困境约束的地区，国家维护主权的意愿强烈，在这些地方，成功地解决形式变化了的威胁的可能性仍然很小，这些威胁不再是传统的保卫领土完整，或用暴力保护国家财富免受军事攻击。制度在安全治理中的作用表明彼此对变化的安全威胁有了共同认识，这为团结起来进行安全合作提供了政策空间。欧洲之外地区的国家面临的安全困境，地区对威胁的认识，都为验证下面这些观点提供了很好的经验，即正式或非正式制度、多边主义的规范是（或不是）——在文化的或地缘意义上——只限于欧洲—大西洋沿岸国家的。

管理全球化效应及加强全球安全过程中的"国家间"意识[*]

[加拿大] 阿尼塔·莱克哈尼 著 林民旺 译[**]

> 潜意识如果没有进入意识,就会引导你的人生而成为你的命运。
>
> ——卡尔·古斯塔夫·荣格[①]

由于民族国家为解决争端提供了物质和法律边界,国内和国际法律文化的中心是民族国家。民族国家范式(nation-state-paradigm)的内在体现为,国家之间既互相独立又相互依赖。国家的独立性催生国家文化和价值观,同时这一独立特质使得国家有意或无意识地在国家形式、功能和意识形态上产生分化。即便是拥护民主价值观的国家,也容易受到核心国家文化和价值观分裂的影响。

---

[*] 原文标题:Towards a Consciousness of Inter–Nationality in Managing the Effects of Globalization and Enhancing Global Security,载 The Whitehead Journal of Diplomacy and International Relations,2013,14.1,pp. 81–95。

[**] 作者简介:阿尼塔·莱克哈尼(Avnita Lakhani),香港城市大学法学院副教授。译者简介:林民旺,复旦大学国际问题研究院研究员。

[①] 卡尔·古斯塔夫·荣格(Carl Gustav Jung, 1875—1961),著名瑞士心理学家,创立了分析心理学理论。

这种国家文化的广泛性加之其内部可能产生的分裂意味着冲突一定会产生。本质上，国家文化的差异越大，它们之间的冲突就越容易产生。这些冲突通常通过国家实力来解决。实力，在民族国家范式的情境下，意味着监管能力，以及立法和司法部门规范和惩治一定行为的能力。同样，民族国家拥有使用武力的权力。

在民族国家的范式下，国家有权使用武力，即便是针对其公民。国家是国际法律社会的主体，而公民、居民和游客注定是从属于主体的客体，二者是主客体间的关系。即便是在21世纪，这一主客体范式还继续代表权力拥有者和非权力拥有者间的长期关系。①

这一世界观认为，权力就是一方对另一方有权使用实力。武力只是实力的一种展示。如今的国际法庭，在很大程度上，只承认来自民族国家的诉求。即使在那些个人可以直接申诉的国际机构，诉求也必须通过该组织再进入国家层面的过滤。②

全球化意为产生全球经济和全球交流的过程③，它已带来许多改变，但相对于全球经济下个人日常生活的改变而言，对民族国家功能的改变更具革命性。④ 民族国家的角色不再是简单维护国家边界、民族文化以及维持现状，也不再是简单守望边界和施行法律的任务。

不论是公民还是非公民，都意识到他们如今拥有更大的影响力，相比于国家权力，他们更能决定结果。这是全球化的副产品和未曾预料的结果。全球化带来了一个比以往任何时候都要更加紧密联系的国际社会。这也改变了对

---

① Avnita Lakhani, "The Role of Citizens and the Future of International Law", *Journal of Conflict Resolution*, 159 (2007), pp. 172 – 174.

② Avnita Lakhani, "The Role of Citizens and the Future of International Law", *Journal of Conflict Resolution*, 159 (2007), pp. 192 – 198; Myres McDougal and Florentino Felidano, *Law and the Minimum World Public Oratr*, 1961, pp. 13 – 14.

③ William Twining, *Globalisation and Legal Theory*, New York: Cambridge University Press, 2000, pp. 4 – 5; Anthony Giddens, *The Consequences of Modernity*, Stanford Universit Press, 1990.

④ Ethan Bronner, "Protests Force Israel to Confront Wealth Gap", *New York Times*, August 12, 2011, http://www.nj'dmes.com/2011/08/12/world/middleeast/12israel.htmi? ref = ethanbronner.

于民族国家以及国家主权限度的观念。结果是,"国家间"(inter-nationality)作为一种范式而产生,成为一种生活在两个或多个民族间的意识,从而导致个人权利要与之相匹配。

只要目前民族国家范式主导着国际关系,国家间意识就能够认清国际社会想要达成和平与安全是十分困难的。

本文第二部分追溯了个人的角色演变以及其如何影响目前的国家范式。第三部分讨论国家主权的发展。第四部分研究从国家到"国家间"通过法律意识的提升而产生的意识转变。第五部分讨论法律意识提升对法律以及法律文化的影响。第六部分总结国家法律文化在全球化时代的重要作用,认为国际法律社会必须朝着"国家间"意识前进,从而能够以权力制衡武力,实现全球和平与安全。

一、个人在全球化世界中不断演化的角色

在一个全球化的世界中,个体和民族国家的角色都处于持续不断的演变进程之中。造成这种演变发生的包括有意识的推动,也包括意料之外的事件。旷日持久的国际争端,不断地冲击着相关国家国民的正常生活,无论这种冲击是直接降临的,还是逐渐显现的。这就从内外两个方向搅乱了各国的正常生活,阻碍了人类对和谐共处的追求,并强化了民族—国家所固有的权力争端范式。①

"政府谋杀"(Democide)——被定义为政府对任何个人的蓄意杀害,无论是通过种族灭绝、政治杀害还是大规模处决②,已经造成了大量幸存者迁居邻国。这些难民对新的迁入地的经济难以做出什么贡献。这就带来了一系列问题:非法跨国迁徙、对难民的安置与保障以及资源不足带来难民个体间分配

---

① Ivan Simonovic, "Relative Sovereignty of the 21st Century", *Hastings International and Comparative Law Review*, 25, 2002, pp. 371, 376.

② R. J. Rummel, *Death by Government*, New Brunswick: Transaction Publishers, 1994, 31.

不均。这些问题都全方位地冲击了世界经济。在20世纪90年代，国家间的争端已经造成了超过22万人丧生。跨境争端产生了一系列溢出效应。其中之一即为那些被驱逐出了原国家、褫夺了公民身份及一切相应权益的人所带来的问题。这些人不得不到别的国家寻求救助。① 除此之外，在20世纪90年代还有约360万人在国内冲突中丧生。这一系列冲突同样造成了大量的难民，无论他们是跨境的，还是在国内重新安置的。其数字与20世纪80年代相比增加了50%。② 在整个20世纪，政府谋杀已经造成了超过1.7亿人丧生。这个令人惊愕的数字已经超过了在两次世界大战中丧生人数的总和。③ 据国际重新安置监察中心统计，目前全球各地的国际冲突已经使得超过2640万人不得不背井离乡，在其国内重新安置。④

在2011年，全球有超过1500万的无国籍人。仅仅有38个国家在国际层面承认了这个问题的存在。⑤ 一个人如果无国籍，意味着没有任何现存的国家承认其为本国公民，因此他们就无法正常参与工作，享受福利，获得住房，分享各种机会。由于这些无国籍人没有一个国家对其承担责任，他们就没有在民族—国家范式内的国民在其国家法律体系内所享有的法律人格。这就使得他们更多地会面临强力的对待，而不是依法治理。就算持有护照，他们也不被前所属国承认。接纳他们为难民的现居留国也不承认他们，因为他们的护照是无效的。

---

① Ivan Simonovic, "Relative Sovereignty of the 21st Century", *Hastings International and Comparative Law Review*, 25, 2002, pp. 370-377.

② Ivan Simonovic, "Relative Sovereignty of the 21st Century", *Hastings International and Comparative Law Review*, p. 25, 2002, 376, citing UN. Development Programme, *Human Development Report* 2002: *Deepening Democracy in a Fragmented World*, 2, 2002.

③ Ivan Simonovic, "Relative Sovereignty of the 21st Century", *Hastings International & Comparative Law Review*, 25, 2002, p. 376, citing UN. Development Programme, *Human Development Report* 2002: *Deepening Democracy in a Fragmented World*, 6, 2002.

④ Internal Displacement Monitoring Centre, *Global Overview 2011*: *People Internally Displaced by Conflict and Violence*, April 2012, http://www.internal-displacement.org/publicadons/global-overview-2011.pdf.

⑤ Emma Batha, "Invisible Millions Pay Price of Statelessness", *Reuters*, August 23, 2011, http://www.reuters.com/article/2011/08/23/us-stateless-idUSTRE77M29R20110823.

全球化进程——无论是有意推进的，还是意料之外的，是第二个对个体角色演化发生作用的因素。在给世界人民带来了更多机会的同时，全球化也催生了大规模跨境流动、多重国际和跨境共同体等一系列潮流。这些新兴因素都使得个体更多地意识到自己是世界共同体的公民，而不仅仅是属于自己的国家。

随着越来越多的人在不同的主权界限间流动，他们很可能会发展出一种超越国境的共同意识。这被以下事实证明："近年很多移民仍和他们的原国家维持着紧密联系，并定期返回拜访他们在那里的亲友，或出于其他目的"。[①]"其他目的"可以包括他们离开自己亲友已经迁至的国家，并返回原国家来完成个人的或职业的目标。[②] 这些迁居者可能已经是迁入地的永久居民或公民，但他们仍保持着和原国家或地区的紧密联系。

这种跨境共同意识反映出了一种不受民族和地理界限辖制的，更具备文化多元性并且与传统的国家利益联系更少的世界观。那些侨居国外的人也可以被引为例证。这些人在原居留国内工作与生活的时间远远多于其保有公民身份的国家。[③] 超越国境的共同意识是一种多层次的观念，其所引导的忠诚指向更为多元和复杂。[④] 这种世界观并不像在传统的民族—国家范式中那样强制限定一个公民个体与其国籍所属国家之间的关系。这种多层次的观念超越了

---

① Enid Trucios-Haynes, "Latcrit Theory and International Civil and Political Rights: The Role of Transnational Identity and Migration", *The University of Miami Inter-American Law Review*, 28, No. 2 (Winter 1996/1997), pp. 293 - 295.

② Kirk Semple, "More U. S. Immigrants' Children Seek American Dream Abroad", *New York Times*, April 15, 2012, http://www.nytimes.com/2012/04/16/us/more-us-children-of-immigrants-are-leavingus.html?pagewanted=all.

③ Enid Trucios-Haynes, "Latcrit Theory and International Civil and Political Rights: The Role of Transnational Identity and Migration", *The University of Miami Inter-American Law Review*, 28, No. 2 (Winter 1996/1997), p. 294; Leah Hyslop, "Increasing Number of Britons Looking for Work Abroad," *Telegraph*, October 27, 2010, http://www.telegraph.co.uk/expat/expatnews/8087788/Increasing-number-of-Britonslooking-for-work-abroad.html.

④ Enid Trucios-Haynes, "Latcrit Theory and International Civil and Political Rights: The Role of Transnational Idendtity and Migration", *The University of Miami Inter-American Law Review*, 28, No. 2 (Winter 1996/1997), pp. 300 - 301.

传统的公民权仅仅归于一个民族国家的定义，使得那些穿梭于世界各国的人成为了世界公民。

除了跨国境观念、多重国籍和多重国民之外，全球化进程还带来了很多其他引人注目的副产品。随着自由贸易进程的推进，跨国公司将自己的势力扩张到了新兴市场内。① 这些变化使得更多的个人有机会在其他国家工作和生活，甚至成为那里的永久居民。② 个人可能会因为简单的经济原因做出这种选择。因为多重的公民身份会给个人及其家庭带来更多的机会。这种多重身份也可能会给个人带来更多的权益和资源。

然而，学者们却对以上新潮流的出现表示了担忧。他们从法律、政治、经济、社会生活等各个视角出发，就这种潮流会给公民与政府之间的关系带来什么影响而争论不休。③ 菲尔德布拉姆（Felblum）、斯皮罗（Spiro）和雅各布森（Jacobson）认为当前的多重民族性进程给民族—国家与其所属民的关系带来了直接的冲击，甚至标志着"曾经被认为理所当然的不可分割的，组成民族—国家的政治、社会和领土层面被拆解独列"④。这将使得国家中心论——国际法哲学所支持的中央集权式的观点转变为"一种以社会的互相交融和多重个人忠诚与个人认同为主要特征的全球体系"⑤。

---

① Linda Bosniak, "Multiple Nationality and the Postnational Transformation of Citizenship", *Virginia Journal International Law*, 42 (2002), pp. 979 – 980; Peter H. Schuck, "Plural Citizenships", in *Immigration and Citiszenship in the Twenty-first Century*, ed. by Noah M. J. Pickus, Lanham: Rowman & Littleβeld, 1998, p. 149.

② Helsingin Sanomat, "Number of Fins Holding Dual Citizenship has Multiplied Threefold in Ten Years", November 24, 2010, http://www.hs.fi/english/print/1135261878090; Maria Sacchetti, "Dual Citizenship's Appeal Grows, Here and Abroad", *The Boston Globe*, August 22, 2011, http://articles.boston.com/2011-08-22/news/29915528_1_dual-citizenship-new-citizens-migration-policy-institute.

③ Linda Bosniak, "Multiple Nationality and the Postnational Transformation of Citizenship", *Virginia Journal International Law*, 42 (2002), pp. 981 – 984.

④ David Jacobson, "New Border Customs: Migration and the Changing Role of the State", *UCLA Journal International Law and Foreign Affairs*, 3 (1998/1999), pp. 443 – 444.

⑤ Thomas M. Franck, "Community Based on Autonomy", *Columbia Journal of Transnational Law*, 36 (1997), pp: 41 – 42, 63 – 64.

最后，技术的进步和全球范围内的劳动力流动一道带来了一个更具流动性、教育程度更高的全球共同体。社会交往技术的新成果，例如脸书（Facebook）、推特（Twitter）、电子邮件（E-mail）、IPad 和 IPhone 加强了社会交往的时效性。无论这种交往是发生在国内的，还是跨越国境的。这些技术已经成为了最近许多社会运动和抗议的基础，例如"阿拉伯之春"、纽约的"占领华尔街"运动。

国家之间的争端、居民的国内重新安置、大规模移民①、政府谋杀、多重民族性的兴起，以及技术的进步共同带来了个体角色的演化，乃至革命性发展。这种变化也反过来使得学者和各国不得不质疑和分析民族—国家的新角色，以及在这样一个相互联系、相互依赖日益增强，民族交往日益密切的世界上国家主权的真正含义。

二、主权国家（民族国家）概念的演变

1928 年，奥本海姆（Oppenhelm）指出主权概念②自产生以来就存在争议，一直没有形成一个共识。③ 随着时间的推移，主权已经产生了一系列的含义，涵盖了君主制和政治权威、政治合法性、治理、宪法秩序、一个正式的法律实体和国际人格。④

今天，在国际法的语境下，主权可以广泛地被理解为"尊重领土完整和

---

① Stephen Castles and Mark Miller, *The Age of Migration*, New York: MacMillan, 1998, pp. 8 – 9.
② Julian H. Franklin (ed.), *Bodin: On Sovereignty*, Oxford: Alden Press, 1992, p. 35.
③ Lassa Oppenhelm, *International Law: A Treatise*, ed. by Arnold D. McNair, University of California, (4th ed.) 1928, p. 66; Till Müller, "Customary Transnational Law: Attacking the Last Resort of State Sovereignty", *Indiana Journal Global Legal Studies*, 15 (2008), pp. 1534 – 1536.
④ Winston P. Nagan and Craig Hammer, "'The Changing Character of Sovereignty' in International Law and International Relations", *Columbia Journal of Transnational Law*, 43 (2004/2005), pp. 142 – 144; Dan Sarooshi, "The Essentially Contested Nature of the Concept of Sovereignty: Implications for the Exercise by International Organizations of Delegated Powers of Government", *Michigan Journal of International Law*, 25 (2004), pp. 1107 – 1108.

主权平等国家的政治独立"①,从而"代表国家法律的基本宪法原则"②。在主权作为组织概念和重要象征的范式下,全球社会中权力最大的参与者——民族国家,其权力过程逐渐发展为获得主权、维护主权、改变或重组主权的能力。③ 通过对各种资源的经营和操控,参与国和需求国声称拥有主权。④

然而,主权即在一个政治团体内拥有最高和排他性的政治权力⑤,其对内对外的含义都正在经历变化。⑥ 西蒙诺维奇(Simonovic)指出主权对内方面的含义在权力分享和分配的基础上已经从一个严格的君主制主权演变为一个更加平民化的主权。⑦ 主权对外方面的含义已经并正在从一个以民族国家间权力分享为基础的国际关系体系演变为一个国家行为体和非国家行为体间权力分享和平衡的体系。⑧ 今天,非国家行为体通过接管传统国家功能和支持自下

---

① Quincy Wright, "Toward a Universal Law for Mankind", *Columbia Law Review*, 63 (1963), pp. 456 - 458.

② Ian Brownlie, *Principles of Public International Law*, Oxford University Press (4th ed.) 1990, p. 287; John AllanCohan, "Sovereignty in a Post-sovereign World", *Florida Journal of International Law*, 18 (2006), pp. 911 - 917; Stephen D. Krasner, *Sovereignty: Organized Hypocrisy*, Princeton University Press, 1999, pp. 3 - 4.

③ Winston P. Nagan and Craig Hammer, "The Changing Character of Sovereignty in International Law and International Relations", *Columbia Journal of Transnational Law*, 43 (2004/2005), pp. 151 - 159.

④ Winston P. Nagan and Craig Hammer, "The Changing Character of Sovereignty in International Law and International Relations", *Columbia Journal of Transnational Law*, 43 (2004/2005), pp. 151 - 159; Till Müller, "Customary Transnational Law: Attacking the Last Resort of State Sovereignty", *Indiana Journal Global Legal Studies*, 2008, p. 34.

⑤ Linda Bosniak, "Multiple Nationality and the Postnational Transformation of Citizenship", *Virginia Journal International Law*, 42 (2002), pp. 985 - 986; Harold J. Laski, *Studies in Law and Politics*, 1932, p. 237.

⑥ Linda Bosniak, "Multiple Nationality and the Postnational Transformation of Citizenship", *Virginia Journal International Law*, 42 (2002), pp. 985 - 986.

⑦ Ivan Simonovic, "Relative Sovereignty of the 21st Century", *Hastings International and Comparative Law Review*, 25 (2002), pp. 371, 378.

⑧ Ivan Simonovic, "Relative Sovereignty of the 21st Century", *Hastings International and Comparative Law Review*, 25 (2002), p. 371; Avnita Lakhani, "The Role of Citizens and the Future of International Law," *Cardo Journal of Conflict Resolution*, 159 (2007), pp. 166 - 167.

而上立法①，并使之转化为被国际组织认可和执行的国际法，从而施加强大的影响力。②

另外，由于政治斗争，民族国家范式本身的压力也在不断增加，条约和其他国际联盟，诸如经合组织等国际组织，经常从上到下地强加一些全球治理标准，导致民族国家在治理上的上下分权与权力让渡。③ 虽然非国家行为体并没有被要求必须遵守国际标准，但是如果不按照这些标准执行，就可能导致经济制裁，外交压力和国际上的谴责。④

第三个影响民族国家演变的重要因素是伴随全球化而来的不断增加的技术变化。互联网和社交网络门户，诸如脸书、推特和谷歌，已经创造了一个全球网络，使人们拥有了在几分钟内在全世界传播和分享信息的权力。由于信息的分享和传播，人们也许可以找到和他们有共同兴趣或者事业的人，进而创造一个影响力超越地理的甚或是超越国家边界的强大的亚文化。⑤ 这一水平的跨国交流影响下最大的副产品之一是人们对超越民族国家边界的世界的意识和理解不断增加。

此外，他们也许会和那些有共同兴趣的社会群体产生身份认同并表示出忠诚，而不是和那些感情上疏离的同胞。⑥ 从全球角度来看，很容易理解为什

---

① Till Müller, "Customary Transnational Law: Attacking the Last Resort of State Sovereignty", *Indiana Journal Global legal Studies*, 15 (2008), pp. 36 – 37.

② Till Müller, "Customary Transnational Law: Attacking the Last Resort of State Sovereignty", *Indiana Journal Global Legal Studies*, 15 (2008), pp. 37 – 38.

③ John Allan Cohan, "Sovereignty in a Post-sovereign World", *Florida Journal of International Law*, 18 (2006), pp. 908 – 914.

④ John Allan Cohan, "Sovereignty in a Post-sovereign World", *Florida Journal of International Law*, 18 (2006), pp. 908 – 910.

⑤ Till Müller, "Customary Transnational Law: Attacking the Last Resort of State Sovereignty", *Indiana Journal Global Legal Studies*, 15 (2008), pp. 22 – 24.

⑥ Till Müller, "Customary Transnational Law: Attacking the Last Resort of State Sovereignty", *Indiana Journal Global Legal Studies*, 15 (2008), pp. 22 – 24; Claudio Grossman and Daniel D. Bradlow, "Are We Being Propelled towards a People-centered Transnational Legal Order?", *American University Journal of International Law And Policy*, 1 (1993), pp. 7 – 9, 11; Paul Schiff Berman, "From International Law to Law and Globalization", *Columbia journal Transnational Law*, 43 (2005), pp. 483, 500.

么诸如马修斯（Matthews）等学者认为技术进步在国家相对下降和非国家行为体上升的改变中充当了最强大的动力。①

第四个影响民族国家演变的重要因素是全球网络和全球公民社会的出现，也许直接根源于技术的进步。随着越来越多的人共享相同的世界观、兴趣、经历和观点，他们开始在价值观和兴趣上形成联合体。全球公民社会的出现可以从大量涌现的非政府组织（non-government organization）和他们对国际法的影响力中窥见一斑。全球公民社会的出现意味着非国家行为体在私营个体（private individuals）的监督下对公共事务的兴趣不断增加。②

在许多方面，非政府组织和全球公民社会的出现对解决今天世界面临的复杂、多维的全球问题很有必要。③一个充满活力的全球公民社会能够超越那些领土的、政治的和地理的界限，那些界限看起来阻止了民族国家解决我们这个时代的全球问题。非政府组织和全球公民社会能够意识到全球问题对公民和非公民日常生活的实际影响，并能够超越国家主义范式（statist paradigms）的工作，推动真正的改变和有效的解决方案。④

总而言之，民族国家这些演变的方面已经导致学者认为世界正在进入一个后民族主义（post-nationalism）的状态，一个不再有绝对主权的世界。主权已经转变成为一种商品，或者由于不断增加的以市场为基础的国际治理机制

---

① Jessica T. Mathews, "Power Shift", *Foreign Affairs*, 76, No. 1 (January/February 1997), pp. 50 – 51.

② Paul Schiff Berman, "From International Law to Law and Globalization", *Columbia Journal of Transnational Law*, 43 (2005), pp. 545 – 546; Karsten Nowrot, "Legal Consequences of Globalization: The Status of NGO's Under International Law", *Indiana journal Global Legal Studies*, 1999, pp. 579, 587 – 589.

③ Till Müller, "Customary Transnational Law: Attacking the Last Resort of State Sovereignty", *Indiana Journal Global Legal Studies*, 15 (2008), pp. 23 – 25; Claudio Grossman and Daniel D. Bradlow, "Are We Being Propelled towards a People-centered Transnational Legal Order?", *American University Journal of International Law And Policy*, 1 (1993), pp. 7 – 9, 14 – 16.

④ Till Müller, "Customary Transnational Law: Attacking the Last Resort of State Sovereignty", *Indiana Journal Global Legal Studies*, 15 (2008), pp. 23 – 25.

而成为一种市场主权（market sovereignty）。① 在本质上，这意味着民族国家不再是个人关于世界的观念和认同的唯一仲裁者。因此，人们正在经历一场向个人权力的转变，然而同时也在改变着民族国家的本质和功能。

三、超越国籍走向国家间意识

在这篇文章中，国家间（inter-nationality）这个术语的应用是具有特指含义的。国家间意识的形成需要的不只是广泛的国际旅游经验，尽管它能够有助于向国家间意识的转变。意识是一种允许人们去选择如何反应和行动的积极的认识和理解的状态。因此，形成国家间意识的第一步就是在做出决定和选择时能够积极、自觉、充分地意识到可能的后果，意识到对自己直接影响范围之外的那些人的影响。这包括国际性（internationally）地生活和行动的决定。

《柯林斯英语词典》把国籍（nationality）定义为"特定国家公民的状态或事实……民族性格或品质……一群有着共同的祖先、历史、语言等的人们"②。这是对国籍最常见的解释，一个国家主义式的定义（statist definition）即指定一个人被标示在护照上或者其他形式的法律证件上的国籍。相似地，《牛津词典》把国籍定义为"属于某个特定国家的状态"。③ 关于单词"inter"，它是一个前缀，一般是指"在三者及以上之间，在两者之间，共同或者相互"。④

国家间（inter-nationality）构想的意识状态具有国际视野和"横跨或者超

---

① Ivan Simonovic, "Relative Sovereignty of the 21st Century", *Hastings International and Comparative Law Review*, 25 (2002), p. 19; Tyler Weld, "Market Sovereignty: Managing the Commodity of Sovereign Rights", *Georgetown International Environmental Law Review*, 21, pp. 349 – 356.

② 柯林斯英语词典，"Definition of Nationality", 2012年5月19日, http://www.coliinsdictionary.com/dictionary/english/nationality。

③ 牛津词典在线，"Definition for Nationality", 2012年5月19日, http://oxforddictionaries.com/definition/nationality。

④ American Heritage Dictionary of the English Language (4th ed. 2009), *Collins English Dictionary*, Complete and Unabridged, 2003.

越国家界限"这一国际含义的性质。① 在这个意识状态下,人们不仅跨国生活或工作,而且他们的思想、行动和决定基本都超越了国家界限。他们有国家认同,但是它只服务于纯粹的学术或者行政功能。它并不能规定人们的生活或控制他们的行动。从某种程度上来说,向国家间意识的转变已经发生了。

理论上,人们组成一个国家,而国家的生存和繁荣一定程度上取决于人们从政府那里获得合理支持后对国家经济做出的贡献。然而,个人的角色正在发生变化,由于人们所经受的有意识或无意识的变化,人们正在以更快的速度觉醒。个人的变化和民族国家超越传统的主权概念已经并将会导致从国家意识向一个更广泛、更包容的世界意识转变。

固有的民族传统观念是一种根深蒂固的需要,"个人加入集体的原始归属感"(primordial attachments)创造了民族认同,激发了忠诚、亲情和归属感,导致政治力量不可忽视,甚至在今天也是如此。② 民族主义同样创造了我们和他们的思考方式,从而导致一国的国家利益或人民团体与另一个国家的利益或团体之间的冲突。然而,就像个人和国家演化一样,个人和国家层面的意识也会变化——从完全的自我利益意识转向更加注重整体和全球问题的意识以及可能的解决方案。

霍金斯(Hawkins)把意识的功能定义为某一程度的意识,"允许大脑快速地在大量数据和它们之间的联系的基础上做出选择,远远超过有意识的理解"③。霍金斯说道,意识通常"每时每刻会自动选择它所认为的最好的东西"④。因此,随着人们的演化,他们拥有更多的信息和意识,借以从中做出选择和决定。

同时,全球化对个人和非国家行为体带来的影响的独特之处,不仅是有

---

① The American Heritage Dictionary of the English Language (4th ed. 2009).

② Laurence M. Friedman, "Introduction: Nationalism, Identity, and Law", *Indiana Law Review*, 28, pp. 503 – 505.

③ David R. Hawkins, *Power vs Force: Tie Hidden Determinants of Human Behavior*, Carlsbad, CA: Hay House, 1995, pp. 28 – 29.

④ Ibid.

更多的可供做出选择和决定的信息,更重要的是人们能在意识到自己的决定将会带来什么影响的情况下做出决定。虽然霍金斯认为意识的功能为大脑"超出意识理解范围"[1] 做出选择,意味着人们并不完全理解他们为什么做出某种决定,但这可能不是真的。随着人们的演化,人们做出决定并会完全意识到他们为什么做出某个决定,深刻理解该选择将会给他们自身和社会带来的总的影响。

在某些方面,依据霍奇森(Hodgson)《很好的理由》(*Good Reasons*)中的立场,这一点是可被理解的。[2] 据他的观点,好的理由要求"意识,因为理性涉及能够做出有意识的决定并对我们的行为施加有意识的控制"[3]。此外,它要求一个人不仅要掌握某些决定的原因,而且能够权衡和判断一个人想出这些原因和决定的内心思考过程。[4] 意识可以通过各种方式获得,包括法律的、社会的、种族的、道义的、伦理的(ethical)、宗教的。所有这些框架反映了人们可以意识到他们周围的世界的方法,导致意识成为"一个社会、群体或个人行为的直接改变者(modifier)"[5]。

个人和民族国家已经超越国家走向国家间意识的最为重要的领域之一就是法律意识(legal consciousness)领域。学者们用各种各样的方法定义了法律意识。比如,楚贝克(Trubek)把法律意识定义为"所有关于在某个社会的给定时间内任何人遵从的法律的本质、功能和运行的观点"[6],玛丽(Merry)

---

[1] David R. Hawkins, *Power vs Force: Tie Hidden Determinants of Human Behavior*, Carlsbad, CA: Hay House, 1995, pp. 28 – 29.

[2] David Hodgson, "Responsibility and Good Reasons", *Ohio State Journal of Criminal Law*, 2 (2005), p. 471.

[3] Brenda M. Baker, "In Support of the Good Reasons Approach to Understanding Responsibility", Ohio State Journal of Criminal Law, 2 (2005), p. 485; David Hodgson, "Responsibility and Good Reasons", *Ohio State Journal of Criminal Law*, 2 (2005), pp. 473 – 476.

[4] David Hodgson, "Responsibility and Good Reasons", *Ohio State journal of Criminal Law*, 2 (2005), pp. 473 – 477.

[5] Silvia Kaugia, "Structure of Legal *Consciousness*", *Juridica International*, 1996, pp. 16 – 20, http://www.juridicainternational.eu/structure-of-legal-consciousness.

[6] David Trubek, "Where the Action Is: Critical Legal Studies and Empiricism", *Stanford Law Review*, 26 (1984), pp. 575, 592.

把它定义为"法律被普通公民体验和理解的方式"①和"人们理解和使用法律的方式……人们构想做事情的自然和正常方法,他们言行举止的习惯性模式和他们对世界的常识性了解"②。本质上,法律意识涉及人们在日常生活中对法律如何理解、感知、互动和行动。③法律意识可以通过以下三种要素来理解:(1)法律知识;(2)社会对法律的态度;(3)对实际法律知识和社会态度的行为习惯。④

不断增长的法律意识反映了个人超越国家观念向国家间意识的演化。正如之前所讨论的,全球化和社会的自然演化导致了技术的进步和全球的网络化、全球贸易的增长、双重国籍或者多元国籍的增加、在跨国贸易和跨国公司工作的个人的扩散、不断增长的从民族国家向国内和国际治理机制垂直和水平的权力分配。这意味着国家个体越来越多地接触他国的生活方式、约束这种生活的法律,以及这些法律对社会的影响和对这些法律和国家政权允许或禁止的自由的强烈意识。

同时,日益强烈的法律意识也让个体可以从更宽广的视角对世界进行观察和理解,在此基础上来做出更多有意识的决策。这在许多方面有助于形成一种国际化的世界观而非仅仅局限于传统的民族主义倾向和民族国家忠诚。⑤

近几年来,大量的实例证明了法律意识(或合法性意识,legal consciousness)的兴起怎样超越国界去影响各国政府维持政权的能力以及迫使各国政府避免签署、批准和加入公众不同意的多边条约或协定。最近正在进行的关于

---

① S. E. Merry, "Concepts of Law and Justice among Working Class Americans", *Legal Studies Forum*, 9 (1985), p. 59.

② S. E. Merry, *Getting Justice and Getting Evan: Legal Consciousness among Working Class Americans*, University of Chicago Press, 1990, p. 5.

③ David Cowan, "Legal Consciousness: Some Observations", *Modem Law Review* 67, No. 6 (2004), pp. 928 – 958.

④ Silvia Kaugia, "Structure of Legal *Consciousness*", *Juridica International*, 1 (1996), pp. 16 – 20, http://www.juridicainternational.eu/structure-of-legal-consciousness.

⑤ Ivan Simonovic, "Relative Sovereignty of the 21st Century", *Hastings International Comparative Law Review*, 25 (2002), pp. 373 – 374, 377 – 378.

《反仿冒贸易协定》(the Anti Counterfeiting Trade Agreement)的辩论最值得关注。《反仿冒贸易协定》是以制定保护知识产权的国际标准为目的的多边条约,该条约涉及假冒商品、未注册商标的药物和网上模板的版权侵犯。[1]

迄今为止,尽管已经有很多国家签署了这一协定,仍有至少六个国家未批准该条约,使得该协定至今未能生效。耽搁的主要原因是正在进行中的一系列争论和来自普通公民、非政府组织、专业人士和学术界的抗议,这些抗议是针对该协定对公民自由和数字权限(digital rights)的负面影响以及对该协定的谈判内容进行所谓的保密。[2] 2012年1月,新西兰发生请愿活动并递交了请愿书(《惠灵顿宣言》)[3],波兰则发生了公众集会和示威以及对政府网站的网络攻击[4],同月负责起草《反仿冒贸易协定》的欧盟代表辞职[5],2012年2月,斯洛文尼亚爆发抗议活动[6]。接下来,类似的抗议活动在

---

[1] 反假货贸易协定(ACTA)参见:http://www.mofa.go.jp/policy/economy/i_property/pdfs/actal105_en.pdf。

[2] David Jolly, "A New Question of Internet Freedom", *New York Times*, February, 5th 2012, http://www.nytimes.com/2012/02/06/technology/06iht-acta06.html; Jennifer Baker, "ACTA Text Hurts Startups, Goes Beyond EU Law, Says FFII", *PC World*, http://www.pcworld.com/businesscenter/article/227048/acta_text_hurts_startups_goes_beyond_eu_Jaw_says_IDG News; White House petition, "End ACTA and Protect Our Right to Privacy on the Internet", White House.gov, January 21, 2010, https://wwws.whitehouse.gov/petitions!/pedtion/end-acta-and-protect-our-right-privacyinternet/MwfSVNBK.

[3] Public ACT Conference, "The Wellington Declaration", April 10, 2010, http://acta.net.nz/thewellingtondeclaradon.

[4] "Protesters Rally across Poland to Express Anger at International Copyright Treaty", *The Hamilton Spectator*, January 25, 2012, http://ww\v.thespec.com/news/world/article/66075'1—protesters-rally-across-poland-toexpress-anger-at-international-copyright-treat)'; "Poles Protest against Anti-piracy Moves", *ABC News*, January 27, 2012, http://www.abc.net.au/news/2012-01-26/thousands-protest-across-poland-against-anti-piracypact/3795414.

[5] Mike Masnick, "European Parliament Official in Charge of ACTA Quits, and Denounces the Masquerade' behind ACTA", *Tecbdirt*, January 26, 2012, http://www.techdirt.com/articles/20120126/11014317553/european-parliament-official-charge-acta-quitsdenounces-masquerade-behind-acta.shtml.

[6] "Protesters Decry ACTA, Want to Stop Ratification", *Republic of Slovenia Government Communication Office*, February 4, 2012, http://www.ukom.gov.si/en/media_room/newsletter_slovenia_news/news/article/391/3347/5a08fc90ccle6e864ad76d7a2d750eda/?tx_ttnews%5Bnewsletter%5D=142.

瑞典①和欧洲②爆发，美国③和英国也发生了请愿活动。最近，2012 年 7 月 4 日，在来自公民、议员和非政府团体日益增加的压力下，欧洲议会以压倒性多数拒绝批准该协定。④ 以打击对知识产权的版权侵犯和假冒商品在线交易为目的的《停止网络盗版法案》（the Stop Online Piracy Act，SOPA）也在美国引起了类似的抗议，引发网上请愿和在线网站的停转。⑤

总而言之，可以说日益强烈的合法性意识（legal consciousness）是值得肯定的进步，这种意识对于问题和决策的国际影响的理解已经超越了（民族）国家和国界，而这在法律、未来的法制文化以及未来冲突的管理和解决方面会产生巨大的影响。

四、对法律、法制文化和冲突解决的影响

由仅仅基于国家的意识向基于国家间性的意识的跨越，对于法律和法制文化有着重要的影响。本部分将就这种演变的两个主要影响展开论述。1963 年，莱特（Wright）论述了对人类普遍法则的需要。⑥ 在一定程度上，通过对人权

---

① Peter Vinthagen Simpson, "Swedes Out in Force to Protest Anti-piracy Law", *The Local*, February 4, 2012, http：//www. thelocal. se/38920/20120204/.

② "Anti-ACTA Day：Angry Crowds Take Action", *KT*, February 8, 2012, http：//www. rt. com/news/actaprotests-rallies-europe-089/.

③ "End ACTA and Protect our Right to Privacy on the Internet", *White House petition*, *January* 21, 2012, https：//wwws. whitehouse. gov/petitions！/petition/end-acta-and-protect-our-right-privacyinternet/MwfS-VNBK.

④ Charles Arthur, "ACTA Down, but Not Out, as Europe Votes against Controversial Treat", *The Guardian*, July 4, 2012, http：//www. guardian. co. uk/technology/2012/jul/04/acta-european-parliament-votes-against.

⑤ Kirsten Salyer, "American Censorship Day' Makes an Online Statement：The Ticker", *Bloomberg*, November 16, 2011, http：//www. bloomberg. com/news/2011 - 11 - 16/-americancensorship-day-makes-an-online-statement-the-ticker. html.

⑥ Quincy Wright, "Toward a Universal Law for Mankind", *Columbia Law Review*, 63（1963）, p. 435.

法越来越多的承认、对国际法和比较法的承认和研究，这一点得到了实现。①

然而，考虑到社会意识和法律意识两方面的崛起，法律从业人员和法律界必须做得更多来保护由法律治理而不是力量统治的世界。如今，即使律师们都受过国际法和比较法的训练，法律和法制文化基本上仍是以民族国家为载体。尽管有这种国际化的教育和实践，大多数的法律裁决（legal decisions）仍然采取"全球化思想，地方化行为"的视角。

对法律界的第一个挑战是从如何分析和解决法律问题的角度回顾观点。为了真正实现对于法律的社会功能和角色的新兴公众认识与法律界（legal profession）的结合，法律工作者应采取"全球化思想，地方化行为"的视角。这种视角确保不仅以国际化的视角分析问题而且以全球影响为目标实施解决方案。这种观点与社会责任和可持续发展的思维方式相一致，允许各利益相关方参与到可以利用全世界的才智的决策范式中去。

第二个挑战是（如何）在全球化的世界从法律的治理和功能的角度去界定全球视野。如果社会要处理诸如气候变化、国家冲突导致的国际移民、可持续发展这类当代全球性问题，这一问题就尤为重要。除了莱特对人类普遍法则提出的论点外，西蒙诺维奇（Simonovic）则称全球化需要全球性的法律伦理，这种伦理应基于"宽容、相互尊重尤其是团结的原则"②。此外，梅恩哈特（Meynhart）提出要建立全球法律文化，尤其是在一个政治边界不再是界定社区和身份的唯一途径的世界里。③

尽管每种观点都有一些可取之处，但从国际法、国际法律关系和法律界的视角看，文化和国家的力量仍然十分强大。④ 再者，尽管民族国家的影响力

---

① Quincy Wright, "Toward a Universal Law for Mankind," *Columbia Law Review*, 63 (1963), pp. 435–436.

② Ivan Simonovic, "Relative Sovereignty of the 21st Century", *Hastings International and Comparative Law Review*, 25 (2002), p. 379.

③ Russell Menyhart, "Changing Identities and Changing Law: Possibilities for a Global Legal Culture", *Indiana Journal Global Legal Studies*, 10 (2003), pp. 179–185.

④ Avnita Lakhani, "Cross-cultural Implications on the Legal Requirements for Corporate Governance in China and India", in *Law Across Nations: Governance, Policy & Statutes*, eds. by Sylvia Mercado Kierkegaard and Patrick Kierkegaard, International Association of IT Lawyers, 2011, pp. 410–428; Jacinta O'Hagan, "Conflict, Convergence, or Co-Existence: The Relevance of Culture in Re-framing World Order", *Transnational Law and Contemporary Problems*, 9 (1999), pp. 552–560.

发生变化，但就法律和法权（legal jurisdiction）而言，民族国家范式仍是公认的最具优势的范式。最后，尽管有些社会在增强的法律意识的持续方面已经前进得很远，其他社会，包括发展中经济体和转型经济体，在法治的影响以及话语和实际的伦理上的法律文化的发展方面仍处在理解的基础水平上。

考虑到这些现实问题，对法律界和法律文化而言，最直接的需求似乎是就全球社会中的法律治理和法律的功能与整体价值达成一致意见。举例来说，法治价值观大致包括：（1）追求正义，正义则被界定为法律在合理时间内促进对不平之事予以追究的能力；（2）实现正义，指任何当事人，不论其收入和其他条件，进入法庭使其申诉得以聆听和解决的能力；（3）使用法律代表的权利，指当事人有权在合适的调解纠纷的场所使用法律代表；（4）法律面前人人平等，指当事人应依法被公平对待，不管其收入、地位、宗教信仰、种族、性别和其他可能影响一个人进入法治场所的能力的各种因素。

法治价值观必须超越传统的文化和国家观点并以证明法治世界既和平也更安全的方法与公民和非公民的心意产生共鸣。这些价值观必须与那些有着增强的法律意识的人和那些质疑法治价值的人的思想平等地共鸣并逐渐树立这样一种信心——法律能够成为冲突的避难所而非冲突之源。

界定在全球社会中的法律的功能和价值观，也影响着社会中法律意识的作用和律师的法律教育。正如前文已讨论过的那样，根据社会法学，法律意识"指导（普通）民众在生活中法律是如何运作的以及诉讼怎样反过来会影响他们对法律和合法性的种种理解"。[①] 学生们作为普通人进入法学院，离开时则成为通晓法律、法律文化的法律界的一分子。通过在大多数美国法学院中度过标准的三年社会化过程，法学学生转变为"像律师一样思考"并在其作为律师、法官或其他法律从业人员的生涯中成为公认的建构、分析和实践

---

① Lesley A. Jacobs, "Legal Consciousness and Its Significance for Law and Society Teaching Outside Canadian Law Schools", *Canadian Journal of Law and Society*, 18 No. 1 (2003), pp. 61 – 63; P. Ewick and S. Silbey, "Conformity, Contestation, and Resistance: An Account of Legal Consciousness", *New England Law Review*, 26 (1992), pp. 731 – 742; M. Nielsen, "Situating Legal Consciousness", *Law & Society Review*, M (2000), p. 1059.

法律的业内人士。[1]

由于法律是作为一个整体与社会相关联,出于从全球视角对法律界业内人士的期望,法律教育的一个重要部分就是对法律功能和价值观的基础训练。如今,这种价值观伦理教育以法律伦理学课程的形式被普遍讲授并且通过每种法权的职业伦理道德守则来强制实施。然而,这些基本准则还须被承认并作为全球性的标准来教授,坚持跨越国界和法权。为了达成全球性的标准,需要法律界朝着更和谐的全球性价值观标准方向来重新评估国家的法律文化和界定现行的法权。

如果法律将以使用权力平衡各方力量的方式来服务世界的话,这会是一个有挑战性的和富有创见的要求。这也意味着法律的功能(the function of law)和法律工作者(legal professionals)将不得不跨越人格的世界秩序的范式,迈向具有行动导向的先进范式,这种尊严与和谐的世界秩序的范式专注于所有生物——人类和非人类的生物的内在关联性(the inter-connectedness)。

五、结论

本文讨论了进化中的个体角色、变化中的国家主权观念、作为结果的社会和法律意识的兴起以及这种增强的法律意识在法律和法律文化上的影响。今天,基于国家法律文化的民族国家仍是国际关系的主导范式。在一个全球化的世界,法律界必须主动承认个人和社会不断成长的力量,并利用与之伴随的法律意识的兴起,以鼓励和培养出一个不依权力进行治理的世界。

法律界可以超越国家的概念迈向国家间性意识,并通过鼓励法律教育和实践的政策改革,建立全球性的法律价值观和伦理,使冲突分析和解决置于国际管理之下,证明在实现国际和平与安全方面,法治比使用武力更具优越性。

---

[1] Lesley A. Jacobs, "Legal Consciousness and Its Significance for Law and Society Teaching Outside Canadian Law Schools", *Canadian Journal of Law and Society*, 18 No. 1 (2003), p. 62; Martha Umphrey, "The Dialogics of Legal Meaning", *Law & Society Review*, 33 (1999):

全球粮食危机和粮食安全的地缘政治学[*]

[加拿大] 梅勒妮·萨默维尔　雅梅·埃塞克斯　菲利普·毕仑　著
张春满　译[**]

  2007年以来，粮价攀升和国际粮食市场的剧烈震荡共同改变了全球粮食安全形势，造成了很多人所说的"全球粮食危机"。造成这种局面的因素，包括农业燃料的需求，粮食和石油、金融市场的交叉影响，农业生态系统和社会安全网的不断侵蚀和全球农产品体系的显著不平等。粮食价格变动会产生巨大的社会和政治影响。在很多贫穷国家，粮价上升会引发国内动荡和广泛的粮食骚乱，一些政府为此采取了紧急的市场控制措施。不断出现的骚乱和增长的食物价格使得很多政府重新思考他们的农业和粮食政策。那些粮食出口国停止了他们的富余粮食出口装运，而一些粮食进口国进一步加大了对离岸粮食生产的投资。后者的这一举动与"全球农地攫取"（global land grab）息息相关，而这已经对很多小农和农村贫困地区产生了一些震荡影响。在很多观

---

  [*] 原文标题：The "Global Food Crisis" and the Geopolitics of Food Security，载 *Geopolitics*，2014，No.19，pp.239-265。
  [**] 作者简介：梅勒妮·萨默维尔（Melanie Sommerville），英属哥伦比亚大学地理系博士；雅梅·埃塞克斯（Jamey Essex），温莎大学政治学系副教授；菲利普·毕仑（Philippe Billon），英属哥伦比亚大学地理系教授。译者简介：张春满，复旦大学社会科学高等研究院副研究员。

察家的眼中，这些社会、政治和经济现象代表着一个新的"全球粮食危机"的出现。这一危机在2013年还在继续，且没有丝毫得到马上解决的痕迹。

在国际层面，对一个新的全球粮食危机的担忧导致了新的资金渠道的出现。海外援助资金正在与一些慈善资本联合在一起，他们致力于创造出一些农业的发展机会，把农业打造为农村经济发展的引擎。这些新的资本流动与不断加强的农村社会运动的行动，促成了对农业和粮食安全领域的全球治理设计的重新洗牌。与此同时，他们也创造新的政治主体和追随者并增强其他群体的力量。然而，随着将近8.7亿人仍然无法摆脱长期和短期的饥饿状况，有一些真实的问题留给我们：全球粮食危机的根源是否正在被铲除，解决这个危机的方案是否近在咫尺？①

粮价波动和更广泛的"粮食危机"，已经在地缘政治维度和更加广泛的农产品体系的政治地理学维度，引起了人们对粮食安全的关注。在政策圈和民间讨论圈，粮食安全逐渐变成了一项紧急的地缘政治考量和战略事务。粮食安全问题已经在讨论国家和人的安全、气候变化、发展和全球不平等时变得尤为重要。随着全球粮食供求不平衡的加剧，按照新马尔萨斯主义的预言，我们即将迎来社会和政治混乱。进一步来讲，这样的论断号召我们采取自由主义的人道主义干预，来为那些遭受饥饿之人带来发展，为我们这些幸运之人带来安全。这种双重安全化了的框架使得利用技术和市场方案解决粮食危机变得愈加紧迫。虽然此次全球粮食危机为挑战主导的农产品政治范式提供了强有力的机会，但是粮食危机也在重新调整他们。政治地理学知识和地缘政治框架在这个过程中不是中立的，而是深深地印刻其中的。

在政治讨论和地缘政治议程上重新强调粮食安全的优先性，好像在政治地理学者中间并未引起很大关注。事实上，农业和粮食议题长期在政治地理学科中处于边缘位置，这是一个很有意思的状况，因为地理学的一些学者在

---

① "The State of Food Insecurity in the World 2012—Economic Growth Is Necessary but Not Sufficient to Accelerate Reduction of Hunger and Malnutrition", Rome: FAO 2012.

近几十年不断加大他们对这些议题的关注。① 本文的目的是开始逆转这种被忽视的状况和填补这些空白。全文由两部分构成。在第一部分，我们考察了过去几年中那些主导了民众和政策叙事的粮食安全的地缘政治框架。通过考察，我们证明了用批判的政治地理学路径来解构这些主导性的叙事方式的重要性。我们认为，这些既有的框架提出了一个新的马尔萨斯主义论断，对粮食安全进行了安全化的解读。这种论断和解读把进一步在自由式的人道主义干预中，利用技术和市场扩张的方式进行回应提到了优先位置。"新自由主义地缘政治"的种种举措，不但没有改变当前粮食危机的结构性状况，反而隐藏了全球农产品体系中的不平等和支配问题，也模糊了危机叙事在对当前的体系进行干预的去政治化中的作用。我们号召利用批判的政治地理学视角，来关注地缘政治话语在构成农产品生产和消费的政治经济学中的主要作用。同时，我们强调对粮食安全进行反向地缘政治和转变地缘政治的解读。在第二部分，我们从四个领域着手去看我们的研究路径是如何在与当前的农产品研究找到共通之处的同时，去质疑现状。通过这样做，我们希望能够激发更多的政治地理学者来关注粮食和农业问题，把这些问题作为重要的地缘政治研究领域。

一、新的粮食地缘政治

粮食安全变成一个紧要的地缘政治忧虑，在很多大众媒体中显露无疑。在过去六年中，关于歉收、粮食短缺、饥荒和粮价攀升的新闻层出不穷。《科学美国人》上一篇有深度的文章问道"粮食短缺是否会危及人类文明"，《时代》杂志上一篇文章解释了"饥荒是如何推翻一国政体的"。② 在2009年的

---

① A. Fraser, "Gaining Ground: Emerging Agrarian Political Geographies", *Political Geography*, 27 (2008), pp. 717 – 720.

② L. R. Brown, "Could Food Shortages Bring Down Civilization?", *Scientific American*, May 2009, available at < http://www.scientificamerican.com/article.cfm?id = civilization-food-shortages >; T. Karon, "How Hunger Could Topple Regimes", *Time*, 11 April 2008, available at < http://www.time.com/time/world/article/0,8599,1730107,00.html >.

《国家地理》杂志中有一篇文章断言,此次危机代表了人类试图喂饱过剩的人口而出现的马尔萨斯时刻。美国国际开发署的前署长安德鲁·纳齐奥斯(Andrew Natsios)在《华盛顿季刊》中警告说,"粮食政变即将到来"。① 最近,著名的环境评论家和活动家莱斯特·布朗(Lester Brown)提出了一个"新的粮食地缘政治"。他认为,解决 2007—2008 年粮食价格上涨的根源的失败和近期的波动意味着"2011 年的粮食危机是真实的"。他对此警告,"农民和外交部长们"应该一起做好准备,因为"在这个新时期,粮食短缺将不断塑造全球政治"。这个新时期的粮食危机地缘政治一方面是由传统因素造成的,比如人口增长和气候变化,另一方面也是因为不断加深的全球不平等。此外,国际体系无法且不愿协调各方政策来共同解决危机的根源也是原因之一。②

不仅仅媒体在向我们预告一个新的粮食危机地缘政治的时代,主流的政策圈也在跟进报道。联合国世界粮食计划署的一份报告显示,"粮食无保障"(food insecurity)——尤其是在粮价上涨时出现的——尽管不是冲突的直接(和单一)诱因,但是确实是一个威胁,是暴力冲突的振荡器。③ 出席联合国粮农组织举办的应对长期危机中的粮食无保障问题论坛的人员"强调粮食无保障和冲突之间存在相互连接关系"。④ 联合国全球粮食安全高级别工作组、慈善资本组织非洲绿色革命联盟(Alliance for a Green Revolution in Africa)和其他很多发展、援助、慈善组织从地缘政治的需求出发,都要求通过所谓的"新型"或者"第二次绿色革命"来快速提高粮食产量。大量的新增投资会

---

① J. K. Bourne, Jr., "The End of Plenty", *National Geographic*, 215/6, June 2009, pp. 26 – 59; A. S. Natsios and K. W. Doley, "The Coming Food Coups", *The Washington Quarterly*, 32/1, 2009, pp. 7 – 25.

② L. R. Brown, "The New Geopolitics of Food", *Foreign Policy*, 186, May/June 2011, available at < http://www.foreignpolicy.com/articles/2011/04/25/the_new_geopolitics_of_food >.

③ H. J. Brinkman and C. S. Hendrix, "Food Insecurity and Violent Conflict: Causes, Consequences, and Addressing the Challenges", Occasional Paper, No. 24, July 2011, World Food Program, p. 2.

④ "High Level Expert Forum on Addressing Food Insecurity in Protracted Crises", *Report*, FAO, 13 – 14 Sep. 2012, p. 16.

集中在发展中世界的农业生产和研究部门。① 在 2012 年于美国首都华盛顿举办的一个关于全球粮食安全的研讨会上，美国总统贝拉克·奥巴马提出，只要增长的人口没有与增加的粮食产量匹配，由粮食骚乱的危险和价格波动造成的全球地缘政治不稳，就会继续加剧。奥巴马总统认为，"通过投资农业生产来降低饥饿和灾难的发生，会推动国际和平与稳定，这也会增强美国的国家安全"。②

在粮食价格变动的影响挥之不去之际，虽然我们听到很多关于人口过剩、资源锐减、生产率低下和政治骚动的担忧不应该感到惊讶，但是我们认为对于这些担忧，我们应该批判地看待。这些叙事的根基是由生态灾难和环境决定论的回归［或者，如罗伯特·卡普兰（Robert Kaplan）所言，"地理的复仇"］组成的新马尔萨斯主义话语，他们忽视了政治在调配资源中的作用。③ 这些叙事对粮食无保障提供了一种安全化了的框架，这样饥饿就不仅仅是一股政治变革的力量，还是一些像疾病、恐怖主义、非法毒品和难民等次生问题的根源。在这种叙述方式下，饥饿所带来的危险似乎能到达低收入人群和国家以外的地方。这样做之后，进行以安全和发展为纽带的自由式人道主义干预，借助改善型的技术手段来消除危险，阻止饥饿蔓延，就变得顺理成章。④ 这些努力和话语把用技术手段解决粮食无保障的复杂状况放到了优先位

---

① 非洲绿色革命联盟是 2006 年由洛克菲勒基金会和比如比尔及梅琳达·盖茨基金会成立的。他们的大部分资金来自政府部门和国际援助机构。请参考 B. Morvaridi, "Capitalist Philanthropy and the New Green Revolution for Food Security", *International Journal of Sociology of Agriculture and Food*, 19/2, 2012, pp. 243 – 256。

② B. Obama, "Remarks by the President at Symposium on Global Agriculture and Food Security", Ronald Reagan Building, Washington, D. C., May 18, 2012, available at < http: //www. whitehouse. gov/the-press-office/2012/ >.

③ S. Radcliffe, E. Watson, I Simmons, F. Fernandez-Armest and A. Sluter, "Environmentalist Thinking and/in Geography", *Progress in Human Geography*, 34/1, 2010, pp. 98 – 116; R. Kaplan, "The Revenge of Geography", *Foreign Policy*, May/June 2009; G. Bridge and A. Wood, "Less Is More: Spectres of Scarcity and the Politics of Resource Access in the Upstream Oil Sector", *Geoforum*, 41/4, 2010, pp. 565 – 576.

④ M. Duffield, "Development, Territories, and People: Consolidating the External Sovereign Frontier", *Alternatives: Global, Local, Political*, 32/2, 2007, pp. 225 – 246.

置,并且依赖自由主义市场关系的扩展、深化和南北的技术转移。然而,他们没有挑战既有的不平等,也没有使人们免于经济冲击的影响。而后者危及贫穷地区人们的生存,并且带来脆弱、贫困和饥饿。凭此而论,这些努力和话语所反映出来的,不仅仅是援助项目中的"渲染技术"(rendering technical)和"反政治"(anti-political)方面,也包含了更广泛的"常识"新自由主义政策辩论的"后政治"特点。①

因此,一个关于粮食危机叙事的批判的政治地理学路径,不仅能帮助揭示这些叙事框架的假设和视角,也能展现出这种框架本身如何帮助现有的农产品政治范式进行再生产。这个范式是基于两个主要领域的假设。一方面,它利用政治现实主义的种种语义建构了一个世界,好斗的民族国家在这个世界中在追求全球影响力和权力方面进行着零和博弈。粮食安全是被当作和被战略调整为地缘政治风险和计算的一项因素。另一方面,它重新充实了全球新自由主义遭受批评的但是仍然占据主导地位的经济假设和实践。在全球新自由主义的影响下,市场开放和经济依存与联系被广泛地当作解决粮食安全的政策纲领。这两种世界地缘政治空间的设想把人与空间的地理关系想象为这样一种状态,粮食无保障和因此导致的社会政治动荡分别威胁到了地理空间秩序和国家安全。而维系资本主义全球化的自由投资和贸易流动亦受到影响。新自由主义地缘政治把那些置于上述连接和考虑之外的地区和那里的人们描述为缺口、风险和威胁。由国家权力和地缘政治控制的传统制度支撑起来的以安全为导向的政策反应,正在与种种强制性的和不平等的新自由主义经济联系捆绑在一起,结果则是主导制度和当前的范式进一步扩展和再生产,而其他的政策路径和话语则被排斥为不切实际、过于昂贵、太极端,或者直

---

① J. Ferguson, *Antipolitics Machine: Development, Depoliticization, and Bureaucratic Power*, Minneapolis: University of Minnesota, 1994; T. Murray Li, *Governmentality, Development and the Practice of Politics*, Durham: Duke University Press, 2007; E. Swyngedouw, "Impossible Sustainability and the Post-political Condition", in M. Cerreta, G. Concilio and V. Monno, *Making Strategies in Spatial Planning: Knowledge and Values*, New York: Springer, 2010, pp. 185 – 205; for a critique, see J. McCarthy, "We Have Never Been 'Post-Political'", *Capitalism, Nature, Socialism*, 24/1, 2013, pp. 19 – 25.

接被认为不合法。①

不稳定的粮食供应对人们开放的途径还不平等,因此有人预言混乱的局面会即将开始。但是这种预言是在推动一种特定的地缘政治观点,即这个世界主要面对的是短缺问题,而不是不平等和支配问题,这个世界也没有处于冲突、灾难和大规模骚乱的边缘。混乱的局面为"二战"结束以来的粮食和农业治理的愿景蒙上了阴影,这威胁到了粮食和农业治理的持续稳定与增长。这种愿景认为粮食安全的持续改善要依靠两个因素,一个是通过绿色革命技术来实现粮食供应的持续增加,另一个是通过一些方法来加强和推动粮食生产工业化。20世纪80年代以来的结构调整计划和1995年之后的世界贸易组织推动的农业贸易自由化,按理说应该能够把这个体系的好处扩展得更远。这个新的全球治理和调控结构本应该把自由市场的活力所激发的利益带给全世界的农民和消费者。在这些计划所许诺和期盼实现的成果中,粮食安全与地缘政治没有瓜葛。然而当严重的粮食无保障持续存在,尤其是在广大发展中国家持续存在,粮食安全主要是被当作一个经济议题,而不是地缘政治议题。与此相对应的处理方法是投入更多的物品、技术、资本或者技能。② 简而言之,通过广泛推广新自由主义发展的话语体系和对新自由主义模式的社会以及环境影响进行去政治化处理,这个不断全球化了的农业—工业模式所呈现出来的霸权式地缘政治实践却被渲染得毫无踪影了。

对当前全球粮食危机的各种反应和流行的叙事框架可能会挑战这些发展主义的话语体系。我们可以假定未来的状况不是在粮食安全、更加紧密的经济一体化和国际和平方面得到稳步提升,而是在整个发展中国家,甚至发达

---

① S. Roberts, A. Secor and M. Sparke, "Neoliberal Geopolitics", Antipode, 35/5, 2003, pp. 886 - 897; S. Dalby, *Security and Environmental Change*, Cambridge: Polity Press, 2009; J. Peck, N. Theodore and N. Brenner, "Postneoliberalism and Its Malcontents", Antipode, 41/S1, 2009, pp. 94 - 116.

② 全球和国家层面在粮食安全领域的诸多进展经常会在更大范围内掩盖脆弱性和粮食不安全的增长。在对粮食安全进行概念化和测量的时候,对于范围和分析层次问题的讨论,参见 E. M. Young, "Globalization and Food Security: Novel Questions in a Novel Context?", *Progress in Development Studies*, 4/1, 2004, pp. 1 - 21; R. Huish, "Human Security and Food Security in Geographical Study: Pragmatic Concepts or Elusive Theory?", *Geography Compass*, 2/5, 2008, pp. 1386 - 1403; and E. R. Carr, "Postmodern Conceptualizations, Modernist Applications: Rethinking the Role of Society in Food Security", *Food Policy*, 31/1, 2006, pp. 14 - 29.

国家，粮食安全状况恶化，经济分崩离析和政治动荡不断。因此，粮食危机代表着对当前的全球农产品体系的地缘政治秩序的破坏，质疑了既有的粮食生产和消费实践，也质疑了粮食安全的新自由主义叙事框架。然而与此同时，对粮食危机的反应和叙事框架也可能是在一些范围内重新确立新自由主义霸权的好机会。通过把新的资金和投资流注入到这个农业—工业模式中，当前的主导地缘政治秩序就实现了再生产，并且通过纳入新的空间、人口和农产品体系（主要是在发展中国家，但是并不局限于此）而进行了扩展。这种结果就是把一些"混乱之地"转变为了"有潜力增长之地"。本次粮食危机所展现的是，处于变动之中的地缘政治话语和对全球农产品体系的干预程度，不仅是与农产品生产和粮食消费的政治经济状况紧密相连，二者本身就是相互构成的关系。①

在这种背景下，把粮食安全方面的最新变化概念化为一个暂时的、不能持续的、全球的危机并不是一种中立客观的叙事，而是一种冒着忽视了粮食无保障方面长期的结构性变动的风险的叙事，是为推行安全化了的干预和创造机会在全球农产品体系中进行资本积累提供了合法性。这就需要用一种批判的眼光来看待当前粮食危机中的治理方式转变，也要放在更长远的农业变迁、地缘政治规划和话语体系形成方面来看待。其中，我们很有必要细致斟酌当前的地缘政治秩序中的缝隙、缄默和失败所带来的机会。我们很有必要聆听那些突出强调替代性地缘政治安排的批评声音和极端声音。他们包括由下而上式的治理，去全球化的种种方式，地方化和基于农业与消费者能力的跨地方网络。② 在多大程度上这些声音能够有意识地谴责粮食安全的霸权政

---

① "On the Spatiality and Temporality of Such Co-constitution of a 'Geopolitical Economy'", see J. Agnew and S. Corbridge, *Mastering Space：Hegemony, Territory and International Political Economy*, London：Routledge, 1995.

② W. Bello, *The Food Wars*, London：Verso, 2009；A. A. Desmarais, *La Vía Campesina：Globalization and the Power of Peasants*, Halifax：Fernwood, 2007；"World Rainforest Movement, Position Paper of the Global South on Food Sovereignty, Energy Sovereignty and the Transition towards a Post-Oil Society-Quito", September 2007, available at < http：//www.wrm.org.uy/subjects/agrofuels/Quito_Manifest.html >；"Declaration of Rights of Peasants—Women and Men", Seoul：La Vía Campesina, 2009, available at < http：//viacampesina.net/downloads/PDF/EN-3.pdf >；"Sustainable Peasant and Family Agriculture Can Feed the World", Jakarta：La Vía Campesina, 2010, available at < http：// viacampesina.org/downloads/pdf/en/paper6-EN-FINAL.pdf >.

策,能够助力形成一种粮食的反向地缘政治,我们还需要进一步的阐明。同时需要解释说明的还有在多大程度上,这些声音能够寻找到切实可行的当前农业—产业模式的替代方案,从而扶持出很多种粮食的转变地缘政治形态。①

二、复兴批判的农产品政治地理学

对当前全球粮食危机的地缘政治和更广泛的农产品体系的政治地理学采取一种批判视角,能够为阐明和拷问全球粮食安全的多重和复杂的空间性带来希望。全球粮食安全的空间性以什么样的方式被吸纳到更大的地缘政治计算、风险评估、策略和行动的话语和体系内,需要批判的视角进行阐明。粮食安全对当代的主权形态、经济监管和社会政治合法性的意义也需要用批判的视角进行审视。我们需要在政治地理学这个学科中复兴这些研究话题。在这个部分,我们提出本领域内指导未来工作的一项初步研究日程。这个日程中的四个主题参与到了当前政治地理学者和农产品研究者的辩论中来。这四个主题分别是:(1)全球土地攫取和农场、领地、主权之间的关系;(2)国家在全球农产品权力和治理的聚合中的作用;(3)对粮食、饥饿和肥胖进行安全化的变动地缘政治;(4)农业生态危机的地缘政治和替代方案。在每个主题上,我们都简单地梳理了最新的研究工作,指出了未来研究的关键问题和研究途径。

三、全球土地攫取的地缘政治学:农场、主权和领地

大规模的购置土地在粮食危机期间受到了很多关注,这也为此次危机带

---

① 对反向地缘政治或反对地缘政治(定义为"在公民社会中存在的用来表达反对霸权斗争的一种模糊的政治和文化势力")的讨论,请参考 P. Routledge, "Anti-Geopolitics", in G. Toal, S. Dalby and P. Routledge (eds.), *The Geopolitics Reader*, London: Routledge, 2006, p.234, 对转变地缘政治(定义为一种草根实践,人们不把自己的工作看作地缘政治)概念的阐释,参见 S. Koopman, "Alter-Geopolitics: Other Securities Are Happening", Geoforum 42/3, 2011, p.274。

来了强烈的地缘政治内涵。这些被批评人士命名为"全球土地攫取"的收购至少影响到了全球 7100 万公顷农地，包括了大量的法律上和实际中的土地控制变动。① 早期的报道集中在那些现金充裕但是农地稀少的国家（比如，沙特阿拉伯、卡塔尔、韩国）的跨国土地收购。这些国家的动机包括减少粮食进口量，增强粮食安全和预防由粮食价格引起的政治不稳。②最新的研究表明这些收购远远比不上另外一组国内和国际主体所进行的土地收购。这些行为体包括机构投资者，比如养老基金、共同基金和跨国公司，也包括一些富有的人士（国内外精英）。③在一些情况下，投资者通过租借的或者购买的土地开展大规模的农业—工业活动，是因为预测到粮价会一直维持在高位和生物燃料的需求会持续增长。其他人购买土地或者是一种投机性投资，用来对冲全球金融市场不稳定的风险，或者是用于洗钱等非农目的。④ 总体来看，这些并购活动正在促使我们更多地从地缘政治的角度来思考全球粮食安全问题。我们要思考如下这些问题：非国家行为体在通过以金融和对外投资的方式来推动发展的过程中的作用，在新自由主义危机中帝国主义和新殖民主义关系的变化特征，领地和主权的含义及其与地权和土地使用决策的关系。

这些轰轰烈烈的买地热已经在国际发展组织、国家政府和公民社会组织

---

① N. L. Peluso and C. Lund, "New Frontiers of Land Control: Introduction", *Journal of Peasant Studies*, 38/4, Oct. 2011, p. 669; W. Anseeuw, L. A. Wily, L. Cotula and M. Taylor, *Land Rights and the Rush for Land : Findings of the Global Commercial Pressures on Land Research Project*, Rome: International Land Coalition, 2011, pp. 56 – 57.

② 国际非政府组织遗产资源国际行动（GRAIN）出版了一本关于"全球土地攫取"的报告，并且在网站上（www.farmlandgrab.org）维护了一个关于土地兼并媒体报道的数据库。参见 "Seized: The 2008 Land Grab for Food and Financial Security", GRAIN Briefing, Oct. 2008。

③ "The New Farm Owners", GRAIN, Oct. 2009; "Land and Power: The Growing Scandal Surrounding the New Wave of Investments in Land", Oxfam Briefing Paper 151, Sep. 2011; Anseeuw et al. (note 18).

④ 购买农地的其他目的还包括：采矿、获得水源、城市化、基础设施和工业发展项目、生态维护和保护区和提供环境保护服务。参考 A. Zoomers, "Globalisation and the Foreignisation of Space: Seven Processes Driving the Current Global Land Grab", *Journal of Peasant Studies*, 37/2, April 2010, pp. 429 – 447; Anseeuw (note 18) pp. 24 – 28.

中引起了广泛讨论。①支持者认为这些农业投资结束了几十年来各国政府和国际捐赠者对农业的忽视,能够提高全球粮食供给,减少贫穷和推动乡村发展。这种叙事把农业投资描述为一种"双赢"的选项。投资者有利可图,被投资的国家和社区也能得到一些好处,包括基础设施发展、农业部门的现代化、就业机会和更多的税收。②与此相反,批评人士谴责这些收购会逐渐损害地方的土地权利、生计、粮食安全和环境。通过把这些收购项目描述为现代版的"原始积累"或者"强占式积累"(accumulation by dispossession),这些批评者认为,这些农业投资会帮助一种工业化的以出口为导向的农业生产模式进一步扩展开来,还会推动由殖民主义和最近的新自由主义重构过程所引发的强占式地缘政治。③

在殖民体系中由于土地剥夺和经济作物农业占据了中心地位,因此有人把"全球土地攫取"描述为"新殖民主义"或者"农业帝国主义"现象。这种描述准确地认识到了近期的土地收购和殖民时代的土地收购具有重要的相

---

① 因为很多交易缺乏透明,阻碍了我们对农田兼并状况的评估。7100万亩的数据是来自于2000年以来从"土地矩阵伙伴"(Land Matrix Partnership)那里得来的数字。基本上,这个数字也是被低估的。参见 <http://www.landcoalition.org/> and Anseeuw (note 18) pp. 17-28。

② 大部分组织承认农业投资包含着风险和机会。支持农业投资的研究,参见 L. Cotula, S. Vermeulen, R. Leonard and J. Keeley, "Land Grab or Development Opportunity? Agricultural Investment And International Land Deals In Africa", London/Rome: IIED/FAO/IFAD, 2009; J. von Braun and R. Meinzen-Dick, "Land Grabbing by Foreign Investors in Developing Countries: Risks and Opportunities", IFPRI Policy Brief 13, Washington, DC: IFPRI April, 2009; K. Deininger and D. Byerlee, "Rising Global Interest in Farmland: Can it Yield Sustainable and Equitable Benefits?", World Bank Agriculture and Rural Development Series, Washington, DC: The World Bank, 2010。

③ "On Accumulation by Dispossession", 参见 D. Harvey, *The New Imperialism*, Oxford: OUP, 2003, pp. 137-182, 一些使用这个概念或者"原始积累"作为分析框架来理解农业投资的文章,参见 S. M. Borras, Jr., P. McMichael and I. Scoones, "The Politics of Biofuels, Land and Agrarian Change", *Journal of Peasant Studies*, 37/4, Oct. 2010, pp. 575-592; S. Sassen, "A Savage Sorting of Winners and Losers: Contemporary Versions of Primitive Accumulation", *Globalizations*, 7/1, March-June 2010, pp. 23-50; M. Kenney-Lazar, "Dispossession, Semi-Proletarianization, and Enclosure: Primitive Accumulation and the Land Grab in Laos", Paper Presented at the International Conference on Global Land Grabbing, 6-8, April 2011); T. M. Li, "Centering Labor in the Land Grab Debate", *Journal of Peasant Studies*, 38/2, March 2011, pp. 281-298。

似之处，其中包括一股强烈的反对小农经济的情绪和利用殖民主义的佃农规范来限制农村群体的权益。① 然而，他们也忽视了这两类强占土地活动的差异之处，比如此次的土地热包含着更复杂的社会空间动态。正如萨图尼诺·博拉斯（Saturnino Borras）等人所注意到的那样，这些新动态不仅仅包括发达国家和发展中国家之间的并购，还包括发展中国家之间的投资协议，甚至包括一些被我们称为一种"内部殖民主义"（internal colonialism）的国家项目。② 发展中国家之间的这些并购动态给我们提出的问题是，由巴西和中国这类新兴经济体所实施的土地并购是如何帮助构成了一种帝国主义的重新组合。同理，在多大程度上国际农业投资——通过投入资本、投资和贸易协议，技能和劳工——能够推动和实现新的地缘政治联盟或者地区集体也有待进一步的探索。

现在的农业投资热也在关注在多大程度上，国际势力、国家势力和地方势力之间对农地的所有权声明会日渐处于紧张状态。③博拉斯等人从最近很多土地并购中提炼出的概念"内部殖民主义"指出，当一些政府不考虑对当地人的影响，而利用农业投资来实现国家发展目标时，冲突就可能会出现。④ 与此同时，在由主权国家组成的国际体系中存在着专为对外投资所准备的农地这个现实，也与之前几轮的帝国主义体系中的农地存在很大的差别。在以前的帝国主义体系中，这种承认是不存在的，或者是被殖民条约所限制住和违反了的。在这个体系中，以全球粮食和环境安全的名义声称对一些农地拥有所有权可能会与土地所在国的主权声明产生摩擦。发展中国家的一些土地可能会逐渐被定义为"所需的资源"，而不再是主权国家所有的。⑤ 这个过程具有物质和意识形态双重含义，一些像世界银行之类的发展机构会在其中扮演重要角色。他们对农业投资方面的辩论进行话语干涉，为国际社会进入到那

---

① Anseeuw（note 18），pp. 56 – 57.

② S. M. Borras, Jr., R. Hall, I. Scoones, B. White and W. Wolford, "Towards a Better Understanding of Global Land Grabbing: An Editorial Introduction", *Journal of Peasant Studies*, 38/2, March 2011, p. 209.

③ P. McMichael, "The Land Grab and Corporate Food Regime Restructuring", *Journal of Peasant Studies*, 39/3 – 4, 2012, pp. 681 – 701; Sassen, "A Savage Sorting"（note 24）.

④ Borras et al.（note 26），p. 209.

⑤ Sassen, "A Savage Sorting"（note 24），p. 26.

些未被利用的农地之中提供合法性，从而实现了造成土地剥夺和其他各种非正义的农业新自由主义模式的再生产。①

与此同时，国家的主权身份中包括了被外部列为目标的农地也引起了一些问题，主要是农业投资和国家建设过程的复杂交集问题。农田所具有的新的"战略资产"的特点让一些国家考虑或者直接限制外国购买本国土地，但是国内的投资还是继续被支持和鼓励的。② 与之不同的是，其他一些国家正在积极地把外来投资作为一种现代化的机制。保尔·尼里（Pal Nyiri）提到，对于这些国家，农业投资是一种妥协式的发展模式的一部分。这种妥协的发展模式与历史上某些国家所采用的模式很相似。保尔·尼里认为这种模式与新自由主义的发展模式是中断的，是对立的。"当人们对新自由主义经济学的金融处方和依靠个人赋权的发展路径充满失望之际，国家资本主义模式突然吸引了各方注意。"③ 虽然这个视角可能会忽视威权国家资本主义和新自由主义之间一些重要的重合部分（比如，在农业经济中有选择地利用自由化的市场机制，对于本国而言很重要，但是不全面地参与全球治理机制），但是尼里的论断揭示出可能从农业投资中衍生出来的新型的"外部领地"（extra-territoriality）和"共享主权"（shared sovereignty）。此外，他的论断还透露出这些农业投资有潜力提炼出一种超越领土困境的国家观和国家权力观。④

农业投资可能在推动建立和扩展国家权威和领土权方面发挥作用。这一点在那些内战和种族冲突不断的国家可能最为明显。这些国家内部出现了以模糊、不安定和治理充满挑战为特征的"内部边缘"（internal frontier）。通过

---

① Deininger and Byerlee（note 23）.

② 例如，巴西、阿根廷、巴拉圭和乌拉圭正在制定法律来限制外国人收购土地，参见 M. Valente, "Curbing Foreign Ownership of Farmland", AlJazeera. net, 22 March 2011。

③ P. Nyíri, *Extraterritoriality. Foreign Concessions: the Past and Future of a Form of Shared Sovereignty*, Inaugural oration at Amsterdam's Free University, 19 Nov. 2009。

④ 参见 D. Harvey, *A Brief History of Neoliberalism*, Oxford: OUP 2005, pp. 120 – 151; Peck, Theodore, and Brenner（note 13）pp. 94 – 116。关于超越主权的领土概念，参见 J. Agnew, "The Territorial Trap: The Geographical Assumptions of International Relations Theory", *Review of International Political Economy*, 1/1（Spring 1994）, pp. 53 – 80。

对老挝的内陆地带进行细致的研究，迈克尔·德怀尔（Michael Dwyer）发现，由中资支持的大规模橡胶厂项目为老挝国家助力颇多，实现了对一个"冷战"期间经常发生暴动的复杂地区的安全管理。① 在另外一个突出非国家行为体在国家建设过程中发挥中心作用的研究中，凯文·伍兹（Kevin Woods）证明了一个战后实现国家领土化的策略的实施，他将其命名为"停火资本主义"（ceasefire capitalism），通过建立橡胶工厂有效地重建了缅甸北部地区。那些国家和地方族群精英被吸收进来以后，这个地区实现了国家的有效控制。② 同理，迪欧·巴利韦（Teo Ballve）研究了警察——准军事部队如何借助分权化的过程和新自由主义的"善治"寓意控制了地方政府机构，为哥伦比亚的乌拉巴地区的一座大型棕榈油厂的建立赢得了国家和国际社会的支持，从而推动了而不是削弱了开发性国家权力的领土化。③

本地团体、亚国家团体和下级团体，还能在农业投资项目所在地开展他们的主权声明和尝试建立与国家领地化过程不同的主权方案。过去的批评强调了这些农业投资包含了对本地人的剥夺因素（尤其要注意这些投资项目在实施不稳定的土地所有制和推动公共产权制度私有化中的作用），但是这些批评忽视了一种可能性，那就是本地人和其他边缘团体，通过积极谈判他们在这些农业投资项目中的参与度来获得政治承认和领土控制。④ 在更广泛的意义

---

① M. Dwyer, "Capitalizing Security: The Micro-Geopolitics of Agribusiness Development in Laos's Golden Quadrangle", *Geopolitics* (forthcoming).

② K. Woods, "Ceasefire Capitalism: Military-Private Partnerships, Resource Concessions, and Military-State Building in the Burma-China Borderlands", *Journal of Peasant Studies*, 38/4 (Oct. 2011), pp. 747 – 770.

③ T. Ballvé, "Everyday State Formation: Territory, Decentralization, and the Narco LandGrab in Colombia", *Environment and Planning D*, 30 (2012), pp. 603 – 622.

④ Olivier De Schutter, "the United Nations' Special Rapporteur on the Right to Food, has been particularly outspoken about the specific challenges that agro-investment poses for indigenous people". See: O. De Schutter, "Large-Scale Land Acquisitions and Leases: A Set of Core Principles and Measures to Address the Human Rights Challenge", 11 June 2009; O. De Schutter, "How Not to Think of Land-Grabbing: Three Critiques of Large-Scale Investments in Farmland", *Journal of Peasant Studies*, 38/2, March 2011, pp. 249 – 279. 还可参见 I. Baird, *The Global Land Grab Meta-Narrative, Asian Money Laundering and Elite Capture: Reconsidering the Cambodian Context*, unpublished manuscript。

上，虽然学者们暗示说粮食主权的话语可能为抵抗农地并购和保护乡村穷人提供了基础，但是粮食主权作为一种现实还没有在空间上和数量上被充分理论化，还需要进一步的推敲。① 研究农地并购的批判主义政治地理学者们必须领会到这些过程中的彼此矛盾的影响。比如，这些土地改革和土地规范可能会在保护无地或者少地农民地权的同时，通过建立新的国家意志的政治主体性而剥夺农民的土地。再比如，这些土地改革和规范可能会在推动土地确权的同时，推动未来更多的农业投资项目。②

四、国家与农业权力的全球聚合

对农田尝试大规模的收购是一个更广泛和长远的趋势的一部分。这个新的趋势正在重新塑造全球农产品的监管和治理，正在把全局范围内制度的、政治经济的和话语的权力配置在一起。随着粮食生产、消费和贸易的全球体系的扩展，监管这些体系的机制和框架也在变得愈加复杂。全球粮食安全的批判地缘政治能够论证出这些机制和框架是怎么形成的，支持他们的地缘空间和社会政治设想是什么，以及这些机制和框架是通过哪些方式，制造了非常不平等的权力关系和粮食安全的地理分布不均。批判路径承认粮食安全本身是多方位的。它既是一个理想化了的概念，也是一套实践。它是一个建立基准和参照点的平台，也是一个进行地缘政治评估和计算的机制，等等。对粮食安全不同的使用方式，一方面表明它承载着国家安全和地区以及全球秩序等传统地缘政治含义，另一方面表明它也包含了对环境的、经济的和社会政治风险的新记录和新认识。这两个方面带来的结果就是新的制度架构和管

---

① H. Wittman, "Food Sovereignty: A New Rights Framework for Food and Nature?", *Environment and Society: Advances in Research*, 2 (2011), pp. 87 – 105.

② 对于土地改革的剥夺性部分，参见 C. Lund, "Fragmented Sovereignty: Land Reform and Dispossession in Laos", *Journal of Peasant Studies*, 38/4 (2011), pp. 885 – 905。On legibility and agro-investment, 参见 G. de L. T. Oliviera, "Land Regularization in Brazil and the Global Land Grab: A State-Making Framework for Analysis", paper presented at the International Conference on Land Grabbing, 6 – 8, April 2011。

理实践的形成。因此，对这个前沿领域的批判政治地理研究应该考虑这些不同的行为体在建立这个新的农产品治理模式的过程中，相互冲突又相互补充的作用。与之相关联的问题是，如何在这个新的治理模式中，把一个共享的、分散的和高度竞争性的权力形式及其地理分布概念化。

长期以来国家政府都把粮食安全作为实现国家安全和发展的主要内容。政府认为通过技术和经济进步来实现粮食安全是城市化、工业化和现代化的关键推手。在国际关系领域，粮食供给体系为地缘政治支配的体系提供了支撑和合法性。担心粮食的需求得不到满足就会引出那个时代的主要敌人，比如，无政府秩序或者恐怖主义，这些担心在那些粮食无保障的国家为发展干预的地缘政治带来了很多影响。研究粮食机制的学者——粮食机制是建立在监管理论之上的理解全球农产品体系的结构主义路径——描绘了两个历史上的机制。农产品监管的特殊形态支持了英国的帝国野心（在一定程度上，也包括了其他欧洲国家），近期的例子是支持了美国的霸权。[1] 尽管粮食机制路径倾向于宏大的历史界限内的结构性转变而不是地理特征和差异，尽管粮食机制路径强调资本积累的策略而不是其他的系统性特征，它还是为与工业化和全球化相连的生产和消费规范的扩展提供了强有力的解释，也为地缘政治权力、农产品生产和贸易的变动形式提供了强有力的分析。

"二战"结束40年来，农产品体系的监管和治理基本上还是处于被美国主导的、由民族国家组成的国际体系中。20世纪80年代以来，随着一套新的制度建设和地缘空间安排的出现，贸易自由化和全球化已经开创了一个农产品治理的新自由主义时代。世界贸易组织、地区和全球贸易协议、农业资本和跨国企业、金融资本和复杂的期货和商品市场、极端社会运动团体和联合

---

[1] 对于这个路径的综述和基础性分析，参见 H. Friedmann and P. McMichael, "Agriculture and the State System: The Rise and Decline of National Agriculture, 1870 to the Present", *Sociologia Ruralis*, 19/2 (1989), pp. 93 – 117; A. Bonanno, L. Busch, W. H. Friedland, L. Gouveia and E. Mingione (eds.), *From Columbus to ConAgra: The Globalization of Agriculture and Food*, Lawrence, KS: University Press of Kansas, 1994; P. McMichael, "The Power of Food", *Agriculture and Human Values*, 17 (2000), pp. 21 – 33; and P. McMichael, "A Food Regime Genealogy", *Journal of Peasant Studies*, 36/1 (2009), pp. 139 – 169。

国系统的组织，在农业和粮食的监管和治理体系中被紧紧地连在了一起。然而，在新自由主义时期不断出现的大规模粮食无保障和饥饿以及过去几年中的粮价冲击，说明了当前的农产品治理体系存在脆弱性和瑕疵。这让我们怀疑自由市场机制是否有能力扩展或者保障全球的粮食安全。尽管一些资本国和主要的农产品生产和出口国（以美国为首）继续宣传支持更加深入、更加广泛的贸易和投资控制自由化，但是其他一些国家正在重启一些老办法，包括出口控制、国家保护主义和实现粮食自足的目标。这个割裂的场景促使我们思考在决定本国和全球粮食安全方面，国家间的权力大小意味着什么和非政府组织的作用是什么。同时，一场辩论也在粮食机制学者中间展开，那就是我们是否已经退出了第二个机制而进入到了第三个机制，还是我们停留在了一个漫长的过渡阶段。①

这里需要重点关注的是，要承认不同类别的资本和国家有不同的表达。我们也要关注在新自由主义化和农产品治理私有化之中这些关于国家权力、结构和合法性的表达的影响。农产品跨国公司在生产、加工、运输和销售环节的持续扩张，预示着全球农产品体系在结构和治理方面的重大变革。正如詹妮弗·克拉普（Jennifer Clapp）和多丽丝·富克斯（Doris Fuchs）所认识到的，这些企业"正在参与到那些用来管理他们自身的规则的制定之中"，这让"我们对这些规则的有效性和合法性产

---

① H. Friedmann, "From Colonialism to Green Capitalism: Social Movements and Emergence of Food Regimes", in F. H. Buttel and P. McMichael (eds.), *New Directions in the Sociology of Global Development: Research in Rural Sociology and Development*, Vol. 11, Amsterdam: Elsevier, 2005, pp. 227 – 264; P. McMichael, "A Food Regime Analysis of the 'World Food Crisis'", *Agriculture and Human Values*, 26 (2009), pp. 281 – 295; H. Campbell, "Breaking New Ground in Food Regime Theory: Corporate Environmentalism, Ecological Feedbacks, and the 'Food From Somewhere' Regime?", *Agriculture and Human Values*, 26 (2009), pp. 309 – 319; B. Pritchard, "The Long Hangover from the Second Food Regime: A World-Historical Interpretation of the Collapse of the WTO Doha Round", *Agriculture and Human Values*, 26 (2009), pp. 297 – 307. 也有一些讨论是关于粮食机制分析的局限。我们需要重新评估这些关键的假设以及与其他理论框架交叉融合的可能。参见 R. Le Heron and N. Lewis, "Discussion. Theorising Food Regimes: Intervention as Politics", *Agriculture and Human Values*, 26 (2009), pp. 345 – 349。

生了忧虑"。① 然而,这些农业企业并不是全球农产品体系治理中唯一重要的私人主体。其他还需要关注的是金融资本的变动影响。这包括与粮食商品价格、期货和衍生品相关的外部金融工具的发展。这些金融工具是在大部分未被监管和高度波动的金融行业中被操作的。②跨国企业中的慈善资本,比如比尔及梅琳达·盖茨基金会,也通过在发展中国家的发展话语、发展实践和农业投资,逐步在农产品治理中发挥巨大作用。最后,由私人资本组成的发展组织也在变为重要的治理主体。虽然从表面上看这些组织和机制是在挑战国家在全球治理中的中心地位,但是事实上他们与国家权力的结构和使用是纠缠在一起的。国家机构内外的官员对新自由主义的治理和监管形式带有意识形态方面的偏好,这种情况很容易出现要归功于现在的政策环境。现在的政策环境把市场自由化和争相放松监管作为唯一的可行方案。③因此,处理当前这个新的复杂的治理安排的地缘政治,需要我们更加细致地关注私人主体在与国家主体的多种互动过程中的工具的、结

---

① J. Clapp and D. Fuchs, "Agrifood Corporations, Global Governance, and Sustainability: A Framework for Analysis", in J. Clapp and D. Fuchs (eds.), *Corporate Power in Global Agrifood Governance*, Cambridge, MA: MIT Press, 2009, p. 6; see also J. Clapp and M. Cohen, "The Food Crisis and Global Governance", in J. Clapp and M. Cohen (eds.), *The Global Food Crisis: Governance Challenges and Opportunities*, Waterloo, ON: Wilfred Laurier Press, 2009, pp. 1 – 12.

② D. Burch and G. Lawrence, "Towards a Third Food Regime: Behind the Transformation", *Agriculture and Human Values*, 26 (2009), pp. 267 – 279; J. Clapp and E. Helleiner, "Troubled Futures? The Global Food Crisis and the Politics of Agricultural Derivatives Regulation", *Review of International Political Economy*, 2010, doi: 10.1080/09692290.2010.514528.

③ P. McMichael, "Food Security and Social Reproduction: Issues and Contradictions", in I. Bakker and S. Gill (eds.), *Power, Production and Social Reproduction*, New York: Palgrave Macmillan, 2003, pp. 169 – 189; H. Friedmann, "Feeding the Empire: Pathologies of Globalized Agriculture", in Leo Panitch and Colin Leys (eds.), *Socialist Register 2005: The Empire Reloaded*, Monmouth, UK: Merlin Press, 2005, pp. 124 – 143; D. Fuchs, A. Kalfagianni, J. Clapp and L. Busch, "Introduction to Symposium on Private Agrifood Governance: Values, Shortcomings and Strategies", *Agriculture and Human Values*, 28 (2011), pp. 335 – 344; S. Henson, "Private Agrifood Governance: Conclusions, Observations and Provocations", *Agriculture and Human Values*, 28 (2011), pp. 443 – 451.

构的和话语的权力。①

与企业主体和私人主体的崛起一道,公民社会团体也在农业治理新架构的形成过程中发挥新的作用。非政府组织、政府间组织和社会运动组织能够参与到像联合国粮农组织全球粮食安全委员会这类机构中来。它们的参与使得那些非资本主义的或者反对资本主义的声音有机会从治理的边缘地带来到治理的核心地带。②现在的粮食危机为这些团体提供了新的说话机会。金·伯内特(Kim Burnett)的研究就展示了两个关键的国际农产品运动——公平贸易运动和粮食主权运动——是如何抓住这些机会的。他发现粮食主权运动依然坚持着对权力关系的初期理解,依然认为自由化的全球农产品监管体系具有脆弱性,但是公平贸易运动已经在显著的新自由主义路径和制度中变得更加根深蒂固了。他的研究引导我们思考全球农产品治理中的意识形态和制度合作与吸纳问题,思考这个体系中话语权力和政治经济权力的关系问题。③

全球农产品治理的重大转变所关注的问题包括两方面。第一个方面是治理和监管主体的多样性通过何种途径来分享权力,第二个方面是权力的形式和使用会是怎样。这些问题在正在兴起的全球粮食安全的"后危机"地缘政治中是最重要的。"全球聚合"这个理论说法在这方面具有一些理论解释力。在王爱华(Aihwa Ong)、斯蒂芬·科利尔(Stephen Collier)和萨斯基雅·萨森(Saskia Sassen)对聚合这个概念最早的描述中,他们关注的是贯穿在多个层次的制度内外由行动体、知识和技术所组成的网络的活跃的、辩证的生产和再生产。他们的研究为把权力的分散化和网络化形

---

① Clapp and Fuchs (note 42).

② Bello (note 16); L. Jarosz, "The Political Economy of Global Governance and World Food Crisis: The Case of the FAO", *Review: A Journal of the Fernand Braudel Center for the Study of Economies, Historical Systems, and Civilizations*, 32/1 (2009), pp. 37 – 60; E. Holt-Gimenez and A. Shattuck, "Food Crisis, Food Regimes, and Food Movements: Rumblings of Reform or Tides of Transformation", *The Journal of Peasant Studies*, 38/1 (2011), pp. 109 – 144.

③ T. Burnett, "Trouble in the Fields: Fair Trade and Food Sovereignty Responses to Governance Opportunities After the Food Crisis", *Geopolitics* (*forthcoming*). 关于反对土地侵夺的乡村社会运动的案例,参见 N. Mckeon, "One Does Not Sell the Land Upon Which the People Walk: 1 Land Grabbing, Transnational Rural Social Movements, and Global Governance", *Globalizations*, 10/1 (2013), pp. 105 – 122.

式进行概念化处理提供了一个工具。这个分散化和网络化形式的权力能够描述出农产品体系的动态地理的特征。①对于萨斯基雅·萨森而言，土地并购中的"要素进一步聚合到形成一种结构性的促进力量和嵌入式治理"，标志着国家领地通过一种新型的全球地缘政治正在进一步解体。国家主权领地会逐渐受制于非国家的权威体系，这包括我们所熟悉的国际货币基金组织和世界贸易组织的对外制约性，也包括很多外国行动者对一国土地的初步控制越来越大。②盖尔·霍兰德（Gail Hollander）非常具体地描绘了一个关于甘蔗乙醇的全球聚合。它包括国家、企业、甘蔗种植者、技术、城市消费者、农村群体和本地风光。这个聚合把农业燃料构成为一种自发的全球和地区现象。这里的政治经济权力意味着工业和交通的能源需求比全球粮食需要更加具有优先性。③这些全球市场和与之相连的权力形式及其运用不应该被认为是理所当然的。正相反，他们应该被考虑为是国家行动和其他非国家行为体的利益、行动和能力的结合成果。这里的非国家行为体主要是企业，但是并不只限于企业。因此，全球农产品治理中国家权力和地位的变化，就预示着粮食安全的地缘政治计算和策略在话语和表现形式上的转变。在新的地理空间和地缘政治秩序的愿景中，贫穷、饥饿、安全和发展都要被重新调整含义和重新概念化。

五、变动的地缘政治：对粮食、饥饿和肥胖安全化

在相当长一段时间内，从焚毁粮食来平息反叛到在国际战争中制造饥荒，到在和平时期通过粮食贸易和援助来建立地缘政治支配，粮食都是被当作一

---

① A. Ong and S. J. Collier (eds.), *Global Assemblages: Technology, Politics, and Ethics as Anthropological Problems*, Malden, MA: Blackwell, 2005; S. Sassen, *Territory, Authority, Rights: From Medieval to Global Assemblages*, Princeton, NJ: Princeton University Press, 2006.

② S. Sassen, "Land Grabs Today: Feeding the Disassembling of National Territory", *Globalizations*, 10/1 (2013), pp. 25 – 46.

③ G. Hollander, "Power is Sweet: Sugarcane in the Global Ethanol Assemblage", *The Journal of Peasant Studies*, 37/4 (2010), pp. 699 – 721.

项"地缘政治武器"来使用。①但是在全球粮食危机爆发之前和之后,粮食及粮食与人类的变动关系一度逐渐围绕地缘政治和生物政治来被概念化。这种概念化也揭示出新自由主义发展模式的内在缺陷。②现在这些围绕粮食安全、饥饿和肥胖的争论展现出了全球农产品体系变迁带来的焦虑,展现出了政治经济意识形态和权力转变带来的不安。在这种情况下,这些争论说明粮食和全球的胃口能被多种方式安全化。

随着国家开始在话语上强调粮食生产和分配体系在面对生态恐怖主义时的脆弱性,粮食本身可能就是在这个时期变成一个被安全化了的商品,在"9·11"之后这一点特别明显。人为食品污染的威胁为农产品体系全球化的政治填上了真正恐怖的一笔。作为应对,新的政府机构被组建,新的立法出台,人们在实际生活中注意"饮食警觉"(bromatovigilance)。③但是对突发食品污染的管理——从不断出现的食品恐慌到动植物疾病的爆发——引起了相同的地缘政治问题,包括关闭边境、政府合法性危机和新的食品监督和监管程序。新自由主义的应对措施是以风险为基础的路径,它借助公司的自我约束和用听证会来验证结果。这种路径强调食品安全标准的协调一致,从表面上看是为了确保物品在国际上能够自由流动。在这种情况下,他们经常会对农产品体系进行重大调整,改造过程会偏袒跨国资本,会为中小企业制造障碍,或者在后殖民时代的粮食供应链中引入新

---

① See for example Friedmann and McMichael (note 40); J. H. Perkins, *Geopolitics and the Green Revolution: Wheat, Genes, and the Cold War*, New York: Oxford University Press, 1997; L. Collingham, *The Taste of War: World War II and the Battle for Food*, London: Allen Lane, 2011.

② 将饥荒作为地缘政治问题来讨论的著作,参见 J. Essex, "Idle Hands are the Devil's Tools: The Geopolitics and Geoeconomics of Hunger", *Annals of the Association of American Geographers*, 101/1 (Jan. 2012) p. 196. 将食物供给作为生物政治来研究的著作,参见 D. Nally, "The Biopolitics of Food Provisioning", *Transactions of the Institute of British Geographers*, 36/1 (2011), pp. 37 – 53。

③ "饮食警觉"是指对一个地区的食物和营养状态的监控。对于这一点以及美国食品药品管理局针对生物恐怖主义相关的改革,参见 L. B. Crawford, "Agenda for Action: Food Safety and Global Food Security", *Journal of Veterinary Medical Education*, 30/2 (Summer 2003), pp. 110 – 111。

的支配形式和脆弱性①。这些新的食品安全机制与地理空间的实践正被紧紧束缚在一起。这包括新自由主义安全国家（neoliberal security state，连同这些国家的人口）的再生产，也包括作为管理和限制粮食安全风险的各种国内和国际关系的出现。②

然而不仅粮食本身被安全化了，全球的粮食需求也被安全化了。这主要是因为粮食危机之后，一些把粮食无保障和全球政治经济波动相关联的讨论正在重新受到重视。通过强调粮食骚乱的兴起和把提高的面包价格与"阿拉伯之春"联系在一起，这些话语在之前（和正在进行中的）关于新兴经济体变动的需求的政治影响的辩论中，把新马尔萨斯意识形态重新提了出来。在这里，饥饿和更丰富的膳食需求被合并到一个关于人类存亡的地缘政治中。③通过把粮食短缺定义为世界政治的未来推动器，这些叙述存在把因果关系的正确方向封闭化或者反转的风险。在迈克尔·瓦茨（Michael Watts）和迈克·戴维斯（Mike Davis）对饥荒的意义深远的研究中，他们认

---

① See E. C. Dunn, "Trojan Pig: Paradoxes of Food Safety Regulation", *Environment and Planning*, A 35 (2003), pp. 1493 – 1511; S. Friedberg, *French Beans and Food Scares: Culture and Commerce in an Anxious Age*, Oxford: Oxford University Press, 2004; M. Nestle, *Safe Food: The Politics of Food Safety*, Berkeley: University of California Press, 2010.

② In addition to Dunn (note 54), see E. Dunn, "Standards and Person-Making in East Central Europe", in A. Ong and S. J. Collier (eds.), *Global Assemblages: Technology, Politics, and Ethics as Anthropological Problems*, Malden, MA: Blackwell, 2005; E. Dunn, "Escherichia coli, Corporate Discipline and the Failure of the Sewer State", *Space and Polity*, 11/1 (April 2007), pp. 35 – 53; E. C. Dunn, "Postsocialist Spores: Disease, Bodies and the State in the Republic of Georgia", *American Ethnologist*, 35/2 (May 2008), pp. 243 – 258; J. Ackleson and J. Kastner, "Borders and Governance: An Analysis of Health Regulation and the Agri-food Trade", *Geopolitics*, 16/1 (2011), pp. 7 – 26.

③ See L. Brown, *Who Will Feed China? Wake Up Call for a Small Planet*, New York: Worldwatch Institute/W. W. Norton and Company, 1995; Brown, "The New Geopolitics of Food" (note 5)。在中国占据食物链顶端的辩论中，对于这里面根深蒂固的地缘政治话语的批判性解读，参见 A. Boland, "Feeding Fears: Competing Discourses of Interdependency, Sovereignty, and China's Food Security", *Political Geography*, 19 (2000), pp. 55 – 76。对于新马尔萨斯恐惧的批评，参见 S. Dalby, "Exorcising Malthus's Ghost: Resources and Security in Global Politics", *Geopolitics*, 9/1 (2004), pp. 242 – 254。对于妖魔化亚洲不断增长的胃口的媒体叙事，参见 Q. Gong, "Who Will Feed China? News Media Framing of Global Food 'Crisis' 2007 – 08'", presented at AAG meeting 2011, Seattle, Washington。

为，世界政治（比如，殖民主义和资本主义的扩张）决定粮食安全，而不是相反。①此外，赋予粮食安全很强的地缘战略色彩标志着这个概念本身含义的重要转变，这种含义的转变与人道主义的概念化和实践存在张力。②对人道主义制度、空间和目标的表达和那些似乎在实际中偏袒新自由主义地缘政治路径的战略糅合在一起，增强了向遭受饥饿和粮食无保障地区提供发展援助的道德模糊感。这也让那些关于道德、伦理和责任的问题出现在了关于全球粮食安全和更广泛的粮食体系治理的辩论的中心。③

事实上，当涉及要解决粮食无保障问题的时候，只要"对粮食商品和援助的流动采取更多开放的地理经济方案，不能与强调社会空间限制和规训饥饿者的地缘政治反应达到完美的契合程度"，在新自由主义地缘政治中对饥饿和饥饿者不断调整的安排就会产生一种独特的标量张力（scalar tension）。④ 在像世界银行这类发展组织的工作方法中，我们能发现同样的张力。世界银行的偏好是有次序的，它更加支持那些开放贸易流动的国内粮食政策，而不是那些限制贸易流动的国内粮食政策。⑤在这个次序中，

---

① 参见 M. Watts, *Silent Violence: Food, Famine and Peasantry in Northern Nigeria*, Berkeley: University of California Press, 1983; M. Davis, *Late Victorian Holocausts: El Nino Famines and the Making of the Third World*, London and New York: Verso, 2001.

② T. Brown and S. Wakefield, "Securitizing Food: Contemporary Food Security Discourse, Environmental Security and Global Climate Change", presented at AAG meeting 2011, Seattle, Washington.

③ D. K. Chatterjee (ed.), *The Ethics of Assistance: Morality and the Distant Needy*, Cambridge: Cambridge University Press, 2004; B. Korf, "Antinomies of Generosity: Moral Geographies and Posttsunami Aid in Southeast Asia", *Geoforum*, 38/2 (2007), pp. 366 – 378; M. Sparke, "Acknowledging Responsibility for Space", *Progress in Human Geography*, 31/3 (2007), pp. 7 – 15; M. Sparke, "Geopolitical Fears, Geoeconomic Hopes, and the Responsibilities of Geography", *Annals of the Association of American Geographers*, 97/2 (2007), pp. 338 – 349; P. Jackson, N. Ward and P. Russell, "Moral Economies of Food and Geographies of Responsibility", *Transactions of the Institute of British Geographers*, 34/1 (2008), pp. 12 – 24; M. Kleinfeld, "Misreading the Post-tsunami Landscape in Sri Lanka: The Myth of Humanitarian Space", *Space and Polity*, 11/2 (2007), pp. 169 – 184.

④ Essex (note 52) p. 196.

⑤ World Bank, "Double Jeopardy: Responding to High Food and Fuel Prices", Washington, DC: World Bank, 2008, pp. 1 – 28.

那些服从国内的判断和压力、建立粮仓、或者推行价格控制和补贴的国家，不仅是屈从了政治狭隘主义，也在造成不稳定。这种不稳定是由国际市场上的价格波动造成的，而脆弱国家（fragile state）会因此承受不同的损失。这些脆弱国家更加依赖粮食进口，他们挽回损失的能力也更弱。①与之不同的是，一个反向地缘政治视角或者批判政治地理学视角，必须注意到现在努力把粮食安全重新空间化的种种方式，是对新自由主义粮食体系中的开放和关闭的随意性的一种抗拒，也是对建立选择性渗透的边界的一种抗拒。这种边界使得发达国家比发展中国家享有更多的粮食安全和特权。②

如果饥饿被描述为一种威胁，那么肥胖自然也是。世界卫生组织报道说，不断增长的全球肥胖问题正在产生严重消极的社会经济后果，每年因肥胖致死的人数要比因营养不良而死亡的多。③对于朱莉·格思曼（Julie Guthman）和梅勒妮·迪普伊（Melanie DuPuis）而言，美国的肥胖症必须放在新自由主义发展的缺陷中来理解。肥胖是对过度积累危机的一种真切的空间的修正，掩盖了新自由主义一些话语中的张力。新自由主义把公民同时描述为消费者和自我约束的主体。④然而我们还须注意肥胖恐惧症所带来的政治经济忧虑和议程。公民的身体不仅仅与一个国家的经济健康息息相关（生产力的损失和不断增长的医疗成本），也与该国的政治安全和荣誉有关，因为公民会变得太

---

① Brinkman and Hendrix (note 6) p. 14.

② 对于那些不定期和半渗透性的边境农业贸易，参见 C. Berndt and M. Boeckler, "Performative Regional (Dis) Integration: Transnational Markets, Mobile Commodities, and Bordered North-South Differences", *Environment and Planning*, A 43/5 (2011), pp. 1057 – 1078。

③ WHO, "Obesity and Overweight", *Fact Sheet*, No. 311 (March 2011); WHO, "Global Status Report on Noncommunicable Diseases", 2010 (2011).

④ 参见 J. Guthman and M. DuPuis, "Embodying Neoliberalism: Economy, Culture, and the Politics of Fat", *Environment and Planning D: Society and Space*, 24/3 (2006), p. 427. 越来越多的批判地理学者在讨论关于"肥胖、臃肿和大体型"的政治。例如，参见 R. Longhurst, "Fat Bodies: Developing Geographical Research Agendas", *Progress in Human Geography*, 29/3, pp. 247 – 259; R. Colls and B. Evans, "Introduction: Questioning Obesity Politics", *Antipode*, 41/5 (Nov. 2009), pp. 1011 – 1020。

胖而无法作战，未来的领导人变得太胖而无法治理国家。① 在这里，新自由主义的处方是把肥胖描述为"个人主权的一种让人羞愧的疾病"，或者强调肥胖是由于缺乏自律而不能成为（被承认为）精瘦的、出色的和有竞争力的人。这里面传递出来的信息是，如果饥饿者是战士的话，肥胖者就是遭受阻碍的人。肥胖者不仅失去了战斗的身体能力，他们也忘记了战斗的初心。②

在这点上，帕特丽夏·普赖斯（Patricia Price）的研究富有洞见地分析了女性苗条身躯的治理性中所使用的语言和新自由主义经济改革中所使用的物质话语的相似性。在新自由主义改革中，国家被要求"勒紧裤腰带，切掉肥肉，把臃肿的、头重脚轻的经济重回正轨"。③ 这些话语在20世纪80年代和90年代被广泛用来在发展中国家推动结构调整计划，结果不仅推动国家经济实现了整体再造，也导致了急速增长的粮食危机，而女人承受了不成比例的负担。④ 现在欧洲和北美实施的紧缩措施中再次把这类话语复兴了，这引起的问题是，进一步加深的自由化是否会在发达国家中给粮食安全带来变局。

---

① 对于政治经济焦虑和肥胖恐惧症，参见 D. McPhail, "What to Do with Tubby Hubby? Obesity, the Crisis of Masculinity, and the Nuclear Family In Early Cold War Canada", *Antipode*, 41/5（Nov. 2009）, pp. 1021 - 1050。关于肥胖的经济成本，参见 E. A. Finkelstein, J. G. Trogdon, J. W. Cohen and W. Dietz, "Annual Medical Spending Attributable To Obesity: Payer—And Service—Specific Estimates", *Health Affairs*, 28/5（Sep./Oct. 2009）, pp. 822 - 831；J. G. Trogdon, E. A Finkelstein, T. Hylands, P. S. Dellea and S. J. Kamal-Bahl, "Indirect Costs of Obesity: A Review of the Current Literature", *Obesity Review*, 9/5（Sep. 2008）, pp. 489 - 500。关于肥胖及军队战斗力，参见"Mission: Readiness, Too Fat to Fight: Retired Military Leaders Want Junk Food Out of America's Schools, 2010, pp. 1 - 12。最后，关于肥胖与总统候选人及其能力，参见 J. Siegel, "Chris Christie: Is New Jersey Governor Too Overweight to Become President?", ABC News, 29 Sep. 2011。

② 这个判断来自劳伦·勃兰特（Lauren Berlant），她认为肥胖提供了一个视角，可以对实际中的个人主权进行一种形式的概念化。这种个人主权有两个特点：被分配的因果性和一种干扰性的代理形式。L. Berlant, "Slow Death（Sovereignty, Obesity, Lateral Agency）", *Critical Inquiry*, 33（Summer 2007）, p. 758。

③ P. Price, "No Pain, No Gain: Bordering the Hungry New World Order", *Environment and Planning D: Society and Space*, 18（2000）, p. 92。

④ Ibid.

六、粮食和农业生态危机的地缘政治

对粮食危机的描述和反应也紧密地与环境问题和他们的地缘政治表现联系在一起了。农业不仅要依赖生态馈赠，比如土壤、雨水和授粉，它也是环境变迁的一个主要推手。这种相互依赖的关系把粮食生产和环境危机捆绑在了一起。现在的环境危机包括气候变化、滥伐森林、土地退化、大规模的污染和生物多样性损失。①农业活动覆盖了全球40%的陆地，使用了消耗性水源的85%，导致了大部分的森林砍伐，造成了重大的生物多样性损失并与三分之一的人为温室气体排放有关。② 粮食危机因此也是农业生态危机，粮食危机的症状部分能在环境问题上找到，粮食危机的补救方案常常包含着深远的环境影响。

目前对这次农业生态危机的解释常常是强调现代化农业或者工业农业的消极环境后果。现代化农业的大规模生产、单一栽培和机械化被很多人认为是具有一种独特的损害特性。这些解释与早期的解释非常不同。早期的解释是强调小规模的农业或者传统农业具有破坏性和低效性，因而需要高效、密集和颇具规模的农业部门。规模的问题在粮食危机的地缘政治叙事中还是一个重大的问题。处理粮食危机的不同方案在根据他们的环境影响进行着比较。可持续发展的大农业支持者承诺一个绿色革命的农业环境现代化伦理。与之相竞争的是新

---

① P. McMichael, "Contemporary Contradictions of the Global Development Project: Geopolitics, Global Ecology and the 'Development Climate'", *Third World Quarterly*, 30/1 (2009), pp. 247-262. 麦克·迈克尔是把这看成一种内部的冲突，能够使人联想到资本主义新陈代谢的裂口，而主流的环境组织比如联合国环境组（ENEP）事实上是提出了一个弱形式（或者轻形式）的生态现代化。参见 "The Environmental Food Crisis: The Environment's Role in Averting Future Food Crises" (Rome: UNEP 2009)。

② 在环境危机最广阔的意义上，人类世——一个新的人造的生态纪元——开始于不断增强的粮食安全和实现粮食安全的手段：农业。参见 J. Foley, R. Defries, G. P. Asner, C. Barford, G. Bonan, S. R. Carpenter and F. S. Chapin, "Global Consequences of Land Use", *Science*, 309/5734 (July 2005), pp. 570-574。在人类世情景下对环境安全的批评，参见 Dalby, "Security and Environmental Change" (note 13)。关于环境对工业食品生产的灾难性影响的详细讨论，以及由环境驱动的饮食伦理的讨论，参见 C. Sage, *Environment and Food*, London: Routledge, 2011。

马尔萨斯末日预言对气候变化和一切都达到峰值的担忧。另一个竞争势力是那些被迷惑的支持小农的勒德分子（deluded Luddites of Small Ag）。他们认为粮食本地主义和更加广泛的粮食主权能够为70亿甚至更多人实现粮食自足。① 在所有情况下，地缘空间的叙事框架和权力关系影响着哪个模式能成为支配模式以及通过何种政治过程。在下面三个主要争论中，我们能看到这些动力因素在发生作用。这三个争论关注农业、生物燃料和气候变化的互动；关注绿色革命的扩散和转基因作物的推广；关注日常饮食的肉质化（meatification of diets）。

作为化石燃料经济的重要组成部分，当前的农业工业模式需要大量的石油和天然气投入。用农业燃料（或者，用更绿色的名称，生物燃料）来取代原油经常被农业—工业部门和持支持态度的政府，描述为解决高油价、石油资源枯竭的危险、令人沮丧的农村收入和对气候变化的担忧等问题的部分方案。国内的生物燃料生产也是用来解决减少对中东的"恐怖能源"的依赖这个地缘难题的可行性方案。② 纳丁·莱勒（Nadine Lehrer）对2008年美国农场法案中"生物燃料的爱国主义式兴起"的研究向我们展示出，通过把生物燃料的发展与国家安全、能源独立、环境保护和乡村复兴等概念在话语上结合在一起，生物燃料就被看成是解决美国很多问题的"公益"方案了。③然而第一代农业燃料，比如，在美国的生产中处于支配地位的玉米乙醇，又或者是在热带地区生长在森林被砍伐之后的土地上的油棕燃料，大部分都包括社会和环境问题。这包括把用于生产粮食的农地用于制造能源，

---

① See, for example, J. A. Burney, S. J. Davis and D. B. Lobell, "Greenhouse Gas Mitigation by Agricultural Intensification", PNAS, 107/26 (June 2010); "Malthus, the False Prophet: The Pessimistic Parson and Early Political Economist Remains as Wrong as Ever", *The Economist*, 15 May 2008; "Big Ag Won't Feed the World", *Food First*, available at < http://www.foodfirst.org/en/node/3454 >.

② S. Prudham, "Pimping Climate Change: Richard Branson, Global Warming, and the Performance of Green Capitalism", *Environment and Planning*, A 41 (2009), pp. 1594 - 1613.

③ N. Lehrer, "(Bio) Fueling Farm Policy: The Biofuels Boom and the 2008 Farm Bill", *Agriculture and Human Values*, 27 (2010), p. 440.

包括这些能源的投入回报值低,包括这里存在大量的碳足迹。①

当前的农业—工业模式在地方农业群体和大企业之间维系着非常不平等的社会关系。通过一系列空间的和环境的暂时性修补措施,农业燃料生产也会进一步稳固这种不平等的关系,最终是为农业企业的资本积累利益服务。这包括把资源控制的举措扩展到新的国内和国际生产区,实现产品替换(从化石燃料到生物燃料)和市场扩展。最终的结果是把汽车这个要素加入到牲畜、廉价的碳氢化合物和粮食援助中来解决农业过剩。②把城市居民的选择和利益放在农村社区的利益之前,这个逻辑强化了目前的碳氢经济(hydrocarbon economy)。而后者恶化了与气候相关的农业问题,比如,极端的洪水或者干旱。尽管农业燃料保障了发达国家那些享有特权的人流动的权利,但是它为某些人削弱了粮食产量。这些人就是生活在广大发展中国家的干旱区的勉强维持生计的农民,这个地球上最为脆弱和最不应该被责备的人群。③ 一个批判的政治地理视角需要我们关注,在上文这些影响之下,农业燃料的生产是如何通过高油价和持续的农业补贴而被维持的。

为了生物燃料的发展而重新调整作物种植,为这个支配了好多国家的农业生产的投入密集型农业—工业模式带来了新的思考维度。通过把发展中国家描述为需要现代性和农业—工业发展,绿色革命的地缘政治叙事在建立这个农业—工业模式的过程中发挥了重要作用。批评人士指出,美国把绿色革命工具化不仅是为了填饱穷人肚子,也是为了建立一种粮食机制,能够保障

---

① 第二代农业燃料包括作物残余物和木材边角料。它们虽然比第一代更有效,但是加工过程仍然困难,并且把它们应用到燃料交通领域会损害他们对土壤质量的帮助。J. Fargione, J. Hill, D. Tilman, S. Polasky and P. Hawthorne, "Land Clearing and the Biofuel Carbon Debt", *Science*, 319/5867 (2008), p. 1235.

② 主导这个行业的大公司比如 ADM 公司(Archer Daniels Midland)和嘉吉公司(Cargill)也从壳牌和英国石油等石油公司取得投资。"Fields of Dreams: Negotiating an Ethanol Agenda in the Midwest United States", *Journal of Peasant Studies*, 37/4 (2010), pp. 723 – 748; Borras et al. (note 24).

③ D. Mitchell, "A Note on Rising Food Prices", World Bank, July 2008, 以及之后对生物燃料相关影响的争议。

西方的农业—工业资本变成主导。①虽然绿色革命的叙事随着冷战的"结束"和发展中国家在债务危机和全球贸易自由化中步履维艰而出现得少了，但是他们现在又在南南关系中重新被提及了。通过分析中国绿色革命的叙事在当代马里的农业发展计划中的出现，威廉·摩斯利（William Moseley）认为，马里"是被推介了一套基于其他地区的历史和经验的错误解读的错误政策"。②

在20世纪90年代中期随着转基因作物（genetically modified crops）的出现，绿色革命开始让位于基因革命。这些作物在发展中国家扩展得最快，据估计现在种植面积已经有1.5亿公顷。然而，从地区贸易集团到相邻地区的农民，到很多个体购物者，对转基因作物的推广和监管的支持者们和反对者们在多个方面争执不下。③ 在这些冲突中一个主导性的地缘政治话语是关于一个"新的生物外交的时代"。农业生物公司在这个时代被用来强化美国的农业主导地位和推广新自由主义粮食机制。像孟山都这类公司的主导地位就是这种规划的有力说明。④ 美国、欧盟和其他粮食援助接受国之间的紧张状况是这种话语的进一步表现。在欧洲，一些反对转基因的运动推迟了他们国内的研究和发展，比如，法国的"志愿收割者"（Faucheurs Volontaires）毁坏了转基因试验田。一些建议是认为这些运动是不爱国的，并且帮助美国在农业生物技术上实现了未来的市场主导。⑤

---

① Perkins（note 51）.

② W. G. Moseley, "China's Farming History Misapplied in Africa", *Al Jazeera English*, 27 Oct. 2011. See also D. Brautigam, *Chinese Aid and African Development: Exporting Green Revolution*, London: Macmillan Press, 1998.

③ M. A. Pollack and G. C. Shaffer, *When Cooperation Fails: The International Law and Politics of Genetically Modified Foods*, New York: Oxford University Press, 2009; R. J. Roff, "Shopping for Change? Neoliberalizing Activism and the Limits to Eating Non-GMO", *Agriculture and Human Values*, 24/4 (2007), pp. 511 – 522.

④ C. Chase-Dunn and T. Reifer, "US Hegemony and Biotechnology: The Geopolitics of New Lead Technology", Working Paper, 2002; C. Juma, "The New Age of Biodiplomacy", Geo. J. Int'l Aff, 6 (2005), p. 105; G. Pechlaner and G. Otero, "The Third Food Regime: Neoliberal Globalism and Agricultural Biotechnology in North America", *Sociologia Ruralis*, 48/4 (Oct. 2008) pp. 351 – 371.

⑤ A. R. Young, "Of Executive Preferences and Societal Constraints: The Domestic Politics of the Transatlantic GMO Dispute", *Review of International Political Economy*, 2011.

与此同时，转基因作物在美国和一些拉丁美洲国家（比如，阿根廷和巴西）的大规模种植引起了人们对生物多样性损失和劳工损失的忧虑，这在转基因玉米对墨西哥的生态系统和农民产生不利影响之后变得更加突出。① 转基因能够推广的部分原因是，公司采用过激的商业和司法手段来强推他们的专利种子和反对产品强制标签制度，这让外界深感不安。这也为抵触运动中粮食种植者和消费者表达他们的忧虑提供了机会。例如，加拿大一些大草原农民，利用消费者的选择至上观点和转基因作物的环境风险，来表达他们自己对农业的过分榨取和对粮食体系的控制的担心。② 这些运动指出转基因作物的风险是，把那些种植了转基因作物地区的不情愿的农民和消费者锁定在一个新的部分获利的农业—工业发展时期。这与那些农业企业所声称的转基因作物会带来更多的粮食安全和更低的环境影响大相径庭。③ 现在处于危险之中的不仅仅是由各种地方化的农业生态模式所培育出的多样化的作物和生态系统，更包括很多与粮食生长和消费相联系的社会文化，以及更广泛的与土地和自然相关的伦理。正如阿图罗·埃斯科瓦尔（Arturo Escobar）所强调的，文化框架的地缘政治再一次扮演了重要的角色。④

---

① E. Fitting, "Importing Corn, Exporting Labor: The Neoliberal Corn Regime, GMOs, and the Erosion of Mexican Biodiversity", *Agriculture and Human Values*, 23/1 (2006), pp. 15 – 26.

② E. Eaton, "Getting Behind the Grain: The Politics of Genetic Modification on the Canadian Prairies", *Antipode*, 41/2 (2009), p. 256.

③ 这些中的一部分可能只有限的社会收益，参见 T. Philpott, "USDA Greenlights Monsanto's Utterly Useless New GMO Corn", *Mother Jones*, 23 Jan. 2012; J. Dibden, D. Gibbs and C. Cocklin, "Framing GM Crops as a Food Security Solution", *Journal of Rural Studies*, in press.

④ P. McMichael, "Food Sovereignty, Social Reproduction and the Agrarian Question", in A. H. Akram-Lodhi (ed.), *Peasants and Globalization: Political Economy, Rural Transformation and the Agrarian Question*, New York: Routledge, 2009, pp. 288 – 312; W. Parkins and G. Craig, "Culture and the Politics of Alternative Food Networks", *Food, Culture and Society*, 12/1, March 2009, pp. 77 – 103. 对于农业实践在环境知识和伦理政治中的重要性的讨论，参见 B. R. Cohen, "The Once and Future Georgic: Agricultural Practice, Environmental Knowledge, and the Place for an Ethic of Experience", *Agriculture and Human Values*, 26 (2009), pp. 153 – 165. 关于毛利人如何考虑转基因会违反继承原则和新西兰的规制政治，参见 T. Satterfield and M. Roberts, "Incommensurate Risks and the Regulator's Dilemma: Considering Culture in the Governance of Genetically Modified Organisms", *New Genetics and Society*, 27/3 (2008), pp. 201 – 216.

围绕粮食安全的农业生态方面的最后一个政治地理焦点辩论是关于肉类生产和消费的变动地理。因为肉类生产是气候变化（通过甲烷排放）、土地攫取、圈地运动和砍伐森林（为了增加喂养和扩展牲畜产量）的一个直接原因，所以在农业生态危机中是一个明显的罪魁祸首。正如安东尼·韦斯（Anthony Weis）所论证的那样，肉类生产和（过度）消费导致了很大一部分全球粮食短缺，这意味着粮食危机不仅仅是因为贫穷国家低下的农业生产，部分来讲也是一个膳食问题。①这里的地缘政治内涵不仅包括工业化国家和整个农业—工业模式中以肉类为基础的膳食中的根深蒂固的浪费问题，也包括更广泛的工业化的农业模式的气候和贸易影响。②这个工业化的农业模式把廉价肉类和卡路里的生产作为积累策略的核心。这个视角意味着批判的视角必须关注对这些积累策略（和他们对特定粮食生产和消费选择的影响）的抗拒的政治化，必须关注发展出替代性的政治地理方案。在这些替代方案中，肉类消费和其他形式的现代饮食不是被看作进步和发展的标志，而是一种不负责任（例如，对气候变化的影响）、自私（例如，对于最贫穷的人的粮食安全的影响）和物种歧视（例如，因为每年几十亿动物被宰杀而引起的动物权利和环境伦理问题）。③

七、结论

全球粮食危机代表着全球新自由主义秩序中的另一个内在矛盾。此次危机的表现和影响在地理意义上和社会意义上都是不均衡的，它包含了三方面

---

① T. Weis, "The Meat of the Global Food Crisis", *Journal of Peasant Studies*, 40/1 (2013), pp. 65 – 85.

② 对于欧盟的监管在波斯瓦纳对农场衰败的风险的讨论，参见 W. G. Moseley, "Imperialism 2.0: EU Fosters Botswana Degradation", *Al Jazeera*, 1 Feb. 2012。

③ 关于肉类作为一种男权消费，参见 C. J. Adams, *The Sexual Politics of Meat: A Feminist-Vegetarian Critical Theory*, New York: Continuum International, 1990。关于肉类的政治文化维度的讨论，见 P. Robbins, "Meat Matters: Cultural Politics along the Commodity Chain in India", *Ecumene*, 6/4 (1999), pp. 399 – 423。

的影响：长期形成的农业过剩政策，突然的价格变动和与同时发生的能源和金融危机相连的"意外因素"。在2005年，联合国粮农组织还有文件称发达国家通过补贴实现的过剩生产导致的粮食价格走低，威胁到了发展中国家几百万人的农业生计和粮食安全。而仅仅两年之后，粮价走高又变成了主要的威胁，不仅威胁到了贫困人口，还威胁到了一些国家政权。[①] 从这个角度来讲，此次粮食危机被赋予了多重解读。有的人把它理解为一个仍然分割着的需要更多的经济整合的世界的一个症状；有的人把它理解为对扩展新自由主义政策的一个挑战，尤其是随着很多修正主义政府正在寻求（重新）建立粮食贸易障碍和保护他们的农地和农业；有的人把它理解为一个机会，是一个通过缩小"高产出"的发达国家与"低产出"的发展中国家的产出差距，从而解决长期的粮食安全忧虑的机会。

诚如本文所表明的，这些地缘政治状况需要批判地接纳，包括对塑造了这些叙事的权力关系很敏感的反向地缘政治。上文的讨论已经说明，反向叙事会关注（新自由主义）农业体系的方方面面：农产品金融化、圈地运动、剥夺乡村穷人、把造成大规模的粮食无保障和环境灾难的生产和消费模式制度化。反向地缘政治会质疑为何一些政府和发展组织会认为采取一种或者"进一步自由化"（对农业投资和贸易）或者"回到原始的方法"（比如粮食自给自足和补贴）的简单二元法来回应是合适的。全球粮食安全的一个反向地缘政治状况表明，好多自下而上的组织和群体正在探索农产品体系组织和社会管理的替代形式，我们能够从中发现更加丰富的反应模式和解决方案。这些努力已经开始产生一种粮食安全和粮食治理的转变地缘政治。要想理解这个新的转变地缘政治需要更多的实证研究。这些实证研究要注意到全球

[①] J. F. M. Swinnen, P. Squicciarini and T. Vandemoortele, "The Food Crisis, Mass Media and the Political Economy of Policy Analysis and Communication", *European Review of Agricultural Economics*, 38/3 (2011), pp. 409 – 426. 到2011年，发展中国家更高的农业生产率和更低的全球价格波动是大部分国际组织为20国集团的农业部长们所定的主要政策目标。"Price Volatility in Food and Agricultural Markets: Policy Responses", Policy Report to the G20 including contributions by FAO, IFAD, IMF, OECD, UNCTAD, WFP, the World Bank, the WTO, IFPRI and the UN HLTF, 2 June 2011, available at < http://www.wto.org/english/news_e/news11_e/igo_10jun11_report_e.pdf >.

粮食危机及其解决方案的表现形式中存在的种种差别性和杂乱性，还要注意到这一领域内部（和超越内部）有多种策略可供选择。我们希望通过识别出值得进一步关注的几个关键领域，这篇论文能够鼓励更多的研究，来关注粮食危机和全球农产品治理的批判地缘政治和批判政治地理学研究。

亚洲未来的海上安全环境：风险评估[*]

[澳] 萨姆·贝特曼 著　林民旺 译[**]

本文试图预测未来十年亚洲的海上安全环境将如何演变。在找出未来三种可能的前景之前，文章将首先探讨一些海上威胁和挑战的可能性及其导致的后果。与此同时，在预测未来时总是"世事难料"（all bets are off），因此本文也将对战略冲击的风险进行探讨。

未来地区的海上安全环境将可能是三种前景：要么是和目前状况大致相同（现状前景）；要么是比目前状况更好，未来地区海上环境更加稳定，且区域内国家在管理地区海域和海上活动上的合作得以提升（乐观前景）；要么是比目前状态更差，地区更不稳定，竞争加剧，频繁发生海上对峙，海上安全合作的程度更低，致使海上安全环境进一步恶化，鱼类资源耗竭（悲观前景）。文章最后将提出一些可能的举措，以降低威胁和挑战的风险，实现乐观前景的可能。

本文的"亚洲"涵盖范围包括东亚、西太平洋、南亚和北印度洋（地区），

---

[*] 原文标题：The Future Maritime Security Environment in Asia: A Risk Assessment Approach，载 *Contemporary Southeast Asia*, 2015, Vol. 37, No. 1, pp. 49–84。

[**] 作者简介：萨姆·贝特曼（Sam Bateman），澳大利亚伍伦贡大学（University of Wollongong）国家海洋资源与安全中心高级研究员。译者简介：林民旺，复旦大学国际问题研究院研究员。

亦即现在常常称之的印太（indo-pacific）地区，不包括东太平洋和波斯湾区域。不论是从经济还是战略上说，这一地区的三个次区域（东北亚、东南亚和南亚）都越来越多地相互连接在一起，而中国在这三个次区域都日益广泛地存在。

一、设定场景

亚洲当前的大趋势仍可能继续维持：全球经济与海上力量的发展将持续转移到这一地区，尤其是东亚地区；这一地区的人口将继续增长，特别是南亚。与此同时，中国和日本的人口增长很快就要开始下降，而印度人口将很快超过中国；随着资源越来越稀缺，能源与食品安全形势将变得更加严峻；对海上石油和天然气的需求将继续推动海上主权争端的发展；区域内、区域间以及同世界其他地区间的贸易将继续扩大，而大部分贸易仍将是通过海上来完成的。传统安全仍是地区不稳定的主要源头。

二、战略环境

中国经济与海上力量的持续崛起，是影响亚洲未来海上安全环境的主要因素。美国的战略与政治影响力正在下降，而中国越来越成为具有全球利益的主要大国。未来几年中国的经济总量（GDP）预计将超过美国，长期趋势朝着有利于中国的方向发展。中国在地区内的贸易趋势是很重要的。2013 年，中国与东南亚的贸易总量上升到史无前例的 4436 亿美元，比 2012 年上升了 10.9%。然而，中国在地区的"口水战"中却落败，被描绘为一个进攻性的、咄咄逼人的、不值得信任的国家。正如一位分析家所言，"一些亚洲国家的政府和民族主义式的分析家、媒体似乎在发起一场'责备与羞辱'中国的运动，将中国妖魔化为傲慢且危险的坏蛋（bully）"。[①] 当我们思考未来时，其中一

[①] Mark J. Valencia, "China's Maritime Machinations: The Good, the Bad, and the Ugly", *The Diplomat*, 10 December 2014.

个关键因素就是，中国将会如何应对这一情绪：是否中国会软化立场，或者苦心成为"地区强人"，继续以减弱日本和美国的地区影响力为代价而追求大国地位。①

东南亚国家对大国间的紧张颇为不悦，尤其担忧美国过于强调战略的军事维度。② 印度特别担心会被拖入世界第一强国美国和崛起的挑战国中国之间的冲突中。③ 这一地区国家普遍担心美国对东亚"再平衡"战略采取的军事措施是试图遏制或包围中国的举动。④ 正如印度尼西亚武装力量的首脑撰文称，"美国转向印太的政策并没有试图构筑势力范围，将中国从地区事务中排除出去"⑤。

中国和日本之间的紧张也在加剧。国际危机集团（International Crisis Group）的一份报告称，"中日间的敌意正在僵化为对抗，通过外交越来越难以化解"⑥。两国将彼此行为都看作是咄咄逼人之举。鉴于美国对日本的支持，中日在东海钓鱼岛上的争端，也应该放在中美紧张的大背景下加以理解。⑦ 日

---

① Andrew S. Erickson and Adam P. Liff, "Snapshot — Not-So-Empty Talk — The Danger of China's 'New Type of Great-Power Relations' Slogan", *Foreign Affairs*, 9 October 2014, available at < http://www.foreignaffairs.com/articles/142178/andrew-s-erickson-and-adam-p-liff/not-so-empty-talk >.

② Dewi Fortuna Anwar, "An Indonesian Perspective on the U. S. Rebalancing Effort toward Asia", The National Bureau of Asian Research, 26 February 2013, available at < http://www.nbr.org/research/activity.aspx? id = 320 >.

③ C. Raja Mohan, "India and the Changing Asian Balance", in *CSCAP Regional Security Outlook*, 2014, edited by Ron Huisken [Council for Security Cooperation in the Asia-Pacific (CSCAP), 2013], p. 16.

④ Kang Choi, "Advice from a Good Friend: A South Korean View on the US Rebalancing", *Global Asia*, 7, no. 4, Winter 2012, p. 40.

⑤ Moeldoko, "China's Dismaying New Claims in the South China Sea", *Wall Street Journal*, 24 April 2014, available at < http://www.wsj.com/articles/SB10001424052702304279904579515692835172248 >.

⑥ International Crisis Group, "Old Score and New Grudges: Evolving Sino-Japanese Tensions", *Crisis Group Asia Report*, No. 258, July 2014, p. 1, available at < http://www.crisisgroup.org/~/media/Files/asia/north-east-asia/258-old-scores-and-grudgesevolving-sino-japanese-tensions.pdf >.

⑦ Zhang Yun, "The Diaoyu/Senkaku Dispute in the Context of China-U. S.-Japan Trilateral Dynamics", *RSIS Working Paper*, 19 March 2014, available at < http://www.rsis.edu.sg/wp-content/uploads/rsis-pubs/WP270.pdf >.

本介入南海的海上争端，只能加剧东京和北京之间业已存在的紧张关系。①

东亚的岛屿主权之争，解决前景渺茫，仍将是塑造未来地区海上安全环境的主要因素，虽然并非是决定性的要素。受民族主义思维的激发，当前这种争议被看作是零和博弈（zero-sum）的议题，只能经由"一方所得必然是另一方所失"的方式解决。因此，各方都在走向安全困境的消极面，很快可能导致失控。② 这样的情势，不仅不利于建立信任，也不利于发展有效的合作以管理地区海域和域内的海上行为。③

在印度洋区域（IOR），以美国和日本支持的印度为一方，同中国展开了越来越明显的战略竞争。印度是决定未来印度洋的关键，而主要的战略竞争将在海域展开。印度洋未来的战略不确定性主要源于中国、印度和美国的关系将如何发展。每一方都有自己的国家利益，并且彼此互不重合。许多印度战略家担心中国在印度洋的所谓"珍珠链"战略。④

俄罗斯正获得战略自信，可能要在未来的海上安全环境中扮演更大的角色。⑤ 中国和俄罗斯成功地结束了领土边界谈判，两国在贸易、能源和投资上的联系日益加强，正日益走向联盟（alignment）。⑥ 与此同时，俄罗斯可能把

---

① Zhao Hong, "The South China Sea and China-ASEAN Relations", *Trends in Southeast Asia*, 06, Singapore: Institute of Southeast Asian Studies, 2014, pp. 15 – 16, available at < http: //www. iseas. edu. sg/ documents/publication/TRS6_14. pdf >.

② M. Taylor Fravel, "U. S. Policy Towards the Disputes in the South China Sea Since 1995", *RSIS Policy Paper*, Singapore: S. Rajaratnam School of International Studies, March 2014, p. 3, available at < http: //taylorfravel. com/documents/research/fravel. 2014. RSIS. us. policy. scs. pdf >.

③ Sam Bateman, "Sovereignty as an Obstacle to Effective Oceans Governance and Maritime Boundary Making — the Case of the South China Sea", in *Limits of Maritime Jurisdiction*, edited by Clive Schofield, Seokwoo Lee and Moon-SangKwon, Leiden: Brill Academic Publishers, 2013, pp. 201 – 224.

④ David Brewster, "An Indian Sphere of Influence in the Indian Ocean", *Security Challenges*, 6, No. 3, Spring 2010, p. 6.

⑤ Tate Nurkin and James Clad, "East Asian Conflict Scenarios — Tense Transitions", *Janes' Defence Weekly*, 30, July 2014, p. 30.

⑥ Barry Desker, "A New Cold War?", *RSIS Commentary*, No. 112/2014 (11 June 2014), available at < http: //www. rsis. edu. sg/wp-content/uploads/2014/07/CO14112. pdf >.

对日外交放在更加重要的位置上，以此平衡它的对华关系。①

同时，对于美国是否有能力继续维持它对这一地区的再平衡政策，仍存疑问。过去三年，美国的防务预算已经在下降，而且它在世界其他地区仍有重大的安全承诺。欧洲与中东的近期事态发展并不有助于美国的亚洲再平衡，对美国是否有能力维持再平衡政策的疑问只会继续增加。华盛顿的政治斗争压缩了美国的防务预算，也使得美国更加难以实现安全目标。② 一方面是美国的再度过度扩张，另一方面则是中国正在军事上以远高于先前预测的速度追赶美国。2000年年中，当时预测中国几十年内仍旧无法赶上美国，现在看来，当时的预测似乎并不正确。

三、防务支出

2013年，亚洲和大洋洲的军事预算增长了3.6%，达到4970亿美元。③ 在过去25年里，只有亚洲和大洋洲地区是防务预算年年增加的地区。2013年东南亚的防务预算增加了5%，达到3590亿美元；东亚则增加了4.7%，达到2820亿美元。而东亚的增幅主要来自中国。不少评论家认为，2013年的中国防务预算实际上要比预计的更高。④ 俄罗斯的防务预算增长得最快，2012年至2013年间实际增长达到18.5%。⑤ 菲律宾与越南的防务预算都由于同中国的领土争端而有所增加，2013年比2012年分别增长了10.5%和9.6%。⑥ 马

---

① "National Institute for Defence Studies" (NIDS), *East Asian Strategic Review*, 2014, Tokyo: The Japan Times, 2014, p. 17.

② Michael C. Horowitz, "How Defense Austerity Will Test U. S. Strategy in Asia", *NBR Analysis Brief*, 7 August 2012, available at < http://www.nbr.org/publications/analysis/pdf/Brief/080712_Horowitz_DefenseAusterity.pdf >.

③ Sam Perlo-Freeman and Carina Solmirano, "Trends in World Military Expenditure, 2013", *SIPRI Fact Sheet*, April 2014, pp. 4 – 5.

④ DIO, *Defence Economic Trends*, op. cit., p. 41.

⑤ DIO, *Defence Economic Trends*, op. cit., p. 47.

⑥ Ibid., pp. 21 and 29.

来西亚的防务预算也实际增长了 10.4%。①

亚洲的防务预算预计将继续强劲增长。是否这一趋势将加速美国再平衡政策的影响,这仍旧是事关全地区的关键问题之一。防务预算的增加也使得这一地区成为备受军工企业青睐的市场。另一方面,防务预算增长部分也是美国、欧洲和俄罗斯的军工企业积极供应的结果,它们由于国内市场的饱和不得不积极地寻求新的国际买家。②

四、海军发展

中美海军力量的均衡将继续朝着有利于中国的趋势发展。根据美国国会的顾问小组评估,到 2020 年,中国在西太平洋将拥有最大的现代潜艇和战斗舰艇的舰队。③ 华盛顿部分人士认为,美国要维持"在各个层级的潜在冲突中对中国的战略军事优势,以遏制中国侵略性的行为"④,这种看法现在看来越来越不现实了。

除了海军,海警(coast guards)的发展和大量使用是这一地区过去几十年的特点之一。⑤ 过去没有海警的国家,如马来西亚和越南,都开始建立海警队。而过去就有海警的国家,如日本和韩国,都已经扩大了规模。这一趋势还将继续保持,包括在敏感或者争议海域更加偏好使用海警等。这一积极趋势为地区海警之间提升合作开启了可能性,因为这一方式既可以起到确

---

① DIO, *Defence Economic Trends*, op. cit., p. 19.
② Richard A. Bitzinger, "A new arms race? The Political Economy of Maritime Military Modernization in the Asia-Pacific", *The Economics of Peace and Security Journal*, 4, No. 2 (2009), p. 26.
③ Matthew Pennington, "China may have largest Pacific fleet by 2020: US", *The Sydney Morning Herald*, 21 November 2013, available at <http://www.smh.com.au/world/china-may-have-largest-pacific-fleet-by-2020-us-20131121-2xwib.html>.
④ Amitai Etzioni, "China: Making an Adversary", *International Politics*, 48, No. 6 (2011), p. 650.
⑤ Sam Bateman, "Regional Navies and Coastguards: Striking a Balance between 'Lawships' and Warships", in *Naval Modernisation in Southeast Asia: Nature, Causes and Consequences*, edited by Geoffrey Till and Jane Chan, Abingdon: Routledge, 2013, pp. 245–262.

保海域良好秩序的作用,同时也可避免海军合作的敏感性。中国重组并加强海上执法机构和力量,是这一方面尤为重要的发展,虽然中国的邻国担忧这将加强中国在争议海域的能力,中国的海警将扮演着军事力量的作用。①

海战技术在能力、复杂性和适用性方面都将继续发展,并且在未来十年里这些技术将更加容易获取。预计亚洲的管通情监侦系统(C4SIR)的能力将继续增强,无人机和无人驾驶飞行器将会更加广泛地使用,由此将导致情报共享和海上领域的态势感知(maritime domain awareness,MDA)提升。网络安全也得到了越来越多的关注。

潜艇的大量增加是这一地区的重要麻烦之一。② 第一,潜艇本身就是个危险的存在,甚至一个小小的事故就可能导致灾难性的后果。第二,越来越多的潜艇在一个相对受限的水域内活动,加上越来越多的捕鱼作业和繁忙的海上运输,将可能带来航行的风险。第三,也是最重要的一点,更多潜艇将带来更多的不稳定,特别是当它们被用于秘密监听和情报收集的任务时,可能会在争议水域内被发现。地区国家也许会低估潜艇行动的风险,低估了保持潜艇员技术熟练水平的重要性,以及低估了潜艇有效地命令和控制的需要。最后一点,探测潜艇的技术取得了进步,这对潜艇来说越来越不利,使得潜艇行动时不被发现的能力也降低了。③ 弹道导弹潜艇的发展也值得担忧。不论是中国、俄罗斯,还是印度,都在增加弹道导弹潜艇的数量,这将导致美国进行潜艇的对称部署。随着俄罗斯重新发展苏联时期的核能力,美国越来越

---

① Ryan D. Martinson, "The Militarization of China's Coast Guard", *The Diplomat*, 21 November 2014; and National Institute of Defence Studies, "Toward a Unified Coast Guard Command", *China Security Report*, 2013, pp. 12 – 13, available at < http: //www. nids. go. jp/publication/chinareport/pdf/china_report_EN_web_2013_A01. pdf >.

② Sam Bateman, "Perils of the Deep — The Dangers of Submarine Proliferation in the Seas of East Asia", *Asian Security*, 7, No. 1 (2011), pp. 61 – 84.

③ Sam Bateman, "Perils of the Deep — The Dangers of Submarine Proliferation in the Seas of East Asia", *Asian Security*, 7, No. 1 (2011), pp. 61 – 84.

担忧这一趋势的发展。① 潜艇战和反潜战（Anti-Submarine Warfare，ASW）将是未来海上冲突的主要特征。地区国家应该会对反潜战和海洋观测（oceanographic research）研究越来越关注，良好的海洋观测知识对于选择合适的反潜武器和传感器都是非常重要的。东亚海域的海洋环境不利于探测潜艇，因为大部分海域都有很强的洋流和潮汐流、丰富的海洋生物，以及不太平整的海底地形。

亚洲海域，尤其是东海和南海，正变得越来越军事化。即便战略环境已经大为改善，但是当前各国海军发展的势头仍不会发生变化，因此可以得出这样的评估结论：未来将会有更多的军舰、潜艇和海上巡逻机活动在这些相对受限的争议海域里。越来越多的海上军事行动，不论是海上演习还是训练，都增加了海军之间发生意外事故的风险，尤其可能会由于潜艇所致。

除了《海上意外相遇规则》（Code for Unplanned Encounters between Ships，CUES）（这一规则主要是集中在战术性层面）之外，这一地区缺乏战略和操作层面的措施来管理日益增加的海军行动所导致的风险。2014年4月，在中国青岛召开的西太平洋海军论坛（Western Pacific Naval Symposium，WPNS）通过了《海上意外相遇规则》。② 这一规则最初是在1998年4月韩国召开的西太平洋海军论坛小组会（WPNS Workshop）上被提出，起初英文名称为"Code for Unplanned Encounters at Sea"。随后，参加西太平洋海军论坛的海军参谋长批准同意了这一文件，供成员国海军和其他国家海军自愿加入。③ 虽然这一规则只适用于军舰和航母，而不包括海警船只，却是朝着提高

---

① Staff Reporter, "US in submarine arms race with Russia and China", *Want Chinatimes*, 7, October 2014, available at < http：//www.wantchinatimes.com/news-subclass-cnt.aspx?id=20141007000078&cid=1101>.

② Zhou Bo, "Avoiding Incidents at Sea", *China and US Focus*, 26 April 2014, available at < http：//www.chinausfocus.com/peace-security/avoiding-incidents-atsea/ >. CUES is available at < https：//wss.apan.org/s/nwcbp/Shared%20Documents/CUES%20Ver1.pdf >.

③ Sea Power Centre Australia, "The Western Pacific Naval Symposium", *Semaphore*, issue 14 (July 2006), available at < http：//www.navy.gov.au/spc/publications/semaphore/semaphore-2006-issue-14 >.

本地区海军之间互信和理解的步伐而迈进的重要一步。① 随后,中美双边达成的《中美关于海空相遇安全行为准则谅解备忘录》是对这一规则的重要补充。②

五、威胁与挑战

方法论

本文将采用风险评估的技术,试图对以下问题做出解答:未来将会发生什么情势,以及为什么会发生?发生的概率多大?会导致什么后果?有什么因素可以缓解风险的结果,或者降低风险爆发的可能性?③ 在确定亚洲可能的海上安全的威胁和挑战(未来将会发生什么情势,以及为什么会发生)时,我将采用典型的风险评估方法,然后依次对每个威胁发生的概率进行以下层级的判定:

1. 几乎确定——已经常常发生;
2. 很可能——在可见的未来在大部分情形下都将可能发生;
3. 可能——在当前环境下可能发生;
4. 不可能——当前环境如果没有发生重大变化,就不可能发生;
5. 罕见——非常不可能发生,除非在意外的情况下才可能发生。

对于每个特定威胁的后果和影响,都会从政治、战略、经济以及对地区

---

① James Goldrick, "Cue co-operation? Pacific naval code aims to improve collaboration at sea", *Jane's Defence Weekly*, 21 May 2014, pp. 24-25.

② Peter A. Dutton, "MOUs: The Secret Sauce to Avoiding a U.S.—China Disaster", *The National Interest*, 30 January 2015, available at <http://nationalinterest.org/feature/mous-the-secret-sauce-avoiding-us-china-disaster-12154>. The MOU is available at <http://www.defense.gov/pubs/141112_MemorandumOfUnderstanding RegardingRules.pdf>.

③ Maria Lazarte and Sandrine Tranchard, "The Risk Management Toolbox", *ISO News*, 15 March 2010, available at <http://www.iso.org/iso/home/news_index/news_archive/news.htm?Refid=Ref1586>.

海上安全的影响方面进行评估。不同层级的影响,包括了:

1. 可忽略——没有破坏性后果,经济活动和地区国家的关系都"一切如常"(business as usual)。

2. 微小——暂时性地引起地区紧张,双边关系破裂,但是情势在既有的进程中仍却可以控制住。

3. 显著——发生一些冲突且贸易中断,但是只限于某个地理区域。冲突是暂时性的,控制在地区协议和联合国反应之内。

4. 重大——经济活动的重大毁坏,但是持续发生的冲突都被控制在特定区域内。

5. 灾难性——地区国家关系彻底崩溃,经济活动完全中断,区域内发生大范围战争,并且有域外国家卷入。

本文将采用以上这些层级的概率和后果构成的矩阵,来显示各个威胁和挑战的风险和影响。某个威胁发生的概率及其后果可能会是相关的,低概率威胁也可能具有最严重的后果。特别需要指出的是,某个威胁的后果对不同国家而言是不同的,"因为文化、历史和战略方面的原因,并非所有国家都具有相同的安全威胁"。[①]

六、微小且可忽略的威胁

(一)海洋污染

海洋污染对于捕鱼业、滨海旅游和脆弱的海洋生境(marine habitats)来

---

① Alan Dupont, "A Methodology for Assessing National Security Risk", in *Resilience and National Security in an Uncertain World*, by Centre of Excellence for National Security, Singapore: S. Rajaratnam School of International Studies, 2011, p. 35.

说是个重大威胁。其要么由于海洋——自然渗流（natural seepage）、船只与海岸的石油天然气装置所致，要么是源于土地方面，如河流径流、倾泻、大气沉降（atmospheric fall out）、暴雨径流（storm water）和污水排放。而大部分污染都来自土地方面。在部分海域，由于海滨的发展，导致来自土地的海上污染是非常严重的，越来越多的人住在海滨，并且缺乏有效机制来加以控制。

在部分海域，包括马六甲海峡和南海，由于越来越多的海上运输的堵塞，且缺乏有效的监督和观测，致使来自船只的海上污染日益严重。由于海上运输堵塞使船只相撞和搁浅，致使意外污染的风险在加大。日常船只操作导致更严重的意外污染（如压舱水排放、油罐清洗和舱底水排放）。因此需要提升地区的合作，减少海上污染的风险。

（二）海盗与武装抢劫

表1显示了过去八年区域海域发生的海盗和武装抢劫事件的数量趋势。直到2009和2010年，情况又开始改善，部分原因是全球金融危机的爆发。更多船只被搁置起来，致使其他船只更容易成为海盗的攻击目标。[①] 2011年的情况有所改善，但是随后又发生转变，攻击的次数激增，特别是对在印度尼西亚海域港口停泊的船只。大部分事件都涉及小偷小摸。

表1　2007—2014年地区海盗和武装抢劫（实际发生与未遂攻击）

位置	2007	2008	2009	2010	2011	2012	2013	2014	总数
柬埔寨/越南	5	11	9	12	8	4	9	7	65
印度尼西亚	43	28	15	40	46	81	106	100	459
马六甲海峡	7	2	2	2	1	2	1	1	18
马来西亚	9	10	16	18	16	12	9	1	91
菲律宾	6	7	1	5	5	3	3	6	36

---

① Sam Bateman, "Maritime Piracy in the Indo-Pacific Region — Ship Vulnerability Issues", *Maritime Policy and Management*, 37, issue 7 (December 2010), pp. 737–751.

续表

位置	2007	2008	2009	2010	2011	2012	2013	2014	总数
新加坡港口	3	6	9	3	11	6	9	8	55
泰国	2	0	1	2	0	0	0	2	7
缅甸	0	1	1	0	1	0	0	0	3
南海	3	0	13	31	13	2	4	1	67
中国	0	0	1	1	2	1	0	0	5
孟加拉	15	12	18	23	10	11	12	21	122
印度	11	10	12	5	6	8	14	13	79
总数	104	87	98	142	119	130	167	160	1007

来源：国际海事局2009—2014年的"Piracy and Armed Robbery against Ships Annual Report"，数据包括了实际发生和未遂事件。

这一区域近期发生的大部分严重攻击事件，都有从抢劫到的油轮上抽取燃料和石油。一些被攻击的船只老旧且未达标，没有达到国际船舶和港口设施保安规则（International Ship and Port Facility Security Code）的标准，很少在港口国控制（port state control）下进行检查。这类犯罪的控制主要是通过遏制陆上警察的腐败（包括船员内部的监守自盗，与海盗串通一气）[1]，调查清楚抢劫犯来自哪里，被偷的燃料被如何处理，以及实行更加严格的登船安全措施。

除了一些港口和泊位的安全以及小型油轮的问题之外，区域内的海盗及海上抢劫情况仍处在控制之中。区域国家采取的反海盗和武装抢劫的举措，不论是海上还是海滨，大体都是奏效的。然而，一些国家港口和泊位的安全，以及对海上犯罪的监督管制仍可以进一步提高。虽然海盗和武装抢劫的事件仍会继续发生，尤其是在港口和泊位，但是这些威胁的后果却是可以忽略的。

---

[1] Max Rann, "Fuel-Siphoning Attack on Thai Tanker Highlights Spike in Piracy Around Asia", *Vice News*, 18 February 2015, available at < https：//news. vice. com/ article/fuel-siphoning-attack-on-thai-tanker-highlights-spike-in-piracy-around-asia >.

（三）贩毒和走私

非法的人员流动和商品运输主要是通过海洋上的大型船只。在海上偷运是完全可能的，因为海上边界比陆地和空中边界更加开放。非法贩卖武器、毒品、人员和其他禁运品（包括酒精和香烟），就是海上边界开放性的明证。东南亚的走私非常活跃，花样多变，并且有他们自己的人员和跨国组织的网络。[1] 同一支团伙可能既走私，也当海盗进行武装抢劫。

对于海上执法机构而言，要求邻近国家之间要进行良好的合作。但是，总体而言，海上走私和贩毒的后果可以忽略不计。从长期上看，持续的贫困、缺乏经济机会以及气候变化的影响都可能导致非法人员流动变得更加严重。

（四）自然灾害

海上的自然风险来自热带风暴、气候变化、海啸和其他严重的海洋环境。根据亚洲减灾中心（Asian Disaster Reduction Centre）的观点，亚洲是世界上最受自然灾难影响的区域。[2] 2004年12月的印度洋海啸、2008年5月缅甸的纳吉斯飓风（Cyclone Nargis），以及2013年11月菲律宾的海燕台风，都证明了这一区域对海上自然灾害的脆弱性。

澳大利亚地球科学局（Geosciences Australia）已经对地区内的地震、火山、海啸、飓风、洪灾和野火灾害进行过自然灾害的评估。[3] 得出的结论是，休眠的火山一旦突然爆发就是最严重的威胁。评估也注意到，大规模海啸对

---

[1] Karsten von Hoesslin, "Smuggling in South East Asia: Dynamically fluid", *Strategic Insights*, 31 (March 2011), pp. 17 - 23.

[2] Asian Disaster Reduction Centre, "Message from the Chairman", available at < http://www.adrc.asia/aboutus/message.php >.

[3] Alanna Simpson, Phil Cummins, Trevor Dhu, Jonathan Griffin and John Schneider, "Assessing Natural Disaster Risk in the Asia-Pacific Region — Supporting International Development through Natural Hazard Risk Research", *AUSGEO News*, issue 90 (June 2008), pp. 1 - 8.

孟加拉湾北部的威胁是最大的。就单个国家而言，受海啸威胁的人口最多的是印度尼西亚，其次是孟加拉和印度。

虽然海上自然灾难将会继续发生，海上安全的后果却是可以忽略不计的。各国合作应对自然灾害后的破坏正越来越受到关注。越来越多的有效监视和预警系统都已经到位。人道主义援助和减灾已经成为地区防务力量的重要角色。与中国的多国合作，是这一合作的重要部分。新加坡近期也成立了一个地区人道主义援助和减灾的协调中心。①

（五）人为灾难

海上的人为灾难也是可能的。2010年在墨西哥湾，英国石油公司所属一个名为"深水地平线"（Deepwater Horizon）的外海钻油平台发生故障并爆炸，这一事件凸显了海上钻井平台可能造成的严重威胁。亚洲地区的例子是，2009年在帝汶海域西阿特拉斯（West Atlas）海上钻井平台发生爆裂，导致石油大量泄漏的事故。② 亚太安全合作理事会（CSCAP）通过的一项备忘录强调，亚洲国家需要合作以确保这些设备的安全和可靠。③

在繁忙的海上运输通道，如新加坡海峡，船只的碰撞会导致严重后果。而这些风险又将加剧运输通道的堵塞。除了污染的风险之外，一些商业船只运输高危险性的易爆炸物质，当它与其他船只在靠近人口中心的区域（如新加坡）发生相撞时就可能导致严重后果。这一风险又由于区域内贸易船只的低标准、数量多而加剧。

---

① Koh Eng Beng, "Spore Sets up Regional Disaster Relief Coordination Centre", *Cyber Pioneer*, 12 September 2014, available at < http：//www. mindef. gov. sg/imindef/resourcelibrary/cyberpioneer/topics/articles/news/2014/sep/12sep14_news2. html#. VDmW7dJxkrw >.

② "Indonesia Hit by Timor Sea spill", *Channel News Asia*, 2 November 2009, available at < http：//www. channelnewsasia. com/stories/afp_asiapacific/print/1015344/1/. html >.

③ CSCAP Memorandum No. 16— "Safety and Security of Offshore Oil and Gas Installations", available at < http：//www. cscap. org/uploads/docs/Memorandums/CSCAP% 20Memorandum% 20No% 2016% 20 - % 20Safety% 20and% 20Security% 20 of % 20 Offshore % 20 Oil % 20 and % 20 Gas % 20 Installations. pdf >.

(六) 渔业事故

非法地、不受管制地私自捕鱼是这一地区的严重问题，导致的后果值得担忧。① 缺乏有效的渔业管理机制导致整个区域鱼类资源在下降，例如，泰国渔民现在捕到的鱼只相当于 20 世纪 60 年代中期的 15%。② 而且，不同捕鱼团队间的冲突，非法捕鱼者与执法人员之间的冲突也常常发生，如南海、印尼群岛的部分地区、泰国和缅甸都有发生。总体而言，这些事故的影响微乎其微，但是当它们发生在主权争议区域则可能变得更加严重。随着鱼类资源继续减少，渔民会跑到更远的地方作业，这样导致渔业事故的风险将增加。

(七) 气候变化

气候变化将导致海洋温度快速上升，海洋循环模式发生变化，海平面上升。气候变化对海洋、海岸、河湾和淡水生态系统的影响，可能通过使渔业资源、海上生物减少，自然灾害（如洪灾和飓风）更频繁爆发，直接或间接地影响这一区域的许多人。据称，住在亚洲海滨区域的人们，尤其是生活在城市里的，将会面临气候变化导致的最严重的后果。③ 然而，在这一阶段，气候变化仍然只是具有轻微的影响，但是这一情势从更长时间来看

---

① Meryl J. Williams, "Will New Multilateral Arrangements Help Southeast Asian States Solve Illegal Fishing?", *Contemporary Southeast Asia*, 35, no. 2 (August 2013), p. 259.

② Neil Ramsden, "EJF: Overfishing, Piracy, Slavery All Linked in Thailand", *Undercurrentnews*, 25 February 2015, available at < http: //www. undercurrentnews. com/2015/02/25/ejf-overfishing-piracy-slavery-all-linked-in-thailand/ >. 关于东南亚渔业和渔民压力的总体情况，参见 John G. Butcher, *The Closing of the Frontier: A History of the Marine Fisheries of Southeast Asia*, c. 1850 – 2000, Singapore: Institute of Southeast Asian Studies, 2004。

③ Robin McKie, "Global Warming to Hit Asia Hardest, Warns New Report on Climate Change", *The Guardian*, 22 March 2014, available at < http: //www. theguardian. com/environment/2014/mar/22/global-warming-hit-asia-hardest >.

将会发生变化。

(八) 网络威胁

网络安全的挑战日渐凸显。威胁可能是来自国家、国家资助的或非国家行为体支持的个人所采取的敌意行为。不确定的战略环境促使国家更需要强调网络安全问题,以减少它们的脆弱性。金融服务、通信和能源领域,包括海上石油和天然气的开采,是最容易从网络上被攻击的。而商船航行和海运操作一般都比较脆弱,风险主要来自对其全球定位系统(Global Positioning System, GPS)和船舶自动识别系统(Automatic Identification System)的攻击。在网络威胁方面,中国、印度、印尼和泰国被认为是世界上风险性最高的四个国家。[1]

七、显著且重大的威胁

(一) 侵入潜艇事件

亚洲有越来越多的潜艇活动在一个相对受限且具有潜在风险的海域里,这也带来了更大的风险和挑战。[2] 进入争议水域的"入侵"潜艇被探测到后,可能受警告后就此离开,也可能遭到攻击。然而,使用反潜武器导致的结果总是比较"霸道",要么是击沉潜艇,要么是没有击中。潜艇的浮力储量很低,即便对防渗的完整性造成很小的损害也可能带来灾难性的后果。而这样的意外事件对地区安全而言具有严重的影响。

---

[1] Jon Grevatt, "The As-Pac Cyber Challenge", *IHS Jane's Defence Weekly*, 52, issue 6 (11 February 2015), p. 24.

[2] Bateman, "Perils of the Deep", op. cit.

(二) 海上恐怖主义

由于亚洲恐怖主义集团的存在（现在可能又有来自中东的恐怖分子加入而使危险进一步增强），加上海上防务的脆弱性，对海上恐怖主义的担忧一直就存在。印尼一些恐怖分子自称来自"伊斯兰国"（IS），已经威胁要在印尼搞武装斗争。① 更严重的是，伊拉克和叙利亚的"伊斯兰国"的发展，已经激起本地区其他"圣战组织"的复活，它们可能对于在海上进行攻击更感兴趣。②

海上恐怖主义可能表现为多种情形。其中一种是，集装箱可能被用来运输恐怖分子所需物质或大规模杀伤性武器（WMD）。③ 严重的威胁包括了对港口基础设施的破坏，以及威胁采取攻击行为使地区重要水道关闭。虽然物理上说不可能阻塞马六甲海峡或新加坡海峡，但是可能发生的威胁，如海上布雷或小型船只的自杀性攻击，都具有类似的影响。

相对而言，要在海上成功寻找实施恐怖主义袭击的目标，其难度要比陆上或空中更加困难。而且海上实施的恐怖主义袭击造成的影响也更小。④ 灾难性的海上恐怖主义情形则是对运输液态天然气和石油油轮的攻击。然而，基于技术上的复杂性，此类攻击较难实施，要求具备相应的专业知识，也取决于是否足够幸运。

对摆渡船的炸弹爆炸过去在这一地区就发生过，未来仍可能继续发生。

---

① Navhat Nuraniyah, "Returning Indonesian Fighters from Syria and Iraq: Learning from the Past", *RSIS Commentary*, No. 35/2015, 17 February 2015, available at < https://www.rsis.edu.sg/rsis-publication/cens/co15035-returning-indonesianfighters-from-syria-and-iraq-learning-from-the-past/#.VPLyZNL9mbA >.

② Joseph Franco and Romain Quivooij, "Terrorist Threats from the Maritime Domain: Singapore's Response", *RSIS Commentary*, No. 197/2014, 10 October 2014, available at < http://www.rsis.edu.sg/rsis-publication/cens/co14197-terrorist-threatsfrom-the-maritime-domain-singapores-response/#.VPfHDtL9mbA >.

③ Michael Richardson, *A Time Bomb for Global Trade: Maritime related Terrorism in An Age of Weapons of Mass Destruction*, Singapore: Institute of Southeast Asian Studies, 2004, pp. 112 – 133.

④ Sam Bateman, "Outlook: The New Threat of Maritime Terrorism", in *Piracy in the Age of Global Terrorism*, edited by Peter Lehr, Abingdon, Oxon.: Routledge: 2007, p. 244.

根据有记载的记录显示,就死伤人数而言,最严重的一次海上恐怖主义是2004年2月发生在马尼拉湾的船沉没。① 本地区越来越多的邮轮也可能成为恐怖主义感兴趣的目标。

八、大规模杀伤性武器攻击

大规模杀伤性武器及其投放系统的扩散被认为是对国际和平与安全的最大威胁之一,虽然不同的大规模杀伤性武器(核、生物、化学、放射性)破坏能力并不相同。② 伊朗和朝鲜大规模杀伤性武器的发展使得国际社会更加关注到这一威胁。2001年美国遭受恐怖主义袭击后提出的防扩散安全倡议(Proliferation Security Initiative,PSI),就是阻止海上大规模杀伤性武器及其相关材料运送的主要工具之一。然而,由于这一倡议执行的敏感性,特别是它对国家主权以及对海峡和群岛水域国际航行的影响,使得美国在执行这一倡议时遭遇了诸多困难。③

随着大量反扩散机制的建立,本地区内遭受大规模杀伤性武器攻击的威胁似乎不大可能,尽管它导致的后果会很严重。如果没有对反扩散机制的强制遵守,发生大规模杀伤性武器意外的风险会提高。恐怖主义组织已经积极地寻求"并且有渠道得到武器。巴基斯坦就被认为是一个可能的渠道。④

---

① "Bomb Caused Philippine Ferry Fire", *BBC News*, 11 October 2004, available at < http://news.bbc.co.uk/2/hi/asia-pacific/3732356.stm >.

② Michelle Bentley, "War and/of Words: Constructing WMD in US Foreign Policy", *Security Studies*, 22, No.1 (January – March 2013), p.70.

③ Mark J. Valencia, "The Proliferation Security Initiative: Making Waves in Asia", *Adelphi Paper*, 376, International Institute for Strategic Studies, October 2005. 关于防扩散安全倡仪所涉及海洋法问题的深入讨论,参见 Song Yann-huei, "U.S.-led PSI and the UNCLOS: Questions Concerning Legality, Implementation, and an Assessment of the Initiative", *Ocean Development and International Law*, 38, Nos.1 – 2 (2007), pp.101 – 146。

④ Amitai Etzioni, "The United States' Premature Pivot to 'Asia'", *Society* 49 (August 2012), p.398.

(一) 主权冲突

亚洲很多区域的海疆都还没有划定,尤其是在南海和东海。其他地方,包括马六甲海峡北部,马来西亚和印度尼西亚也没有划定专属经济区(EEZ)的边界。在新加坡海峡东部,马来西亚和新加坡对关键位置的主权仍存争议。而在碳氢化合物蕴藏丰富的婆罗洲东部的安巴拉特(Ambalat)区域,国际法院对两个小岛归属的裁定也给这里留下了争议尚未解决的海疆。[1]

虽然这些争议的影响一般可以忽略不计,但是总是存在能导致更加严重后果和双边关系破裂的风险。因此,需要双边协议来降低因意外而导致更加严重的情势。

未来一段时间,更严重的冲突可能发生在南海。

这一区域的主权之争是无法通过国际仲裁来解决的,主要是因为声索各方都担心结果不能令自己满意。[2] 通过谈判引导一方或者两方妥协,包括同意建立功能性的合作,是未来更可能的方式。

(二) 印度与巴基斯坦之间的冲突

印度和巴基斯坦之间长期存在敌意,克什米尔之争是双方发生冲突的导火索,不时会引发边界冲突。两国都是核武器国家,巴基斯坦还和朝鲜参加

---

[1] John G. Butcher, "The International Court of Justice and the Territorial Dispute between Indonesia and Malaysia in the Sulawesi Sea", *Contemporary Southeast Asia*, 35, No. 2 (August 2013): 235 - 257.

[2] 东南亚的两个主权争议是经由国际仲裁解决的,一个是马来西亚和新加坡之间的白礁争议,另一个是印尼和马来西亚的 Lipidan - Sigitan,没有一方对仲裁的结果是真正满意的。关于前一案例的讨论,参见 Robert Beckman and Clive Schofield, "Moving Beyond Disputes over Island Sovereignty: ICJ Decision Sets Stage for Maritime Boundary Delimitation in the Singapore Strait", *Ocean Development and International Law*, 40, issue 1 (2009), pp. 1 - 35;对后一案例的讨论,参见 "The International Court of Justice", op. cit., 其作者认为各方政党都不太愿意将领土争端提交国际仲裁。

了"秘密的"核扩散网络。① 但是，印巴冲突只能评估为重大威胁，而不是灾难性的，因为它的影响只限于南亚次大陆，而不是整个亚洲地区，除非双方使用了核武器。

九、总结

表 2 总结了各种未来情景的特征，主要是三对主要大国关系的特征及其对海上秩序影响（包括南海行为准则的前景）的趋势。可以看到，在乐观主义情景下，六个方面都有所改善。而在悲观主义情景下，一些方面的情况会恶化，另一些方面则至多维持现状。现状情景则要求中美关系有所改善，中日则需具备大致与目前相当的建立信任和解决冲突的可能，因此带来海上合作的氛围。如果存在战略冲击的话，那么未来就难以预测了。

表 2　情景特征

	地区关系			海上秩序		
	中美	中日	中印	行为准则	海上合作	冲突解决
乐观主义前景	+	+	+	+	+	+
现状前景	+	+			+	
悲观主义前景		-			-	
战略冲击	?	?	?	?	?	?

说明：＋表示改善
　　　－表示恶化
　　　　表示维持现状
　　　？表示未知

（一）降低风险

作为本文的结束部分，需要回答的是风险评估过程的最后一个问题：是

---

① Esther Pan, "NONPROLIFERATION: The Pakistan Network", *Council for Foreign Relations*, 12 February 2004, available at < http://www.cfr.org/proliferation/ nonproliferation-pakistan-network/p7751 >.

否有什么因素能降低上文确定的危险和挑战发生的可能性？笔者认为，三个方面的措施是很有必要的：更大程度的战略互信，更高层次的海上合作，以及更有效的区域海上安全问题管理。

（二）信任

信任（或者说相信另一方会"正当行事"的预期）问题存在于大部分的威胁和挑战中。然而，信任本身就是一个难以捉摸的概念。在不同情境下，对不同的人，其内涵也是不一样的，这一点在信任与合作二者谁先谁后的问题上就表现出来了。在"软性"议题上进行合作，如搜索与救援、渔业管理、海洋科研和海上环境保护，都有助于建立信任。但是，当前地区内的普遍看法是，即便是此类性质的合作也需要有信任才可能开展下去。

亚洲地区的战略互信问题尤为突出的是在中美之间。双方似乎都在以对方核心利益为代价，来寻求实现自己的长远目标。[1]

尽管美国口头上拒绝承认，但是它的行为已经表明，在东海和南海争议问题上它已经选边站队了。这就是罗伯特·罗斯担心之处：他发现美国的做法是"很奇怪的"，一方面，支持菲律宾和越南在南海争议上的谈判立场[2]；另一方面，美国的举动，如将滨海战斗舰（Littoral combat ship）部署到新加坡，增加这一地区的海军演习频次，并对菲律宾的海军援助，公开声称进攻性的"空海一体战"概念[3]，发展与越南越来越紧密的防务关系，这都将不可避免地激起中国的回应。在中国看来，这是美国遏制中国的过程的一部分，

---

[1] Benjamin Herscovitch, "Preserving Peace as China Rises I", *Foreign Policy Analysis*, No. 9（13 March 2014）, p. 1, available at < http：//cis. org. au/images/stories/ foreign-policy-analysis/fpa9. pdf >.

[2] Ross, "The Problem with the Pivot", op. cit. , p. 78.

[3] Now folded into the "Joint Concept for Access and Maneuver in the Global Commons". J. Randy Forbes, "RIP Air-Sea Battle?", *The National Interest*, 29 January 2015, available at < http：//nationalinterest. org/feature/rip-air-seabattle-12147 >.

是美国有意地将中国"建构成敌人",以此与中国为敌。① 对战略包围的担忧,在中国的战略思考中发挥了关键性的作用。②

美国国内对发展两国关系的观点分歧,也是显而易见的。一些人认为需要在中美间建立某种权力共享的机制,另一些人则认为如果华盛顿接受了"新型大国关系"概念,只会"给中国国内外的那些人以口实,推波助澜地称,美国将衰弱,中国将不可避免地崛起"。③

华盛顿试图在主权争议上保持中立,同时试图在解决争议上能够发挥某种作用,并给盟友提供帮助。④ 这一政策激发了中国更加强硬的回应,导致美国进一步做出反制,双方进入了危险的循环。这反而进一步给人感觉美国已经选边站队。而华盛顿的做法也不幸地提高了马尼拉和河内对它的预期,而事实上美国却不可能维持这样的政策。

化解这一困境需要在不同层面上思考互信。缺乏战略互信,尤其是中美日之间的战略互信,是最为严重的威胁和挑战。而行动上的不信任,则限制了更高风险和挑战问题上的合作,例如海上污染、渔业的意外事故、海疆冲突,甚至潜艇入侵的事件。对大国而言,建立战略互信以避免悲观主义前景的出现,是一项非常严峻的挑战。唯其如此,才可能建立更好的战略关系和彼此理解。战略不信任同样存在于主权争议的各国之间。行动上的信任是整个地区所必需的,但是当前却受制于战略互信的缺失,而后者是形成有效的海上合作的主要障碍。

在战略互信仍然缺乏的情况下,建立行动上的互信也是可能的。在管理海域和域内国家间行为的合作中,行动上的互信是必不可少的。但是,坚持

---

① Scott A. Snyder, "Sour Notes from China on the U. S. Rebalance to Asia", *Asia Unbound*, Council for Foreign Relations, 20 June 2014, available at < http: // blogs. cfr. org/asia/2014/06/20/sour-notes-from-china-on-the-u-s-rebalance-to-asia/ >.

② Henry Kissinger, *On China*, New York: Penguin Books, 2012, pp. 23 – 25.

③ Erickson and Liff, "Snapshot — Not-So-Empty Talk", op. cit.

④ Fravel, "U. S. Policy Towards the Disputes in the South China Sea", op. cit., p. 6.

要解决主权归属的立场，反而加强了不信任，阻碍了合作。① 而在"软性"议题上的合作行为则被认为是有助于在战略互信缺失下建立信任的措施。

（三）合作

亚洲地区极为需要更多的合作思维。当前的思维方式中更多的是偏好独立自主和主权，追求"零和"结果，而不是"双赢"。海上合作不仅仅因为它有益了才值得去追求，它同时也是一种必需和义务。② 没有合作，边界疆界之争将会增加，渔业资源将会被过度捕捞，海上生物被毁坏，沿海国家将缺乏必需的知识来管理和发展海上利益。不幸的是，即便是诸如环境、安全和资源管理这样的"软性"议题，都被政治化了，并且由于当前的战略不信任而无所作为。

那么，在缺乏解决主权争端的办法且充斥着战略不信任的情况下，应该如何建立海上合作呢？没有这样的合作，这一地区就无法有效地处理好更不显耀的威胁和风险，诸如海上犯罪、边界冲突和渔业事故。

要建立行动上的信任，一个可能的办法就是，将各种"软性"议题上的海上合作与危害战略互信的军事及政治议题相脱钩。这基本上就意味着要在地区内建立一个更好的海上合作框架，在争议海域中使用民事机构（如海岸警卫队）船只巡逻以便"去军事化"，更偏好法律途径和其他合作行为，同时要自觉地努力限制海军在争议海域及其附近的行动和演习。地区海上安全的各个利益相关方，包括美国，都应该在合作倡议中发挥作用。

这样的民事海上合作并不一定会实现理想的结果，战略竞争的因素仍旧会继续存在。这样发展下去，反而可能将事与愿违，徒增各个层面的战略不信任。

---

① Bateman, "Sovereignty as an Obstacle to Effective Oceans Governance and Maritime Boundary Making", op. cit.

② 《联合国海洋法公约》第9部分规定，毗邻半封闭海域（如南海和东海）的国家有义务在渔业管理、海上环境保护和海洋科研上进行合作。

(四) 管理海上安全

亚洲地区缺乏一个强大的政治框架来弥合战略与文化上的分歧,反映各利益相关方的共同利益,并促进信任与合作。要降低风险,就要求建立更加强大的地区安全架构。当前的论坛都是在东盟的倡导下建立,但是中美之间日趋激烈的竞争已经使东盟内部分化加剧,也使人们怀疑东盟能够在地区安全架构中扮演"中心"角色。[1]

东亚区域内有三个论坛是致力于海上安全议题的:东盟海事扩大论坛(the Expaned ASEAN Maritime Forum, EAMF)、东盟地区论坛的海上安全会间会(Inter-Sessional Meeting on Maritime Security, ISM),以及由东盟扩大防长会建立的海上安全专家工作小组(the Maritime Security Expert Working Group, MSEWG)。而这些论坛在一定程度上又互相"扯皮"。如果能够建立它们之间的分工,将是非常有益的:东盟地区论坛的海上安全会间会可以集中在宽泛的海上战略议题,包括促进战略互信;东盟扩大防长会下的海上安全专家工作小组可以集中在军事合作和建立信任措施;而东盟海事扩大论坛可以主要关注民事合作,包括建立行动上的信任。亚洲海岸警卫队机构首脑论坛(Head of Asian Coast Guard Agencies Forum)将沿海各国的负责处理法律执行、搜救和救援、海上环境保护的机构聚集在了一起。这一论坛可以进一步增强功能,并且可以直接与东盟海事扩大论坛联手提供必要的政策导向和更高层的政治框架,以支持海上合作。

十、结论

战略评估一般是倾向于短期内的,但是在当前亚洲这样充满变化的战略

---

[1] Storey, "Slipping Away?, A South China Sea Code of Conduct Eludes Diplomatic Efforts", *East and South China Seas Bulletin*, No. 11 (20 March 2013), p. 3, available at < http: //www. cnas. org/files/documents/publications/CNAS_Bulletin_Storey_Slipping_Away_0. pdf >.

环境里，向前展望却是很重要的。这就是本文要完成的任务。本文研究了未来的海上安全环境。如果海上安全和地区海域的管理仍旧像现在这样，那么，要么会维持现状，要么，在更糟糕的情况下，会发展到悲观主义的前景。然而，我们仍旧有理由乐观，特别是主要玩家都展示出更强的风险意识，经济联系也是缓解风险的重要因素。

降低风险要求更注意采用预防性外交，建立海上信任与安全制度的架构，包括海军行动和演习的更大透明度。秉持合作的思维，而不是像当前的竞争性思维，将更有利于实现这一点，才可能促进管理地区海域和海上行为的必要合作之举。主要地区大国尤其要改善双边关系，建立更大的战略互信，减少悲观主义前景变成现实的可能性。而悲观前景的唯一赢家将是世界的武器供应商们。